财 政 部 规 划 教 材

四流融合新质财经系列丛书

丛书主编 谭秋云

Python 在业财融合中的应用

王庆国 马 健 杨纪红 主 编

朱孜颖 欧阳璐璐 刘双平 仓 俊 吴甜敏 副主编

中国财经出版传媒集团

中国财政经济出版社

·北京·

图书在版编目(CIP)数据

Python在业财融合中的应用 / 王庆国，马健，杨纪红主编. -- 北京 ：中国财政经济出版社，2024.9.(2025.8重印)
(财政部规划教材)(四流融合新质财经系列丛书 / 谭秋云主编). -- ISBN 978-7-5223-3382-3

Ⅰ. F279.23；F812.423

中国国家版本馆CIP数据核字第2024LK0308号

责任编辑：朱伟铭　　责任校对：胡永立
封面设计：刘鹏飞　　责任印制：张　健

Python在业财融合中的应用
Python ZAI YECAI RONGHE ZHONG DE YINGYONG
中国财政经济出版社 出版
URL：http：//www.cfeph.cn
E-mail：cfeph @cfemg.cn

社址：北京市海淀区阜成路甲28号　邮政编码：100142
营销中心电话：010-88191522
天猫网店：中国财政经济出版社旗舰店
网址：https：//zgczjjcbs.tmall.com
北京密兴印刷有限公司印刷　各地新华书店经销
成品尺寸：203mm × 260mm　16开　20印张　403 000字
2024年9月第1版　2025年8月北京第2次印刷
定价：49.80元
ISBN 978-7-5223-3382-3
(图书出现印装问题，本社负责调换，电话：010-88190548)
本社图书质量投诉电话：010-88190744
打击盗版举报热线：010-88191661　QQ：2242791300

本书参编院校：（按首字笔画排序）

山东水利职业学院
山东服装职业学院
山西财贸职业技术学院
山西金融职业学院
山西省财政税务专科学校
天津电子信息职业技术学院
天津城市建设管理职业技术学院
天津商务职业学院
内蒙古化工职业学院
内蒙古交通职业技术学院
长沙工业学院
长沙民政职业技术学院
永州职业技术学院
辽宁金融职业学院
江苏财经职业技术学院
江苏商贸职业学院
邵阳职业技术学院
岳阳现代服务职业学院
郑州财税金融职业学院
河北工业职业技术大学
河北化工医药职业技术学院
河北科技工程职业技术大学
河南工业贸易职业学院
陕西工商职业学院
娄底职业技术学院
秦皇岛职业技术学院
烟台职业学院
常州纺织服装职业技术学院
淄博职业学院
黑龙江职业学院
黑龙江商业职业学院
湖南女子学院
湖南有色金属职业技术学院
湖南财经工业职业技术学院
湖南财政经济学院

丛书参编企业：（按首字笔画排序）

广州贤能控股有限公司
天健会计师事务所
五矿有色金属控股有限公司
中联重科股份有限公司
华天实业控股集团有限公司
兴湘商业保理有限公司
泰格林纸集团股份有限公司
特变电工衡阳变压器有限公司
湖南中德安普大数据网络科技有限公司
湖南东云供应链管理有限公司
湖南安信联合会计师事务所（普通合伙）
湖南金州律师事务所
湖南建工集团有限公司
湖南省神州映晟产教融合控股集团有限公司
湖南省煤业集团有限公司
湖南钢铁集团有限公司
湖南高新创业投资集团有限公司
湖南海利化工股份有限公司
湖南唯国资产评估事务所（普通合伙）
湖南路桥建设集团有限责任公司

序言一

湖南物华天宝、人杰地灵，是中国近现代教育的重要发祥地之一，不断续写着“惟楚有材，于斯为盛”的教育辉煌。近年来，湖南高举“楚怡”职教精神旗帜，坚持把职业教育主动融入经济社会发展大局，坚持教育与产业同频共振，初步构建起具有湖湘特色的现代职教体系，为湖南乃至中国加快构建新发展格局，推动高质量发展提供了强有力的技术技能人才支持。目前，湖南全省共有职业院校581所，在校生156万人，11所高职院校入选国家“双高计划”，入选学校数居全国第5位；国家级教学成果奖、示范专业点、教学竞赛成绩等核心指标均居全国前列，两次获国务院职业教育真抓实干督查激励通报，是部省共建的职教改革发展高地之一，是部省协同推进省域现代职业教育体系建设改革试点省份之一，职业教育整体发展水平已进入全国“第一方阵”，为全国积极探索产教融合、科教融汇的新路径积累经验并作出示范。

全国业财税数智化服务行业产教融合共同体（以下简称“共同体”）成立以来，全面落实习近平总书记“要根据科技发展新趋势，优化高等学校学科设置、人才培养模式，为发展新质生产力、推动高质量发展培养急需人才”的重要指示批示精神，联合共同体内行业组织、学校、科研机构、上下游企业，立足教育链、人才链、产业链数智化转型需要，吸收产业一线最新成果，探索破解财经类专业长期存在的“所学非用，所用非学”“知行不一”“理实脱节”等问题，全面推动专业建设、课程资源、教师队伍、教材教法、实践教学、示范基地、产教研一体等全要素、全方位的改革。特别是共同体牵头，联合省内外200余所职业院校和行业企业，以共建共享“湖南中德安普新质财经学院”为载体，积极应对财经行业新技术、新业态、新标准、新工艺的变化，在人才培养模式改革上进行有益的探索，首创并构建了全新的业务流、数据流、财税流、知识流“四流融合”新质财经人才培养模式，重塑了高质量新质财经技能人才培养目标，重构了业财数据应用与管理标准体系和课程体系，搭建了“四流融合”数字化教学平台，开发了一批业财数据应用与管理创新教材，培养了一批具备业财数据应用与管理技能的双师型教师团队，有力提升了适应湖南“三高四新”战略、“4×4”现代产业体系发展需要的有业务场景视角、有大数据素养、有财税专业知识、有技术应用能力的新财经技能人才培养质量。参与改革的教师、学生对改革效果十分满意，一致认为这次改革不仅是教学手段的改革，更是人才培养目标、教学内容、教学方法和学习方法的改革，开阔了视野，提高了人才培养质量，拓宽了创新创业与就业渠道。这一改革是真正的课堂革命，实现了场景式、数字化教学，适应了智能时代新要求，是一场颠覆性改革和引领式创新，走在了全国高职院校的前列。

在2024年5月召开的“四流融合”新质财经系列教材研讨会上，全国140多所本科、高职院校，20多家企业，300多位专家学者共研共商“四流融合”新质财经人才培养模式改革大计，这将成为“四流融合”新质财经人才培养模式改革的重要里程碑。共同体要发挥首创精神、引领示范作用，联合全省、全国更多职业院校、行业企业参与，聚焦“四流融合”金专业、岗课融通金课程、业财融合金教材、双师双能金教师、产学研创金基地的建设，充分发挥教材、师资的基础性作用，吸引更多学校参与此项改革。

湖南省教育厅将举全省之力全面支持，争取2024年省内70多所开设有财经类专业的高职院校均全面开展此项改革，并积极向全国推广。同时，要及时、认真总结提炼改革经验，推广改革成果，在国家级精品在线开放课程、国家规划教材、国家优秀教材奖、国家教学成果奖等方面取得新突破，引领其他专业创新改革。湖南省教育厅将一如既往关心、支持共同体的建设和发展，希望共同体、全国四流融合新质财经人才培养体系联盟以此为契机，抢抓发展机遇，勇于改革创新，努力把共同体、联盟办得更好，将其打造成“一体两翼”校企合作、产教融合新典范，“五金”建设新标杆，为湖南职业教育高质量发展提供新经验，为全国现代职业教育体系建设提供新范式、新样板。

王仁祥　湖南省教育厅副厅长

2024年7月

序言二

人类社会是人的社会，人始终是第一位的，人是人类社会的出发点和归属；人类社会提高生产力是以人为基础的。新质生产力涉及人和劳动资料、劳动对象，是人运用劳动资料对劳动对象发生作用，人是其中主体的、能动的、积极的、创新的因素。正因如此，一切社会都需要将人的能力发挥到最大。在当今我国社会新质生产力提高的过程中，必然离不开人才培养这一基本前提。如何提高人才培养的质量，一直是人类探索的问题。在新时代、新技术的背景下，通过人才培养模式变革提高人才培养质量，既更为迫切，也迎来了新的机会。

教育或者学习的目的到底是什么，一般认为就是让受教育者获得更多的知识，所以学校是知识的殿堂，老师是知识的传授者，学生是知识的学习者。考试要考知识，到社会工作后要用知识，似乎知识成了教和学的目的。但知识是从哪里来的？知识反映的是什么？人来到这个世界从根本上就是要认知世界，世界以客体的形式存在，包括客体的自然界、客体的人类社会、客体的他人以及客体的自我，都需要认知。只有认知了这个世界，人才能利用这个世界，才能更好地与这个世界融为一体。人类要认知世界这一客体，首先必须要将其反映到大脑之中，没有这一反映，就无法构筑起人与客体世界的联系，也就没有了认知的起点。客体世界反映到人的大脑之中就形成了场景，所谓场景就是人对客体世界的主观反映，通过这一场景，人不仅与客体世界形成了认知联系，更为重要的是通过对这一场景的属性进行归纳和抽象，并用创造的文字进行表达，形成了人类的知识体系。可见，知识生成的过程是人对客体世界进行反映，以此为基础形成场景，再对场景的属性进行抽象和表达的过程。显然，场景是知识之母，而客体世界又是场景之母。由此出发，教和学的目的就是要通过知识的学习，找到和发现知识赖以存在的场景，并进一步将场景和现实的客体世界进行比对，这样既可以判断现有知识的准确性，也可以进行知识的创新。学生通过知识学习是要了解知识背后的场景，老师的讲授是要把自己感知的场景用人类创造的文字语言传导给学生，让学生也能感知并沉浸在同样的场景之中，这就是场景化学习和场景化教学。一旦对客体世界有了真实的、全面的、系统的、完整的场景感，人们就可以将这种场景转化为知识，知识的学习就不再重要，场景的感知将成为知识创造的基础。

至今，财会的教和学主要是以核算场景为基础形成的，核算场景是以标准化、规范化、统一化的会计准则为基础形成的。企业业务活动的结果为开启会计核算之旅的起点。财会的本质是要对企业的业务活动进行全面、系统、完整、连续和实时的反映，从而形成财会信息体系或者财务报告体系。但实际上，以核算场景为基础而形成的财会信息体系只是反映一定时期财务状况和经营成果的价值结果信息，并没有提供形成这一价值结果的业务原因信息，从而导致业财信息的脱钩，业财融合就成为一个尚未解决的重大问题。业财融合起源于企业的底层逻辑，即一切业务都要创造价值，而业务价值的创造要通过人来实现，因此可归结为企业的一切员工要通过开展业务实现企业价值最大化。这本是天经地义的事情，但为什么会成为一个尚未解决的重大问题？原因在于企业必须要将管账、管钱的部门与从事业务的部门分离，以形成内部牵制，其结果是财会部门主要提供一定时期财务状况和经营成果的价值结果信息，业务部门伴随其业务活动的进行只提供部分业务信息，这样就造成了企业价值结果信息与业务原因信息的分离。这种分离一方面使财会难以对业务进行反映，难以提供业务信息；另一方面使企业无法分析和判断哪些业务创造了价值、怎样创造了价值和创造了多少价值，也难以考核和评价每个员工对企业价值贡献的程度，使财会信息的决策有用性大大降低。并且，以此为基础进行的财经教育使人才的培养囿于标准化、规范化的会计准则所构造的原理和方法体系，结果是培养的财经人才往往只懂财会而不懂业务，所学的理论也落后于现实的实践，人才培养出现重大“瓶颈”问题。如何从现在主要着重于核算场景转向业务场景，实现核算场景与业务场景的有效融合，既是企业业财融合的内在要求，也是新质财经人才培养体系根本变革的内在需要。

新质财经人才培养的教和学的基础是教材，知识体系的构造是通过教材形成的。人才培养方案的核心是课程，课程又是以教材为基础的。这些无不说明了教材在人才培养和课程质量提高中的作用。进行财经教育的改革就有必要从教材和教法着手，新质财经人才培养的教材和教法的变革根本上在于怎样实现业财融合。从教材的内容上，如何将会计核算及其核算的对象企业的业务活动转化为教材的内容成为改革的基本方向。通过这一改革，学生不仅能够感知核算场景，更为重要的是能够感知企业的业务场景，也就是能够深入了解企业业务活动的全过程、全要素、全方面，并以此为基础对企业的业务活动进行价值分析和判断。从教学的方式上，如何通过财会知识体系的学习再现核算场景尤其是业务场景，成为教法变革的基本要求，满足这一要求才能真正实现新质财经人才培养内容的业财融合，也才能真正实现教学知识与场景的融合，即实现场景化教学。大数据、人工智能、云计算、物联网、区块链等新技术的使用，不仅能够生动逼真地将企业的业务活动展现在教与学之中，使学生全面了解财会信息或者会计核算赖以存在的业务基础，以及业务活动自身，而且能够将财会知识体系与核算场景、业务场景之间的内在关系予以展示，可以使学生亲身体验知识与场景之间的内在联系，以及场景转化为知识体系的过程。

正是基于以上的思想，我们进行了这次教材及教法的变革，这种变革虽然已经进行了十年，并且已在人才培养和企业培训中产生了积极良好的反响，但仍然需要我们坚持不懈地探索、修正和完善。有许多的教育工作者和实践工作者参与其中，他们已经付出了大量的心血，也仍将继续奉献，期盼有更多致力于教育模式变革的人参与其中。我们相信，通过集体的智慧和群策群力的努力，教育变革的春天就在眼前。

谢志华　教育部高等学校工商管理类专业教学指导委员会副主任委员

谭秋云　湖南中德安普大数据网络科技有限公司董事长

2024年7月

编者按

随着数智化时代的到来，财经教育正面临着前所未有的挑战与机遇，打造一个支持、服务现代产业高质量发展的新质财经教育教学体系，是企业界和教育界共同的社会责任和历史使命。

遵循数据驱动、流程再造、风险管控、价值创造等理念，依托业财税数智化“四流融合”（业务流、数据流、财税流、知识流）应用系统，编写的“四流融合新质财经系列丛书”，包括《业财融合会计基础》《业财融合采购管理》《业财融合生产管理》《业财融合销售管理》《业财融合筹资管理》《业财融合投资管理》《业财融合分配管理》《业财税综合分析》《Python在业财融合中的应用》《业财税融合大数据综合应用》，并分别出版高职专科和本科两种类别，这是在新质生产力背景下新质财经教育理论研究与实践探索相结合的成果。

一、编写指导思想

党的二十大报告明确提出：“要办好人民满意的教育，全面贯彻党的教育方针，落实立德树人根本任务，培养德智体美劳全面发展的社会主义建设者和接班人，加快建设高质量教育体系。”2021年财政部《会计改革与发展“十四五”规划纲要》提出：“构建适应经济发展、产业结构调整、新技术革命和国家治理能力现代化等新形势的会计学科专业体系。”国务院国有资产监督管理委员会《关于中央企业加快建设世界一流财务管理体系的指导意见》提出：“推动财务管理从信息化向数字化、智能化转型，实现以核算场景为基础向业务场景为核心转换，成为企业数字化转型的先行者、引领者、推动者，为加快产业数字化、数字产业化注智赋能。”“四流融合新质财经系列丛书”适应了会计职能从传统的算账、记账、核账、报账向价值管理、资本运营、战略决策辅助等职能持续转型升级的客观需求；适应了财务管理从信息化向数字化、智能化转型，实现以核算场景为基础向业务场景为核心转换的迫切需要；适应了财务服务对象由单个企业或集团的利益相关者，延伸到整个产业链、供应链、生态链，促进数据、信息、技术、标准、金融等全方位协同融合的现实需要，是对党的二十大精神的贯彻落实，也是新时代财经商贸类专业产教融合、岗课赛证融通、高质量转型发展的必然要求。

二、编写背景与目的

首先，数智化时代涌现的人工智能、大数据等许多颠覆性技术创新改变了生产、管理和服务方式，带来了更高效、更智能的工作模式和商业模式，需要企业转变和拓展职能，加强数据治理和应用，优化内部管理和资源配置，推动商业模式创新，实施企业战略发展和价值创造。这些新业态、新模式需要一大批既懂业务又懂财务和管理，具备数据思维、业财思维，具备风险控制、价值创造能力的高素质复合型业财数据管理人才。

其次，要发展新质生产力。价值最大化已成为企业管理核心目标，企业管理已深入成本管控、风险控制、战略规划、资源配置、绩效评价等各个环节，更加注重数据价值挖掘和智能技术应用。基于财经领域新现象、新业态、新技术和新管理方式，财经专业需要从根本上转型升级，重构、重组、重设一种新的教育理念和体系来应对这一变革，从师资、课程、教材、教学内容、教学方式、实践基地等方面进行探索创新，促进财经职业教育与产业发展紧密对接，推动企业从传统的成本导向型向价值导向型转变，赋能企业可持续高质量发展。

三、编写内容与结构

依据数据融合和价值创造核心理念，编者团队编写了高职专科和本科两个系列，遵循“以业务为基础，以场景为载体，以流程为主线，以节点为管控，以决策为中心，以数据为要素，以价值为导向，以财税为支持，以知识为工具，以能力为目标”的理念，围绕企业经营活动中的筹资、采购、生产、销售、分配、投资等业务流程内容，采用“场景导入—认知识别—分析研判—风险控制—任务实施”的架构体系，全流程、全场景、全数据、全节点呈现产业资源、产教资源，并将其转化为教材资源。

四、丛书特色与亮点

本丛书有别于传统财经商贸类教材，特色明显。

（一）思政内化

本丛书价值引领与知识传授并重，将爱国、诚信、法治、公正等社会主义核心价值观，以及节俭、责任、廉洁、奉献等正义的世界观融入每个教学项目、教学场景，培养德技兼修、德才兼备的新质财经人才。

（二）业财融合

本丛书通过产业资源全场景导入，进行跨专业、跨课程融合，将不同专业领域、不同课程必备的核心知识和技能进行系统化重组重构，实行数据驱动、实战导向，将财务知识与业务知识深度融合，理论与实践相结合，实现了岗课合一、岗课融通，满足一人多岗、一岗多能综合能力培养要求，形成一套真实、完整、连续、全面的业财融合知识体系。

（三）数据驱动

本丛书贯通数据治理思维，通过业务场景、业务节点，深度融合数据分析技术与财经专业知识，打通从业务到财务的价值链条，有利于培养学生数据挖掘、预测分析、风险评估及可视化等技能，以及从海量数据中发现业财规律、创新业财模式、指导业财决策、优化业财策略、促进业财创新的能力。本丛书依托产教融合数字化教学平台，形成了以数据为核心，线上线下融合，全覆盖、全穿透财经业务的特色教材体系。

（四）场景教学

本丛书采用任务驱动的全场景教学模式，业务场景贯穿每一个节点，始终以场景为载体，以场景认知识别，以场景分析研判，以场景管控风险，以场景创造价值，以场景提炼总结。学生在“做中学”“学中做”，学做一体，知行合一。

（五）节点控制

本丛书通过对财经商贸类专业的专业基础课程和核心课程知识点与技能点的碎片化、场景化，对接岗位要求，以业务为基础进行流程重构，把经济活动中的“业务项目、业务任务、业务流程、业务场景、业务标准、业务价值”与“教学项目、教学任务、教学流程、教学场景、教学标准、教学效果”进行产教逻辑衔接，精准梳理业务的每个流程、每个节点，将业务节点变为教学难点、重点、要点，围绕节点进行认知识别、分析研判、风险控制，达到课岗对接、教产合一、教随产走。

（六）价值导向

本丛书从价值创造的视角出发，通过业务基础、流程主线、场景载体、数据要素、节点管控等教学设计，深入剖析每个业务节点在价值创造过程中的作用与机制，帮助学生理解管理在核算到财务端、财务到业务端、业务到业务端价值创造过程中的关键作用，培养学生形成价值导向的管理思维，提升财经管理工作的价值创造能力，同时助推核算会计向价值会计转型发展。

本丛书由全国业财税数智化服务行业产教融合共同体、湖南中德安普大数据网络科技有限公司及中国财政经济出版社联合策划，来自全国的60位专家担任教材主编。感谢湖南省教育厅、湖南省人民政府国有资产监督管理委员会、湖南省教育科学研究院、中国会计学会、中国商业会计学会等单位的大力支持；感谢全国300多所学校、500多位参编教师及泰格林纸集团股份有限公司等20多家企业、40多位实战专家，感谢他们的辛苦付出及卓越创新；同时还要向本丛书引用的文献等资料的原作者和单位表达感谢。

在此向关心、支持新质财经教育事业的所有同仁一并致谢。

丛书编委会

2024年7月

前言

在数字化浪潮席卷全球的今天，技术的革新和管理的智能化正深刻地影响着每一个行业，特别是在财务领域，随着大数据、云计算和人工智能等技术的应用，传统的财务会计工作模式已难以满足现代企业对高效、精准、智能化管理的迫切需求。在此背景下，业财融合作为财务会计转型的重要方向，正逐步成为企业提升竞争力的关键要素。为了响应这一时代呼唤，我们精心编写了《Python在业财融合中的应用》这本教材，以培养适应数智化时代要求的复合型、应用型会计人才为目标，构建了一个全面、系统的课程体系，旨在为高等职业院校大数据与会计相关专业的学生及中高职贯通培养的学生提供一本集理论性、实践性和创新性于一体的权威教材，进而提升企业在财务领域上的工作效率和决策质量。

全书共分为七个项目，涵盖了企业从采购到分配的全业务流程，每个项目下细分为多个任务，确保学生能够深入理解并掌握各个环节的关键知识点和技能。

项目一介绍了Python语言的基础知识及其在财务领域的应用，为学生打下坚实的编程基础。项目二深入探讨了Python在采购领域的应用，包括原材料政策分析、采购需求分析、市场分析和供应商信息分析，旨在通过技术手段优化采购流程，提升决策效率。项目三从生产决策与控制方面入手，通过Python的实际应用案例，教授学生如何进行生产决策分析、生产核算和成本管控，以实现生产过程的自动化和智能化管理。项目四基于销售业务项目，着重分析了销售市场，包括产品价格、客户评价、竞争对手分析以及销售分析与考核，利用Python技术深入挖掘市场数据，为企业销售策略提供数据支持。项目五是从企业投资角度，详细介绍了证券投资分析、生产线投资分析和投资组合风险价值的计算，通过Python工具进行投资项目的评估和风险控制。项目六的筹资业务项目则涵盖了资金需求量预测、筹资方案选择、债务筹资、权益筹资和混合筹资决策，通过Python技术进行资金筹措的分析和决策支持。项目七则聚焦企业分配业务项目，通过股利分配需求分析和税务风险预警分析，指导学生如何运用Python进行利润分配的合理规划和税务风险的评估。整体而言，本教材内容不仅覆盖了企业内部数据的采集、挖掘、清洗和整合处理，还涉及了企业外部动态数据和非结构数据的分析，为资源配置、投融资、成本管理和绩效评价等决策提供科学、精准和及时的数据支持。

本教材具有以下主要特点：

1.业务真实

教材以真实业务场景为载体，以业务流程为主线，以业务数据为要素，通过系统化的教学安排，学生可以通过模拟或参与真实的业务流程，学习如何收集、整理和分析业务数据，从而在实践中掌握业财融合的核心技能，同时为企业决策提供数据支持。

2.全流程覆盖与技术融合

本教材通过将大数据工具与Python编程技术紧密结合，全面应用于财务工作的各个环节，包括采购、生产、销售、投资、筹资和分配六大业务流程。这种教学策略不仅确保了学生能够掌握财务工作的全面知识，而且通过实际案例和项目实践，让学生深入理解并应用技术手段来优化各个业务流程，提升决策效率和业务管理的智能化水平。教材内容的设置旨在培养学生利用数据分析进行资源配置、成本控制、投融资分析和绩效评价的能力，从而为学生提供科学、精准和及时的数据支持，全面覆盖财务管理的各个方面。

3.课赛融合

在教学内容的设计上，我们特别强调了财务知识的大数据技能的融合，通过精心挑选和设计的案例，引导学生在掌握财务理论的同时，提升数据分析和处理的能力。这些案例不仅涵盖了大数据与财务结合的实际操作，而且兼顾了竞赛所需的策略性和创新性，为会计及相关领域的技能竞赛提供了丰富的素材和指导。

4.行业产教融合共同体深度参与

本教材由全国业财税数智化服务行业产教融合共同体的各院校与企业倾力合作完成，50多位高职院校教学一线教师和企业资深管理人员深度参与。本教材由王庆国、马健、杨纪红担任主编，朱孜颖、欧阳璐璐、刘双平、仓俊、吴甜敏担任副主编。具体分工为：上海旅游高等专科学校仓俊等老师负责编写项目一；长沙民政职业技术学院马健、朱孜颖、欧阳璐璐、吴甜敏、于洪铎、黄昕怡等老师负责编写项目二、项目四、项目七；郑州财税金融职业学院崔锐老师负责编写项目三，杨纪红老师负责编写项目六；娄底职业技术学院刘双平、李倩琪、邱珊等老师负责编写项目五；在编写过程中得到了湖南中德安普大数据有限公司谭秋云董事长的精心指导，得到了公司数据工程师的技术支持，在此深表谢意。

在未来的教学和实践中，我们期待与广大师生共同探索Python在业财领域的更多可能性，不断优化和完善本教材。同时，我们也真诚地希望广大师生能够在使用过程中提出宝贵的意见和建议，以便我们不断完善和优化教材内容，共同推动会计教育事业的繁荣发展。

编者

2024年7月

目 录

扫码获取本书代码
数据源及附件

项目 1 Python 基础

学习目标

知识目标

1. 掌握 Python 的基本概念和历史；
2. 熟悉 Python 的主要特点；
3. 了解 Python 在财务中的应用；
4. 了解生成式人工智能（Generative AI）及其应用。

技能目标

1. 掌握使用 Python 进行基本编程任务的能力；
2. 熟练使用常用的 Python 财务库；
3. 掌握使用 Python 在财务数据中的导入、清洗和处理的技能；
4. 掌握使用生成式 AI 工具生成示例代码和解释代码的能力。

素质目标

1. 培养学生自主学习与解决问题的能力；
2. 提升学生团队合作与沟通的能力；
3. 激发学生对使用新技术和工具的兴趣，培养学生创新思维和动手的能力。

任务 1 Python 与 Excel

一、Python 介绍

Python是一种跨平台、解释型、面向对象的动态编程语言，由荷兰人吉多·范罗苏姆（Guido van Rossum）于1989年创造，1991年发布第一个版本，作为一门叫作ABC语言的替代品。Python

不仅提供了大量的标准库和第三方库，还能简单有效地面向对象编程，可以帮助开发者高效地处理各种编程任务。其设计哲学强调代码的可读性和简洁性，使其成为一种非常适合于快速开发的语言。Python随着版本不断更新和语言新功能的添加，逐渐被用于独立的大型项目开发，是当今最受欢迎的编程语言之一，Python的标志见图1-1。

图 1-1 Python 标志

二、Python的特点

Python是一种广泛使用的编程语言，具有许多引人注目的特点。

1. 简单易学

Python的语法简洁明了，初学者可以很快上手，代码结构清晰，容易阅读和编写，新手能迅速掌握编程基础。

2. 面向对象编程

Python支持面向对象编程，可以通过创建类和对象来组织代码，使得编写的代码更加可重用、可扩展和易维护，适用于开发复杂程序。

3. 跨平台兼容

Python可以在Windows、Linux、Mac OS等操作系统上运行，具备很好的跨平台兼容性，是开发跨平台应用程序的理想选择。

4. 解释型语言

Python是一种解释型语言，不需要编译就能直接运行代码，让开发过程更加灵活，开发者可以在编写代码时即时进行调试和测试，提高开发效率。

5. 丰富的库和模块

Python拥有丰富的标准库和第三方库，涵盖了数据处理、网络编程、人工智能、图形界面开发等众多领域，借助这些库和模块，Python能够轻松应对各种编程任务。

6. 良好的扩展性

Python可以与C、C++等语言互操作，通过调用其他语言的代码来扩展功能。在需要高效执行或特定功能时，Python能够与其他语言无缝集成，增强其能力。

7. 动态类型语言

Python是一种动态类型语言，声明变量时无须指定类型，系统会在运行时自动推断变量类型，提高编程的灵活性，但也需要注意可能出现的类型错误。

8. 强大的社区支持

Python拥有庞大且活跃的开发者社区，可以提供丰富的教程、文档和开源项目。初学者可以轻松获取资源和帮助，快速提升编程技能。

三、Python在财务中的应用

随着计算机技术的不断发展，软件工具在各个领域的应用越来越广泛。在金融领域，Python是一种优秀的编程语言，可以用于数据分析、财务建模、自动化、预测建模和报告等，其灵活性和效率使其成为金融分析师和财务人员的得力助手。

1. 数据分析

Python在财务中最常见的应用之一是数据分析。财务数据涉及大量的信息和复杂的指标，需要进行分析和处理才能发挥其最大的价值。Python提供了诸多数据处理和分析的库，如pandas、numPy、matplotlib等，可以帮助财务人员快速、准确地进行数据分析和可视化，发现数据间的关联和规律，为决策提供有力支持。

2. 财务建模

财务建模是财务分析中的重要环节，它可以帮助企业进行财务策划、预测和决策。Python在财务建模方面拥有良好的应用基础，可以通过编写脚本实现财务模型的构建和运算。Python还支持多种数学和统计计算，具备强大的数据分析和处理能力，能够满足不同类型的财务建模需求，如财务预测、风险评估等。

3. 自动化任务

Python可以自动执行财务中的许多重复性任务并提高工作效率。Python自动化工具允许财务部门自动生成财务报表、处理日常财务交易以及发送通知和报告。例如，Python脚本可以帮助财务部门每天自动生成和传输财务报表，节省大量时间和精力，提高财务人员工作效率，自动化也可以替代部分人工，从而降低企业的用工成本。

4. 风险管理

在当今复杂多变的经济环境下，企业面临着各种形式的风险，如市场风险、信用风险、操作风险等。Python作为一种灵活、开放的编程语言，可以帮助企业对各种风险进行量化和管理。通过Python编程实现风险模型的构建和运算，可以更好地评估和控制风险，在风险管理方面具有广泛的应用前景。

5. 可视化

数据可视化是财务分析的重要组成部分。matplotlib、seaborn和plotly 等 Python库可以帮助金融专业人士创建高质量的可视化图表，这些图表通过直观地显示财务数据的趋势和模式，帮助决策者更好地理解和分析他们的数据。例如，金融专业人士可以使用 Python 绘制股票价格图表、风险分配图表和投资组合回报图表。

四、Python与Excel功能比较

Python和Excel在财务分析方面各有优势。Excel以其用户友好的界面和丰富的内置功能而闻

名，而Python更受人称赞的是其数据处理和自动化能力。以下是 Python 和 Excel 的关键财务分析功能的比较，包括具体示例的详细解释。

1. 数据导入与处理

（1）Excel作为日常办公室使用最广泛的软件，它允许用户从多种格式导入数据，包括 CSV、TXT 和 Excel等工作簿。用户可以通过Excel内置的公式以及工具等功能来进行传统的数据处理，可以胜任普通用户的日常数据处理需求（见图1–2）。

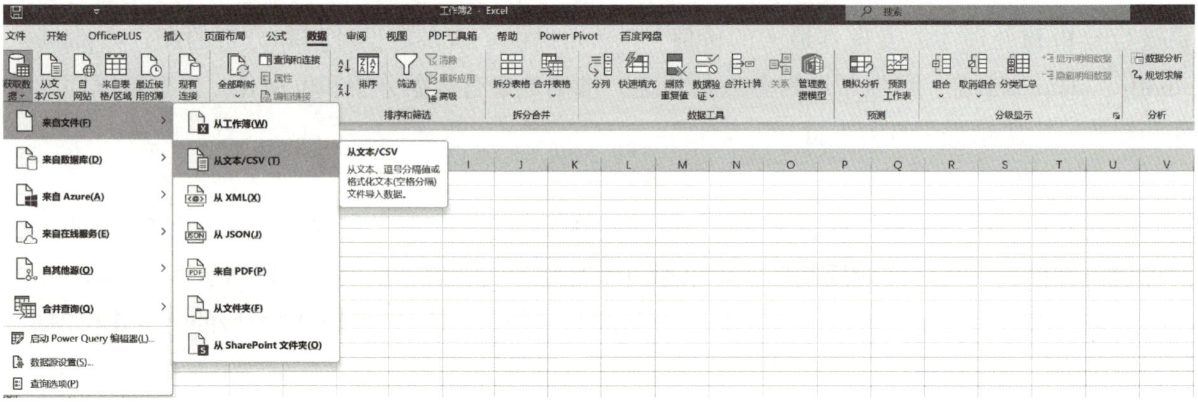

图 1–2　Excel 导入 CSV 文件

（2）Python作为大数据时代使用最广泛的软件，用户可以通过pandas、tushare、numPy等数据库轻松导入和处理各种类型的数据，并且提供非常强大的数据清洗和处理功能，远超Excel的数据处理能力，更容易满足用户对大数据的处理需求。

示例

```
import pandas as pd
# 从CSV文件导入数据
data = pd.read_csv('financial_data.csv')
```

2. 数据分析和计算

（1）Excel主要通过内置的功能，提供了大量的内置函数，包括SUM、AVERAGE、VLOOKUP等函数，从而使用户可以进行基本的数据计算和分析；并且对复杂的计算，也可以进行计算，通过使用VBA（Visual Basic for Applications）编写宏来实现。

示例

```
# 计算平均利润率
=AVERAGE(B2:B100)
# 使用VLOOKUP查找数据
=VLOOKUP("Company A", A2:D100, 4, FALSE)
```

（2）Python主要通过大量的第三方数据库的导入来实现对数据的各种需求。如numPy、pandas和sciPy等数据库的导入，可以使用户进行复杂的数学和统计计算，并且支持线性代数、数值积分等很多高级功能。

示例

```
import numpy as np
# 计算平均利润率
average_profit_margin = np.mean(data['Profit Margin'])
print(f'平均利润率: {average_profit_margin:2%}')
# 查找特定公司的数据
company_data = data[data['Company'] == 'Company A']
print(company_data)
```

3. 数据可视化

（1）Excel通过内置功能，提供多种图表类型（包括柱散点图、状图、饼图等），使用户可以快速实现传统数据的可视化（见图1–3）。

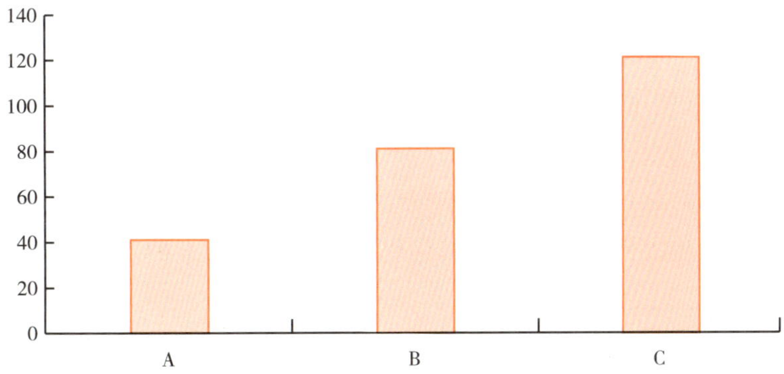

图1–3 示例直方图

（2）Python主要通过大量的第三方数据库的导入来实现对数据的可视化需求。借助matplotlib和plotly等库可以生成高质量的静态、动态和交互式图表，支持更复杂的可视化需求。

示例 以下代码的输出结果如图1-4所示。

```
import numpy as np
import matplotlib.pyplot as plt
# 绘制线性图
x1 = np.array([1,2,3])
y1=x1+1
plt.plot(x1, y1)
y2=x1*2
plt.plot(x1, y2,color='red',linewidth=3,linestyle='--')
plt.show()
```

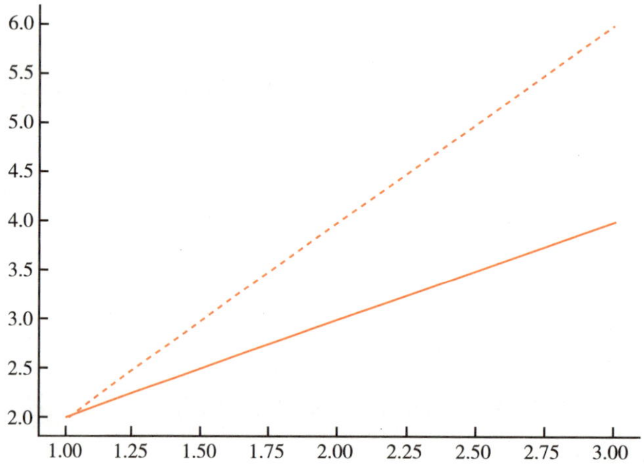

图1-4 示例折线图

4. 自动化任务

（1）Excel主要是通过使用VBA功能实现，编写宏来完成自动化任务，但是其编写和维护宏代码相对比较复杂。

（2）Python则可以非常好地胜任自动化任务，通过编写脚本可以轻松实现各种自动化任务，包括数据处理、报告生成和邮件发送，同时其代码更易于阅读和维护。

任务小结

Excel的优点在于入门简单，结构清晰，并且大家已经普遍掌握基础的功能用法，同时，其非常直观的界面以及即用即学的特点，非常适合大多数用户处理简单的数据分析和可视化任务。而Python需要一定的代码能力，需要通过一定的学习方可熟悉软件的使用，但是其有着非常强大的数据处理能力，同时由于是基于程序的实现，则可以灵活地实现用户的需求，特别适合处理在大数据时代，对大数据进行分析等任务，并且有着很高效的自动化工作流程。在现代财务分析中，Python和Excel常结合使用，发挥各自的优势。

任务2 生成式人工智能加速Python学习

一、初识生成式人工智能

1. 什么是生成式人工智能

生成式人工智能（Generative AI）代表了一种前沿技术，它突破了传统的AI模型在分类和预测方面的局限性，而去专注于创造全新的内容。与传统的AI技术相比，生成式AI拥有更为广阔的创作空间，能够生成各种形式的新数据，包括但不限于文本、图像、音乐和视频等。其工作原理是通过深度学习和大数据分析，对海量的已有数据进行学习和理解，掌握其中的模式和结构，进而根据这些规律和特征生成富有创意和独特性的新内容。这种技术的出现，不仅极大地丰富了数字世界的多样性，也为人们提供了更多元、更丰富的文化体验和娱乐选择。

2. 生成式人工智能的特点

生成式人工智能的特点丰富且显著，具体体现在以下6个方面。

（1）创造性卓越：生成式人工智能拥有非凡的创造能力，它能够生成与原始数据相似但又全新的内容，这种能力使其在众多应用场景中脱颖而出。

（2）多样性显著：由于生成式人工智能是基于概率分布进行生成的，因此它能够产生多样化的输出；这种多样性不仅体现在内容的多样性上，也体现在生成方式的多样性上。

（3）可扩展性强：随着训练数据的不断增加和模型复杂度的逐步提高，生成式人工智能生成的内容质量和多样性也会得到显著提升。这种可扩展性使得生成式人工智能能够应对日益复杂的任务需求。

（4）灵活性高：生成式人工智能不仅可以用于生成文本内容，还可以扩展到图像、音频和视频等其他类型的生成任务。它的灵活性使得它能够在多个领域得到广泛应用，满足不同的需求。

（5）交互性强：生成式人工智能可以与人进行交互，根据人的反馈进行调整和改进。这种交互性使得它能够更好地理解人的需求，提供更加符合人意的生成结果。

（6）自动化程度高：生成式人工智能能够自动化地完成大量的生成任务，减轻人的工作负担；同时，它还可以与其他自动化工具进行集成，实现更加高效的自动化流程。

3. 生成式人工智能的应用

生成式人工智能在多个领域都展现出了广泛的应用价值，包括但不限于以下3个方面。

（1）图像生成：通过DCGANS、VAE等先进技术，生成式人工智能能够生成逼真且富有艺术感的图像，为艺术创作和图像处理等领域提供了强大的支持。

（2）文本生成：借助RNNS、Transformers等深度学习技术，生成式人工智能能够生成连贯且富有逻辑性的文本，如文章、诗歌等，为文学创作和文本编辑等领域带来了革命性的变革。

（3）视频生成：利用3D CNNS、GANS等前沿技术，生成式人工智能能够生成流畅且高质量的视频，为影视制作、广告创意等领域注入了新的活力。

二、如何通过大模型自学Python

生成式AI大模型可以大大加速Python的学习过程，下面将通过使用某大模型来实现简单的数据清洗为例。

1. 代码生成和解释

利用生成式AI生成示例代码，并提供详细解释。例如，用户可以输入“如何实现一个简单的Python函数”，大模型会生成相应的代码并解释其功能。

用户输入：“如何实现一个简单的Python函数”。

大模型生成的示例代码和解释如图1–5所示。

如何实现一个简单的Python函数

在Python中，定义一个函数使用 def 关键字。下面是一个简单的函数示例，该函数接受两个参数并返回它们的和：

Python 浅色版本

```python
def add_numbers(a, b):
    """
    这个函数接收两个数字作为输入参数，并返回它们的和。

    参数：
    a (int/float)：第一个数字
    b (int/float)：第二个数字

    返回：
    int/float：两个数字的和
    """
    result = a + b
    return result

# 调用函数
sum_result = add_numbers(3, 5)
print("The sum is:", sum_result)
```

在这个例子中：

1. def add_numbers(a, b)：定义了一个名为 add_numbers 的函数，它接受两个参数 a 和 b 。
2. 函数体内的代码计算了 a 和 b 的和，并将结果存储在变量 result 中。
3. 使用 return 语句返回结果。

要调用这个函数，只需提供所需的参数，如 add_numbers(3, 5) 。函数将执行其操作并返回结果，你可以将其赋值给一个变量（如 sum_result ），然后进行进一步处理或输出。

输入"/"唤起指令中心，Shift+Enter换行，支持拖拽或粘贴上

服务生成的所有内容均由人工智能模型生成，其生成内容的准确性和完整性无法保证，不代表我们的态度或观点

图1–5 编程对话示例

2. 问题解答

利用大模型回答与Python相关的问题。例如，用户可以问“如何在Python中读取Excel文件”，大模型会给出详细的答案和示例代码。

用户输入：“如何在Python中读取Excel文件？”

大模型的回答和示例代码如图1–6所示。

图 1–6 编程对话示例

3. 互动学习

通过对话式大模型，如“通义千问”和“Kimi”等大模型，进行互动学习。用户可以提出问题，大模型会实时回答，提供学习建议和资源（见图1–7）。

用户输入：“我想学习如何在 Python 中使用列表推导式。”

大模型的回答：

我想学习如何在 Python 中使用列表推导式。

列表推导式是 Python 中一种非常强大且高效的功能，它允许你快速地基于一个现有列表创建新的列表。列表推导式的语法简洁，可以替代循环和条件语句的组合使用。

基本的列表推导式语法如下：

Python 浅色版本

```python
new_list = [expression for item in iterable if condition]
```

这里的 `expression` 是你要应用到列表中的每个元素上的操作，`item` 是当前处理的元素，`iterable` 是你想要遍历的原始列表或任何可迭代对象，而 `if condition` 则是一个可选的过滤条件，用于决定哪些元素应该被包含在新列表中。

基本示例

假设我们有一个列表，我们想要创建一个新的列表，其中包含原列表中所有元素的平方：

Python 浅色版本

```python
numbers = [1, 2, 3, 4, 5]
squares = [x**2 for x in numbers]
print(squares)  # 输出: [1, 4, 9, 16, 25]
```

使用条件

如果只想保留原列表中偶数的平方：

Python 浅色版本

```python
even_squares = [x**2 for x in numbers if x % 2 == 0]
print(even_squares)  # 输出: [4, 16]
```

多个条件

你也可以使用多个条件：

服务生成的所有内容均由人工智能模型生成，其生成内容的准确性和完整性无法保证，不代表我们的态度或观点

图 1-7 编程对话示例

4. 项目指导

通过大模型获得项目指导和建议。例如，用户可以描述一个想要实现的项目，大模型会提供实现步骤、相关库和代码示例。

用户输入："我想编写一个简单的 Web 爬虫来收集特定网站上的信息。"

大模型的建议和示例如图 1-8 所示。

我想编写一个简单的Web爬虫来收集特定网站上的信息。

编写一个Web爬虫需要一些编程知识，特别是Python语言和一些相关的库如BeautifulSoup和Requests。以下是一个基本的Python Web爬虫示例，它使用这些库从网页中提取信息：

Python　　浅色版本

```python
import requests
from bs4 import BeautifulSoup

def simple_web_scraper(url):
    # 发送HTTP请求
    response = requests.get(url)

    # 检查请求是否成功
    if response.status_code == 200:
        # 解析HTML页面
        soup = BeautifulSoup(response.text, 'html.parser')

        # 找到你感兴趣的信息，例如所有段落标签
        paragraphs = soup.find_all('p')

        # 遍历并打印每个段落的内容
        for paragraph in paragraphs:
            print(paragraph.get_text())

# 替换URL为你想要爬取的网站地址
url = "https://www.example.com"
simple_web_scraper(url)
```

在这个例子中，我们首先导入了 `requests` 库，用于发送HTTP请求。然后我们导入了 `BeautifulSoup` 库，用于解析HTML页面。

在 `simple_web_scraper` 函数中，我们发送了一个GET请求到指定的URL，并检查响应的状态码是否为200（表示请求成功）。如果请求成功，我们将响应文本传递给 `BeautifulSoup` 对象进行解析。

然后，我们使用 `find_all` 方法找到所有段落标签（<p>），并将它们存储在 `paragraphs` 列表中。最后，我们遍历这个列表，并使用 `get_text` 方法获取每个段落的文本内容，并将其打印出来。

请注意，这只是一个简单的示例，实际的Web爬虫可能需要处理更复杂

图 1–8　编程对话示例

任务小结

生成式人工智能（Generative AI）作为一项前沿技术，突破了传统AI在分类和预测方面的限制，相比于传统AI，生成式人工智能专注于创造全新的内容，包括文本、图像、音乐和视频等，其特点在于多样性显著、可扩展性强、灵活性高、交互性强以及自动化程度高。这些特点使得生成式AI在多个领域具有广泛的应用价值，如图像生成、文本生成和视频生成等。这种技术的出现，不仅极大地丰富了数字世界的多样性，也为人们提供了更加多元、更加丰富的文化体验和娱乐选择。

任务 3　Python 运行平台介绍

一、如何轻松安装 Anaconda

Anaconda，作为数据科学和机器学习领域的翘楚，是一款卓越的开源Python发行版。它集成了海量的软件包和实用工具，极大地简化了Python的安装和环境配置流程。下面将详细介绍安装Anaconda的步骤，首先，访问清华镜像，选择与操作系统相匹配的版本进行下载（见图1-9）。Anaconda支持Windows、macOS和Linux等操作系统。

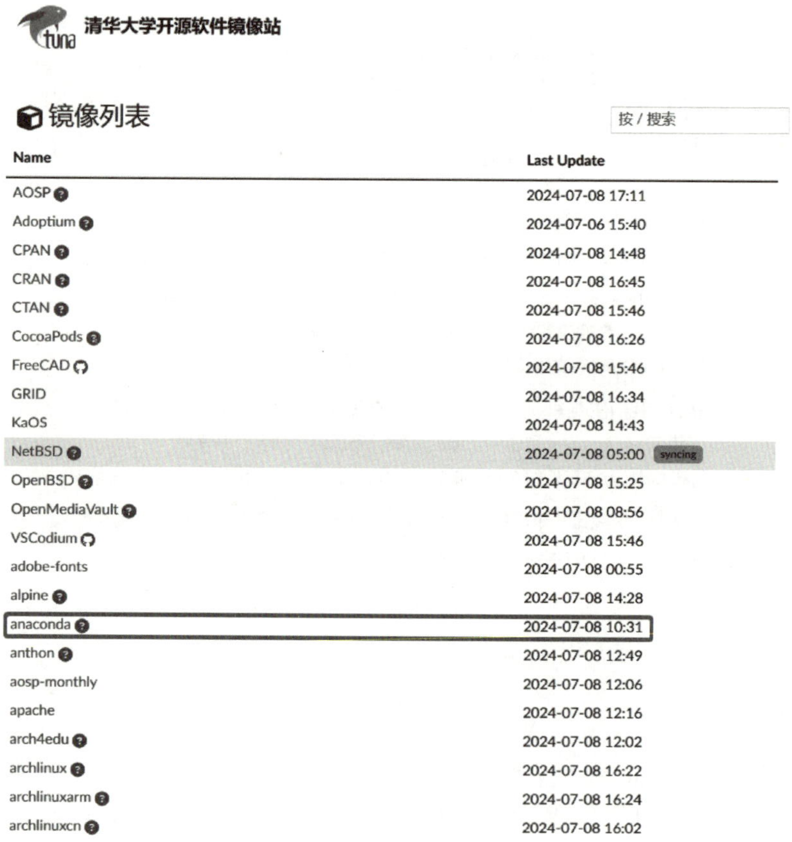

图 1-9　清华镜像网站

其次，下载完成后，双击安装包进行安装。在安装过程中，需要阅读并同意Anaconda的使用协议，并选择安装位置。一般来说，建议选择默认安装位置，以确保Anaconda能够正常工作。

最后，安装完成后，可以在开始菜单或应用程序列表中找到Anaconda Navigator。双击打开它，会看到一个包含各种工具和环境的界面。在这个界面中，可以轻松地创建、管理和使用Python环境，以及安装和管理各种数据科学相关的包。

在Anaconda Navigator中，可以点击左侧的“Environments”选项卡来查看和管理Python环境。

在Anaconda Navigator中，可以点击左侧的“Home”选项卡来查看和使用各种流行的数据科学工具。这些工具包括Jupyter Notebook、Spyder等，可以更轻松地编写和运行Python代码。

下面以 Windows 系统为例进行详细介绍。

（1）双击下载的 Anaconda 安装程序（通常是 .exe 文件）（见图1-10）。

Anaconda3-2023.09-0-MacOSX-x86_64.pkg	772.0 MiB	2023-09-29 23:48
Anaconda3-2023.09-0-MacOSX-x86_64.sh	774.1 MiB	2023-09-29 23:48
Anaconda3-2023.09-0-Windows-x86_64.exe	1.0 GiB	2023-09-29 23:48
Anaconda3-2024.02-1-Linux-aarch64.sh	798.5 MiB	2024-02-27 06:01
Anaconda3-2024.02-1-Linux-s390x.sh	391.8 MiB	2024-02-27 06:01
Anaconda3-2024.02-1-Linux-x86_64.sh	997.2 MiB	2024-02-27 06:01
Anaconda3-2024.02-1-MacOSX-arm64.pkg	697.4 MiB	2024-02-27 06:01
Anaconda3-2024.02-1-MacOSX-arm64.sh	700.0 MiB	2024-02-27 06:01
Anaconda3-2024.02-1-MacOSX-x86_64.pkg	728.7 MiB	2024-02-27 06:01
Anaconda3-2024.02-1-MacOSX-x86_64.sh	731.2 MiB	2024-02-27 06:01
Anaconda3-2024.02-1-Windows-x86_64.exe	904.4 MiB	2024-02-27 06:01
Anaconda3-2024.06-1-Linux-aarch64.sh	800.6 MiB	2024-06-27 04:48
Anaconda3-2024.06-1-Linux-s390x.sh	425.8 MiB	2024-06-27 04:48
Anaconda3-2024.06-1-Linux-x86_64.sh	1007.9 MiB	2024-06-27 04:48
Anaconda3-2024.06-1-MacOSX-arm64.pkg	704.7 MiB	2024-06-27 04:48
Anaconda3-2024.06-1-MacOSX-arm64.sh	707.3 MiB	2024-06-27 04:48
Anaconda3-2024.06-1-MacOSX-x86_64.pkg	734.7 MiB	2024-06-27 04:49
Anaconda3-2024.06-1-MacOSX-x86_64.sh	737.2 MiB	2024-06-27 04:49
Anaconda3-2024.06-1-Windows-x86_64.exe	912.3 MiB	2024-06-27 04:49
Anaconda3-4.0.0-Linux-x86.sh	336.9 MiB	2017-01-31 01:34
Anaconda3-4.0.0-Linux-x86_64.sh	398.4 MiB	2017-01-31 01:35
Anaconda3-4.0.0-MacOSX-x86_64.pkg	341.5 MiB	2017-01-31 01:35

图 1-10　版本号选择

（2）接下来，启动安装向导后，请首先点击“Next”以推进安装过程。

（3）在此步骤中，请仔细阅读许可证协议并确保完全理解其内容。若同意该协议，请点击“I Agree”以继续。

（4）当面临选择安装类型的决策时，通常“Just Me”选项是推荐选择，因为它适用于单个用户环境。选定后，请点击“Next”。

（5）对于安装位置的选择，虽然可以根据自己的需求自定义，但为了简化操作，建议使用默认位置。完成选择后，请点击“Next”。

（6）在 Advanced Options（高级选项）界面中，强烈建议勾选“Add Anaconda to my PATH environment variable”（将Anaconda添加到PATH环境变量）这一选项，这将确保能够在系统任何地方轻松访问和使用Anaconda。最后，请点击“Install”开始安装过程（见图1-11）。

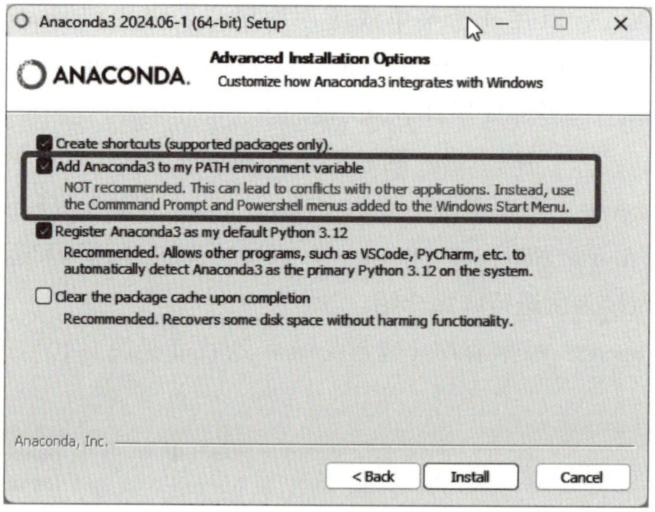

图 1-11　安装界面

（7）其他步骤一直选择“Next”即可，最后点击“Finish”，这样Python就安装完成啦，最后的安装界面会持续较长时间。

二、Anaconda的使用方法

关于Jupyter Notebook的使用示例如下：

（1）点击Jupyter Notebook（见图1-12）。

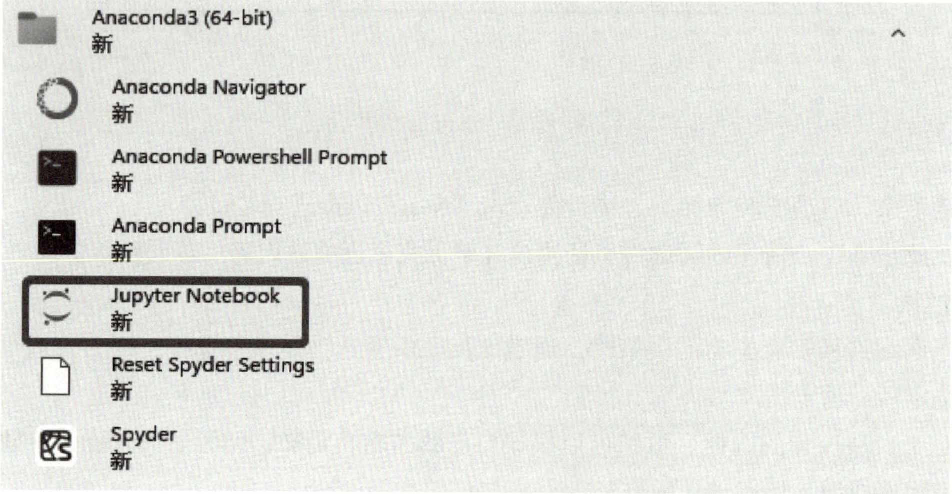

图 1-12　Jupyter Notebook 位置

（2）后面会弹出如下界面，运行过程中此界面不能关！如果未出现后续的输出，按回车键（见图1-13）。

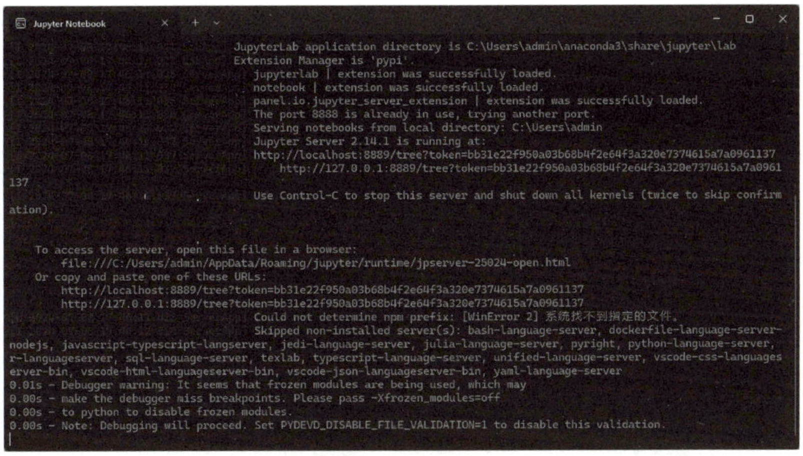

图 1–13　弹出界面

（3）进入编辑页面（见图 1–14）。

图 1–14　启动后界面

（4）新建一个工作簿，并进入界面（见图 1–15 和图 1–16）。

图 1–15　新建一个工作簿

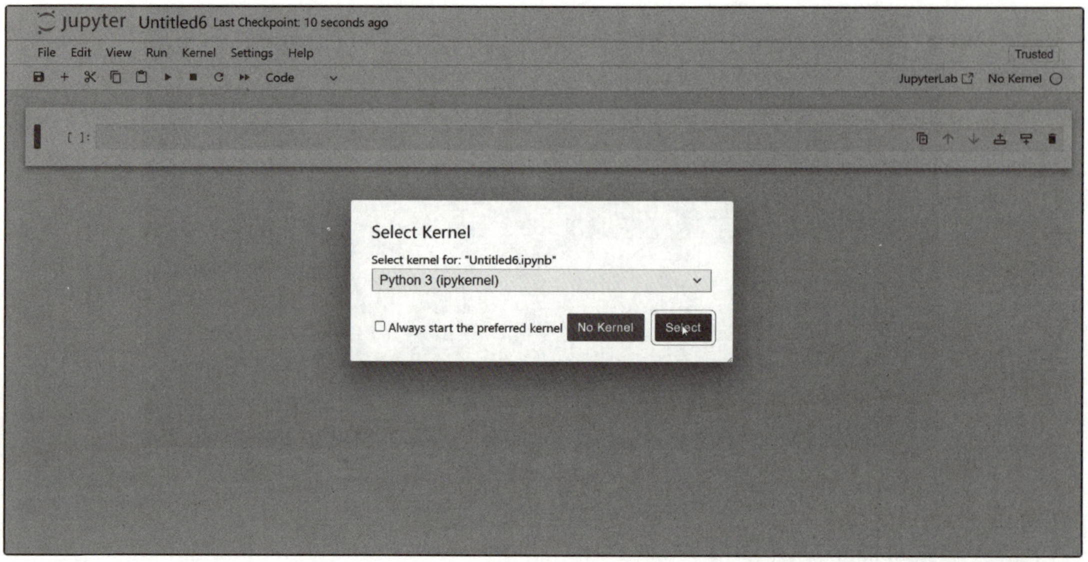

图 1–16 进入界面

（5）运行第一个程序（见图 1–17）。

图 1–17 第一个程序

任务小结

Anaconda 是一个非常强大的 Python 发行版，集成了大量的科学计算包和库，并且通过其包和环境管理器 Conda 简化了包的管理和环境的配置。灵活运用好 Anaconda Navigator 和 Jupyter Notebook 等工具，用户可以更高效地进行数据科学和机器学习等任务。

任务4 Python基础语法

一、变量命名

在 Python 中，选择变量名需要遵循一定的规则，否则会导致报错等现象，本任务总结了4个必须遵循命名规则。

（1）变量名只能包含字母（a–z, A–Z）、数字（0–9）和下划线（_）。例如：a%b这种就是不规范的。

（2）变量名不能以数字开头。例如：1a、2b等命名就是不规范的。

（3）变量名区分大小写。例如：age 和 Age 是两个不同的变量。

（4）避免使用 Python 的关键字作为变量名。例如：if, else, while 等尽量不要用来作为变量名，容易与系统内置函数发生冲突。

下面给出几个正确的变量名的命名示例：

```
age = 25
name = "Alice"
is_student = True
```

二、注释

注释是非常重要的，可以有效提高后期或者其他人对代码的检查效率，以便检验本次代码是否正确，同时也有助于后面帮助自己对之前工作的回忆。注释主要是用来对代码的解释说明，可以让自己或者观看者更加容易理解你代码的意图。同时，Python 支持单行注释和多行注释，以满足不同场景的需求。

1. 单行注释使用 # 符号

```
# 这是一个单行注释
age =25   # 定义变量 age,并赋值为 25
```

2. 多行注释使用三个单引号或双引号

```
'''
这是一个多行注释
可以包含多行文字
 '''
```

三、常见数据类型

Python 支持多种数据类型，下面展示一些常见的数据类型和例子，帮助大家更好地理解：

- 整数（int）：例如 5, –10
- 浮点数（float）：例如 3.14, –2.7
- 字符串（str）：例如 "hello", 'world'
- 布尔值（bool）：例如 True, False
- 列表（list）：例如 [1, 2, 3], ['a','b','c']
- 元组（tuple）：例如 (1, 2, 3), ('a','b','c')
- 字典（dict）：例如 {'name':'Alice','age': 25}

示例

```
age = 25
height = 5.9
name = "Alice"
is_student = True
scores = [90, 85, 88]
person = ('Alice', 25)
profile = {'name':'Alice','age': 25}
```

四、基本运算符

和其他工具类似，Python 可以支持多种运算符，从而实现简单的计算和科学计算。这些运算符主要包括算术运算符、比较运算符、逻辑运算符等。

1. 算术运算符

- 加法：+
- 减法：-
- 乘法：*
- 除法：/
- 整数除法：//
- 取余：%
- 幂运算：**

示例

```
a = 10
b = 3
print(a + b)  # 输出 13
print(a - b)  # 输出 7
print(a * b)  # 输出 30
print(a / b)  # 输出 3.3333333333333335
print(a // b)  # 输出 3
print(a % b)  # 输出 1
print(a ** b)  # 输出 1000
```

2. 比较运算符

- 等于：==
- 不等于：! =
- 大于：>
- 小于：<
- 大于等于：>=
- 小于等于：<=

示例

```
a = 10
b = 3
print(a == b)  # 输出 False
print(a != b)  # 输出 True
print(a > b)  # 输出 True
print(a < b)  # 输出 False
print(a >= b)  # 输出 True
print(a <= b)  # 输出 False
```

3. 逻辑运算符

- 与：and
- 或：or
- 非：not

示例

```
a = True
b = False
print(a and b)  # 输出 False
print(a or b)  # 输出 True
print(not a)  # 输出 False
```

五、运行错误处理

在编写Python程序时，难免会遇到各种各样的错误和异常。为了编写稳健的程序并提高代码的可维护性，了解和正确处理这些错误和异常显得尤为重要。

1. 捕获异常

使用 try 和 except 语句来捕获和处理异常。

示例

```
try:
    result = 10 / 0
except ZeroDivisionError:
    print("除数不能为零")
```

2. 多个异常处理

可以捕获多个异常，并分别进行处理。

示例

```
try:
    result = 10 / 0
except ZeroDivisionError:
    print("除数不能为零")
except ValueError:
    print("值错误")
```

3. 使用 finally

finally是许多编程语言中异常处理机制的一部分，特别是在Java、C#、C++（通过其异常处理扩展）和许多其他语言中。finally块用于包含无论是否发生异常都需要执行的代码，这对于清理资源（如关闭文件、断开数据库连接或释放内存）特别有用，因为这些操作在程序结束或异常发生时都应该执行。

示例

```
try:
    result = 10 / 0
except ZeroDivisionError:
    print("除数不能为零")
finally:
    print("执行完毕")
```

六、基础函数定义与使用

函数是组织好的、可重复使用的代码片段，用来实现单一或相关联的功能。

1. 定义函数

使用 def 关键词定义函数。

示例

```
def greet(name):
    print(f"Hello, {name}")
greet("Alice")   # 输出 Hello, Alice
```

2. 返回值

函数可以使用 return 语句返回值。

示例

```
def add(a, b):
    c = a + b
    return c
result = add(10, 5)
print(result)   # 输出 15
```

3. 默认参数

函数可以有默认参数值。

示例

```
def greet(name="World"):
    print(f"Hello, {name}")
greet()  # 输出 Hello, World
greet("Alice")  # 输出 Hello, Alice
```

4. 可变参数

函数可以接受可变数量的参数。

示例

```
def add(*args):
    return sum(args)
print(add(1, 2, 3))  # 输出 6
print(add(10, 20))  # 输出 30
```

任务小结

认识并熟练地掌握Python中的基本运算符、逻辑运算、异常处理和基本的函数使用，能大大提高同学们对编程的兴趣，能帮助同学们解决Python中遇到的大多数问题。

任务5　选择与循环

一、选择结构

选择结构用于根据条件执行不同的代码块。在 Python 中，选择结构主要包括if语句、if-else语句以及if-elif-else语句。

1. if 语句

if语句用于在条件为真时执行代码块。

示例

```
profit = -100000
if profit < 0:
    print("亏损")
```

2. if-else 语句

if-else语句用于在条件为真时执行一个代码块，否则执行另一个代码块。

示例

```
x = 119
if x % 2 == 0:
  print("偶数")
else:
  print("奇数")
```

3. if-elif-else 语句

if-elif-else语句用于在多个条件之间选择执行的代码块。

示例

```
profit = 0
if profit > 0:
  print("赚钱了,不知道怎么去花!")
elif profit < 0:
  print("亏钱了,省着点花吧!")
else:
  print("没赚也没亏,白忙活了!")
```

4. 嵌套的 if 语句

可以将if语句嵌套在另一个if语句中，以实现更复杂的条件判断。

示例　薪酬个税计算器。

```
salary = 658246
t = salary - 60000
if t <= 36000:
    tax = t * 0.03
elif 36000 < t <= 144000:
    tax = t * 0.1 - 2520
elif 144000 < t <= 300000:
    tax = t * 0.2 - 16920
elif 300000 < t <= 420000:
    tax = t * 0.25 - 31920
```

```
elif 420000 < t <= 660000:
    tax = t * 0.3 - 52920
elif 660000 < t <= 960000:
    tax = t * 0.35 - 85920
elif t > 960000:
    tax = t * 0.45 - 181920
print(tax)
```

二、循环结构

循环结构用于重复执行代码块，直到满足特定条件。在Python中，主要有两种循环结构：while循环和for循环。

1. while 循环

while循环在条件为真时重复执行代码块。

示例

```
count = 0
while count < 5:
    print(f"Count is {count}")
    count += 1
```

2.for 循环

for循环用于遍历序列（如列表、元组、字符串等）。

示例

```
fruits = ["apple", "banana", "cherry"]
for fruit in fruits:
    print(fruit)
```

3.range 函数

range函数生成一个整数序列，常用于for循环。

示例

```
for i in range(5):
    print(i)
```

range 函数的使用可以包括开始值、结束值和步长。

示例

```
for i in range(2, 10, 2):
    print(i)  # 输出 2, 4, 6, 8
```

4. 嵌套循环

可以将一个循环嵌套在另一个循环中，以实现更复杂的循环逻辑。

示例

```
for i in range(3):
    for j in range(2):
        print(f"i = {i}, j = {j}")
```

5. 循环控制语句

- break：立即退出循环
- continue：跳过当前迭代，继续下一次迭代

示例

```
for i in range(5):
    if i == 3:
        break
    print(i)  # 输出 0, 1, 2
for i in range(5):
    if i == 3:
        continue
    print(i)  # 输出 0, 1, 2, 4
```

任务小结

通过掌握选择结构和循环结构，可以编写更复杂和更灵活的程序逻辑。在财务分析中，常需要使用这些控制结构来处理数据和实现各种功能。在接下来的项目中，将进一步探讨 Python 在财务中的具体应用。

任务6　初识常用库

在财务分析中，Python纳入了大量库和一些标准的数据模型，为丰富库生态系统提供了强大的数据处理和分析工具。本任务介绍四个常用的库：pandas、tushare、requests 和 matplotlib，它们分别用于表格操作、财经数据获取、网络数据抓取以及统计图表绘制。

一、类表格操作——pandas库

pandas库是机器学习四个基础库之一，是一个高性能、易使用的数据分析和数据处理库，特别适合处理表格数据。它提供了强大的数据结构和操作工具，使得数据清洗、分析和处理变得更加方便和高效。下面将详细介绍 pandas 库的基本概念、常用功能及其使用方法。

1. 安装 pandas

通过pip安装法来安装，在命令行中运行以下命令安装pandas：

```
pip install pandas
```

电脑出现命令提示符的方法：

（1）使用快捷键：按下Win+R组合键，打开运行对话框，在输入框中输入cmd，然后按下回车键，即可打开命令提示符。这种方法是最常用的，适用于快速访问命令提示符。

（2）通过开始菜单：单击屏幕左下角的Windows徽标或按Windows键来打开开始菜单。在开始菜单中，可以查找Windows系统文件夹，单击该文件夹，然后从弹出的列表中选择命令提示符。如果想以管理员身份运行命令提示符，可以右键单击命令提示符选项，然后选择以管理员身份运行。

（3）搜索功能：单击任务栏中的搜索框，也可以使用Windows + S键盘快捷键快速打开。在搜索框中输入命令提示符，然后从搜索结果中选择顶部对应的程序。同样，如果想以管理员身份运行，可以从右侧的上下文菜单中选择以管理员身份运行选项。

（4）任务管理器：打开任务管理器。可以通过组合键Ctrl+Alt+Delete进入任务管理器界面。在任务管理器的文件菜单中，按住CTRL键的同时，点击“运行新任务”，这样会打开一个新的对话框。在这个对话框中，输入cmd或者command prompt，然后点击“确定”按钮，这样就可以从任务管理器中打开一个新的命令提示符窗口。

（5）windows菜单：按Windows+X组合键打开快速连接菜单，然后从菜单中选择命令提示符或命令提示符(管理员)，这种方法适用于需要快速访问命令提示符且需要管理员权限的情况。

这些方法提供了灵活的途径来打开命令提示符，满足不同用户的需求和场景。

2. 基本使用

（1）读取数据。pandas 支持从多种文件格式读取数据，例如 CSV、Excel、SQL 数据库等。

示例　读取 CSV 文件。

```
import pandas as pd
# 读取 CSV 文件到 DataFrame
df = pd.read_csv('data.csv')
print(df.head())   # 查看前五行数据
```

使用Python读取Excel文件，则需要分别安装pandas和openpyxl这两种数据库。下面给出详细的代码过程来读取Excel文件：

首先，安装pandas和openpyxl数据库

```
pip install pandas openpyxl
```

其次，使用Pandas读取Excel文件：

```
import pandas as pd
```

最后，读取Excel文件

```
df = pd.read_excel('文件路径.xlsx', sheet_name='工作表名称')
# 显示前几行数据
print(df.head())
```

（2）数据操作。pandas数据库为用户提供了非常丰富的数据操作功能，包括筛选、排序、分组等功能。

示例　对数据进行筛选和排序功能的实现。

```
# 筛选年龄大于30的数据
filtered_df = df[df['age'] > 30]
# 筛选性别为"男"的数据
gender_filtered_df = df[df['gender'] == '男']
# 按照年龄排序
sorted_df = df.sort_values(by='age')
```

（3）数据分析。pandas数据库还提供了许多数据分析功能，包括统计描述、数据透视表等功能。

示例 基本统计描述。

```
# 统计描述
print(df.describe())
```

3. 常用功能

（1）数据清洗。pandas数据库提供了包括处理缺失值、重复值等在内的功能。

示例 处理缺失值。

```
# 填充缺失值
df.fillna(0, inplace=True)
# 删除包含缺失值的行
df.dropna(inplace=True)
```

（2）数据合并。pandas数据库还支持多种数据进行合并的操作，包括数据的连接、合并等。

示例 数据合并，有两个函数分别为merge函数和concat函数。

```
# 按照列合并两个 DataFrame
merged_df = pd.merge(df1, df2, on='key')
concat_vertical_df = pd.concat([df1, df2])
```

二、对象关系映射——SQLAlchemy库

SQLAlchemy是一个强大的Python数据库工具包和对象关系映射（ORM）框架，它提供了一个高级的接口来操作数据库，使数据库操作变得简单而直观。本任务将详细介绍如何在Python中使用SQLAlchemy，包括安装、常用接口、异常报错等内容。

SQLAlchemy是Python中最有名的ORM工具，ORM全称Object Relational Mapping（对象关系映射）。特点是操纵Python对象而不是SQL查询，也就是在代码层面考虑的是对象，而不是SQL，体现的是一种程序化思维，这样使Python程序更加简洁易读。SQLAlchemy支持多种数据库系统，包括MySQL、PostgreSQL、SQLite等。SQLAlchemy的目标是提供一种简单而直观的方式来操作数据库，同时保持足够的灵活性以应对各种复杂的数据库操作。

1. 安装 SQLAlchemy 库

在Python中，可以使用pip来安装SQLAlchemy库。打开终端，输入以下命令：

```
pip install sqlalchemy
```

2. SQLAlchemy 库的基本使用

（1）链接数据库。

```
#使用sqlalchemy获取数据
from sqlalchemy import create_engine
import pandas as pd
```

（2）设置数据库账号密码信息。

```
username = "XXXX"      #账号
password = "XXXXX"     #密码
host = "YYYY"          #数据库地址
port = "YYYY"          #数据库端口
database = "ZZZZ"     #数据库案例名称
engine = create_engine(
f"mysql+pymysql://{username}:{password}@{host}:{port}/{database}",
    echo=False,
    pool_size=10,
    max_overflow=20,
    pool_timeout=30,
)
```

（3）设置查询语句。

```
#查询购入方是珠江纸业的数据
Buy_sql = """
SELECT
H.textName,H.flowCode,H.businessNo,H.provincesValue,H.date,H.
number1,H.billNumber,H.buy_name,H.buy_TaxId,H.buy_address,H.money,H.
taxDeduction,H.tax_total,D.list_name,D.list_specification,D.list_
unit,D.list_amount,D.list_univalence,D.list_sum,D.list_taxRate,D.list_
taxAmount
```

```
FROM
    发票主表名 AS H
INNER JOIN
    发票明细表名 AS D ON H.billNumber = D.billNumber
WHERE
    H.buy_name = '珠江纸业股份有限公司';
""""
```

（4）执行sql命令获取数据。

```
#获取购入方是珠江纸业的数据
buy_df= pd.read_sql(Buy_sql, engine)
```

（5）修改列名。

```
name_dict = {'textName': '名称',
             'flowCode': '业务编码',
             'businessNo': '业务单编号',
             'businessDate': '业务日期',
             'provincesValue': '省份',
             'date': '日期',
             'number1': '发票代码',
             'billNumber': '发票号码',
             'checkNumber': '机器编码',
             'sell_name': '销售方单位名称',
             'sell_TaxId': '销售方单位税号',
             'sell_address': '销售方地址、电话',
             'buy_name': '购买方单位名称',
             'buy_TaxId': '购买方单位税号',
             'buy_address': '购买方地址、电话',
             'money': '总金额',
             'taxDeduction': '总税额',
             'tax_total': '价税合计',
             'list_name': '货物或应税劳务、服务名称',
             'list_specification': '规格型号',
```

```
                'list_unit': '单位',
                'list_amount': '数量',
                'list_univalence': '单价',
                'list_sum': '金额',
                'list_taxRate': '税率',
                'list_taxAmount': '税额'}
buy_df.rename(columns=name_dict, inplace=True)
buy_df.to_excel("购入.xlsx")
```

备注：

（1）SQL查询语句的语法为：SELECT 列名1，列名2（需要获取的列）FROM 表名。

（2）SQL条件语句的语法为：.......(此处为类似于上述的查询语句) WHERE 列名 = ‘XXX(XXX为需要的值)’。

三、财经数据获取——tushare库

Tushare数据库是一个开源的财经数据接口包，可以方便地获取股票、基金、期货等金融市场数据。Tushare除了可以获取上市公司的各种财务数据，还可以获取一些非常规数据，例如上市公司的基本信息（包括法人代表、注册资本、主要业务以及经营范围等）、管理层信息（包括姓名、岗位以及简历等）、财务审计意见、主要业务构成信息等，还有很多其他非常规信息的获取可以参阅tushare官网介绍。

1. 安装 Tushare

Tushare（更准确地说是tushare pro，tushare pro是旧版Tushare的升级版，为了叙述简洁，之后统一还是说tushare）是一个数据平台，其官网为：https://tushare.pro/。Tushare为使用者提供了Python的数据接口，通过该接口便可以获取到所需的上市公司相关数据。

（1）安装方式1：常规pip安装法。

通过pip安装法来安装。具体操作可以查看pandas的安装。

（2）安装方式2：清华镜像安装法。

如果安装网络超时可尝试清华镜像安装法，安装代码如下，其余安装步骤同上。

```
pip install tushare -i https://pypi.tuna.tsinghua.edu.cn/simple
```

（3）安装方式3：安装原始文件法。

如果上面两种方法都无法安装成功，则可以访问https://pypi.org，然后搜索tushare，如图1-18所示：选择界面左侧的Download files，进入网址https://pypi.org/project/tushare/#files，然后下载后缀

为whl或者tar.gz的安装包都可以。

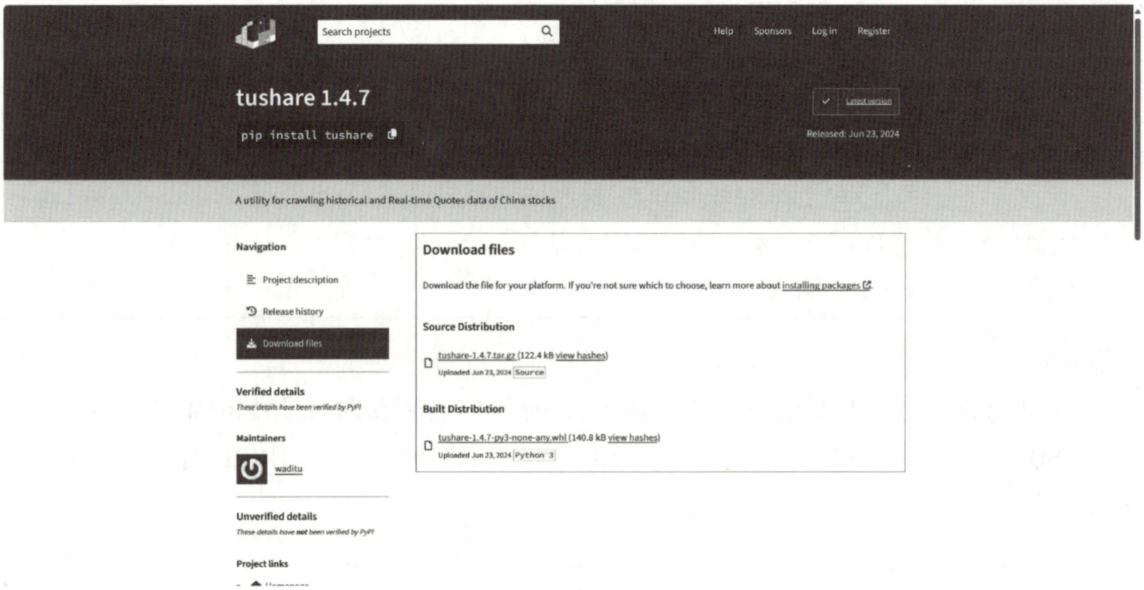

图 1–18 tushare 库源文件下载界面

2. 基本使用

（1）引入tushare库和调用token。目前已经可以通过http、Python、Matlab、R语言方式来获取数据。

Python调用tushare接口的步骤如下：

引入tushare库。首先通过如下代码引入tushare库，并在引入的时候将其简写为ts，代码如下。

```
import tushare as ts
```

调用token。引入库之后需要调用Token值，代码如下，注意token值虽然是一串数字，但是仍需要在两旁加上单引号以字符串的形式传入pro_api()里面。

注：token可自行到官网注册获得或向老师索取。

```
方法一:
pro=ts.pro_api('自己的token值')
方法二:
ts.set_token('自己的token值')
pro = ts.pro_api()
# 两者无优劣区别,第一种方法为新式方法
```

（2）获取股票数据。

引入tushare库并调用token值后，就可以通过如下代码获取。

示例 获取股票历史数据。

```
import tushare as ts
# 设置 tushare token
ts.set_token('自己的token值')
# 初始化接口
pro = ts.pro_api()
# 获取股票历史数据
df = pro.daily(ts_code='000001.SZ', start_date='20220101', end_date='20221231')
print(df.head())
```

（3）获取指数数据。

示例 获取上证指数数据。

```
# 获取上证指数数据
df = pro.index_daily(ts_code='000001.SH', start_date='20220101', end_date='20221231')
print(df.head())
```

四、网络数据抓取——requests库

requests数据库是一个简单易用的 HTTP 请求库，非常适合进行网络数据抓取。requests属于第三方库，Python没有提供内置，因此需要手动安装。

1. 安装 requests

无论是Windows、Linux还是Mac，都可以通过pip这个包管理工具来安装requests。在命令行界面运行如下命令，即可完成requests库的安装：

```
pip install requests
```

2. 基本使用

在requests库中，经常会用到POST 请求和 get 请求，用于获取数据，这两者是 HTTP 协议中两种最常用的请求方法。

下面的案例中，使用requests库中的get()函数发送了一个get请求。

示例 获取网页内容。

```
#导入requests库
import requests
#发送一个get请求并得到响应
r = requests.get('https://www.baidu.com')
#查看响应对象的类型
print(type(r))
#查看响应状态码
print(r.status_code)
#查看响应内容的类型
print(type(r.text))
#查看响应的内容
print(r.text)
#查看cookies
print(r.cookies)
```

3. 基本使用发送 POST 请求

示例 发送带有数据的 POST 请求。

```
# 发送 POST 请求
response = requests.post('https://api.example.com/data', json={'key':
'value'})
# 检查请求状态
if response.status_code == 200:
    data = response.json()  # 将响应内容解析为 JSON
    print(data)
else:
    print(f"请求失败,状态码:{response.status_code}")
```

五、数据可视化——matplotlib库

Matplotlib是一个Python 的2D绘图库，它以各种硬拷贝格式和跨平台的交互式环境生成出版质量级别的图形。开发者可以仅需要几行代码，便可以生成绘图、直方图、功率谱、条形图、错误图、散点图等。总的来说matplotlib适合绘制各种统计图表和数据可视化。

1. 安装 matplotlib

在命令行中运行以下命令安装（和pandas的安装方法大体一致）matplotlib：

```
pip install matplotlib
```

2. 基本使用

（1）绘制折线图。

示例 绘制简单的折线图。

```
from sqlalchemy import create_engine
import pandas as pd
import matplotlib.pyplot as plt

# 创建数据库连接引擎
engine = create_engine('mysql+pymysql://student:student@116.
63.167.113:3406/newdata?charset=utf8')
# 编辑SQL代码
sql_all = 'select 报表日期, sum(应收账款) as 应收账款 from '资产负债表-幸福
蛋糕' group by 报表日期'

# 读取SQL代码
data = pd.read_sql(sql_all, engine)
# 解决绘图无法显示中文的问题
plt.rcParams['font.sans-serif'] = ['SimHei']
plt.rcParams['axes.unicode_minus'] = False
# 绘制图表
data.plot(x='报表日期', kind='line', figsize=(16, 4), title='应收账款趋势',
marker='o')
# 横、纵坐标描述
plt.xlabel('日期')
plt.ylabel('金额')
# 网格线
plt.grid(True)
# 显示图表
plt.show()
```

结果预览（见图1–19）：

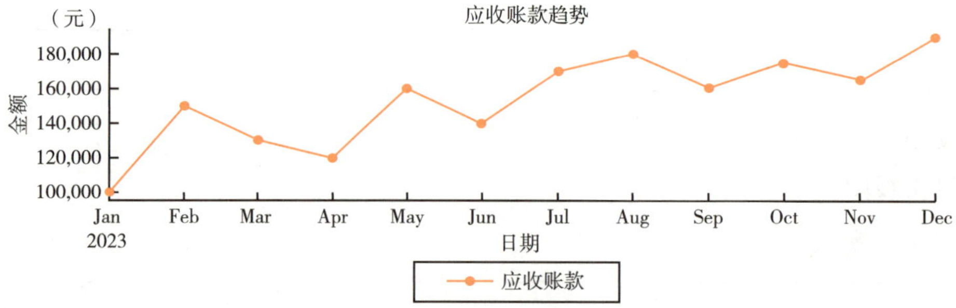

图 1–19 折线图示例

（2）绘制柱状图。

示例 绘制简单的柱状图。

```
from sqlalchemy import create_engine
import pandas as pd
import matplotlib.pyplot as plt

# 创建数据库连接引擎
engine = create_engine('mysql+pymysql://student:student@116.63.167.113:3406/
newdata?charset=utf8')
# 编辑SQL代码
sql_all = 'select 报表日期, sum(应收账款) as 应收账款 from '资产负债表-幸福
蛋糕' group by 报表日期'

# 读取SQL代码
data = pd.read_sql(sql_all, engine)

# 解决绘图无法显示中文的问题
plt.rcParams['font.sans-serif'] = ['SimHei']
plt.rcParams['axes.unicode_minus'] = False

# 绘制图表
data.plot(x='报表日期', kind='bar', figsize=(12, 4), title='应收账款趋势',
width=1/3)
```

```
# 横、纵坐标描述
plt.xlabel('日期')
plt.ylabel('金额')

# 横轴标的旋转角度
plt.xticks(rotation=45)
# 显示图表
plt.show()
```

结果预览（见图1-20）:

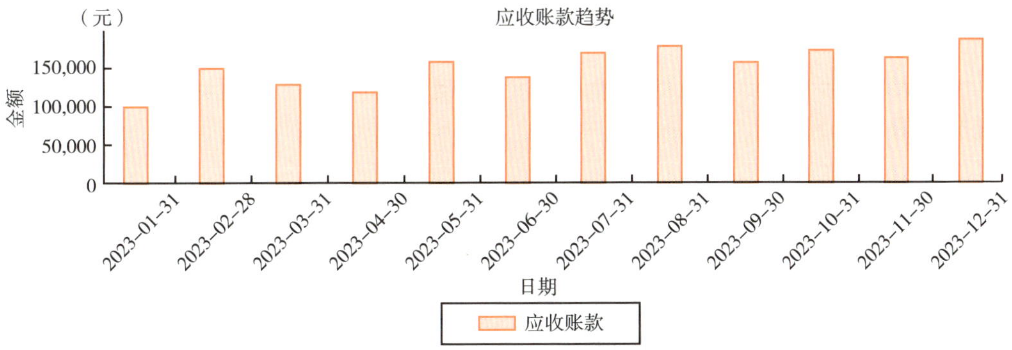

图 1-20　柱状图示例

（3）绘制饼图。

示例　绘制简单的饼图。

```
from sqlalchemy import create_engine
import pandas as pd
import matplotlib.pyplot as plt

# 创建数据库连接引擎
engine = create_engine('mysql+pymysql://student:student@116.63.167.113:3406/
newdata?charset=utf8')

# 编辑 SQL 代码
sql_all = 'select 商品类型, sum(销售额) as 销售额 from 门店销售统计表 group
by 商品类型'
```

```
# 读取SQL代码
data = pd.read_sql(sql_all, engine)

# 解决绘图无法显示中文的问题
plt.rcParams['font.sans-serif'] = ['SimHei']
plt.rcParams['axes.unicode_minus'] = False
# 绘制图表
data.index = data['商品类型']
data.plot.pie(y='销售额', autopct='%.2f', figsize=(8, 8))

# 显示图表
plt.show()
```

结果预览如图 1–21 所示。

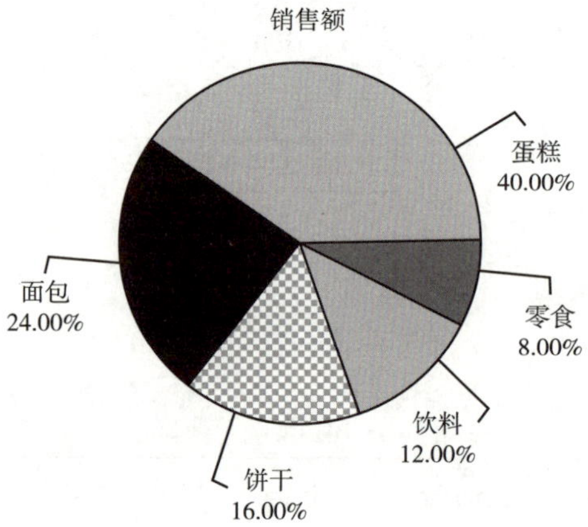

图 1–21　饼图示例

（4）绘制散点图。

示例　绘制简单的散点图。

```
import matplotlib.pyplot as plt
# 设置中文显示
plt.rcParams['font.sans-serif'] = ['SimHei']
plt.rcParams['axes.unicode_minus'] = False
```

```
# 数据
x = [5, 7, 8, 7, 2, 17, 2, 9, 4, 11]
y = [99, 86, 87, 88, 100, 86, 103, 87, 94, 78]
# 创建图表
plt.scatter(x, y)
# 添加标题和标签
plt.title('散点图示例')
plt.xlabel('X轴')
plt.ylabel('Y轴')
# 显示图表
plt.show()
```

结果预览（见图1–22）:

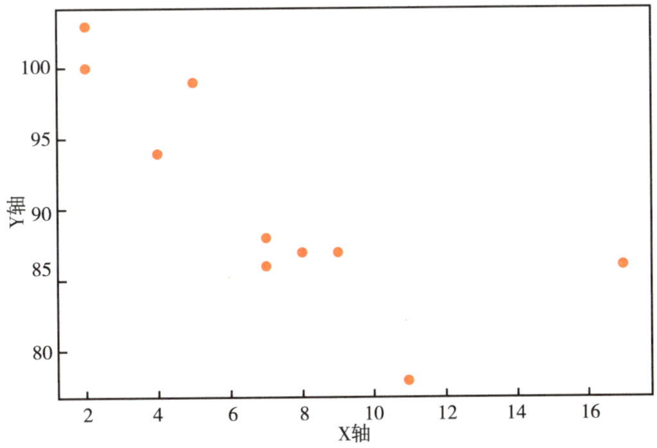

图 1–22　散点图示例

任务小结

安装以上各种库有非常多的好处，包括提高开发效率、扩展功能、优化数据处理与分析、保障数据安全与隐私、获得社区支持与更新以及特定领域的优化等。因此，在开发过程中合理利用各种库是非常重要的。

项目总结

本项目系统讲解了Python的基本知识，包括基本概念、特点、应用领域以及国产大模型的学习。通过本项目的系统学习，读者能够全面掌握Python的基本编程技能，并了解其在财务数据分析、财务建模、自动化任务、风险管理和数据可视化等方面的广泛应用（见图1-23）。

首先，本项目介绍了Python的概念，帮助读者建立对Python的整体认识；详细阐述了Python的特点，如简单易学、面向对象编程、跨平台兼容、解释型语言、丰富的库和模块、良好的扩展性、动态类型语言及强大的社区支持等。

其次，本项目通过具体业务场景，展示了Python在财务领域的实际操作。读者将学习如何利用Python进行财务数据分析、构建财务模型、进行风险管理以及创建数据可视化图表。此外，项目中还对比了Python与Excel在数据处理、数据分析和数据可视化方面的优劣，分析了两者各自的优势和适用场景。

最后，本项目介绍了Python财务应用中的常见语法，通过简单的业务场景教学，帮助读者更好地掌握基本的编程知识。同时，特别讨论了国产大模型在Python学习中的应用，强调了这种新技术在提高编程效率和技能方面的潜力。

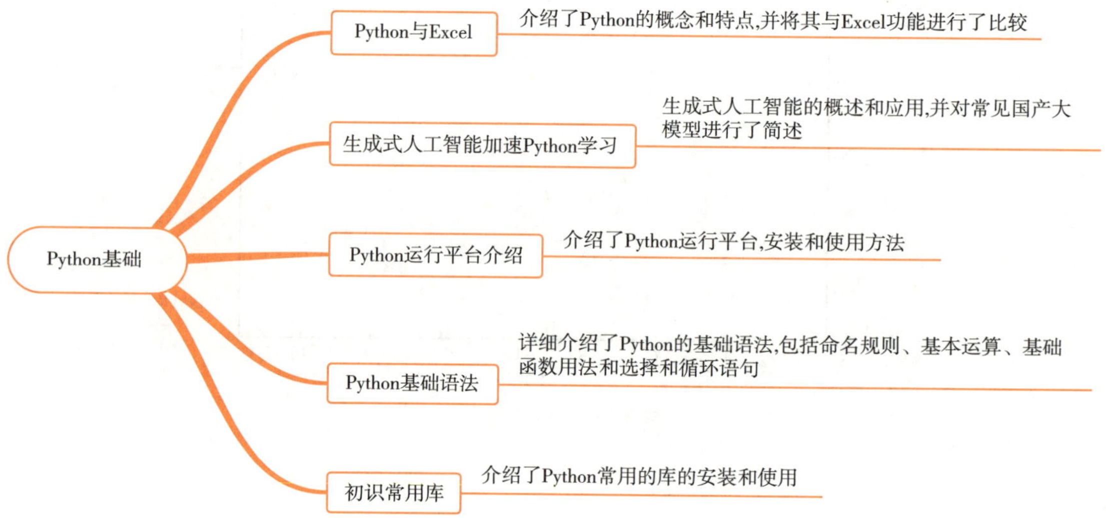

图 1-23 Python 基础思维导图

课后练习

练习 1：

编写一个Python程序，打印出“Hello, World!”。

练习 2：

编写一个Python程序，声明一个整数类型的变量a，并赋值为10，然后声明一个浮点数类型的变量b，并赋值为20.5，最后打印这两个变量的值。

练习 3：

编写一个Python程序，进行两个数15和7的加法、减法、乘法和除法运算，并打印结果。

练习 4：

编写一个Python程序，使用while循环打印1到5之间的所有整数。

练习 5：

编写一个Python程序，使用matplotlib库绘制公司过去5年的年收入折线图。假设收入数据为：[50,000, 55,000, 60,000, 58,000, 62,000]。

练习 6：

编写一个Python程序，使用matplotlib库绘制公司过去4个季度的利润柱状图。假设利润数据为：[15,000, 20,000, 18,000, 22,000]。

练习 7：

编写一个Python程序，使用matplotlib库绘制公司不同部门的支出比例饼图。假设支出数据为：[30, 20, 25, 15, 10]，部门名称为：['R&D', 'Marketing', 'Sales', 'HR', 'IT']。

习题答案

项目 2　Python 在采购中的应用

学习目标

知识目标

1. 理解采购业务的 QA 基本流程；
2. 掌握 Python 在采购中的应用；
3. 学习自动化数据收集和处理的方法。

技能目标

1. 能够运用 Python 进行数据的爬取、清洗、处理、可视化和分析；
2. 能够建立、运用和评估时间序列预测模型；
3. 能够将预测结果运用到具体的业务决策中，创造价值。

素质目标

1. 培养学生数据分析能力和解决问题的能力；
2. 培养学生风险管理意识；
3. 培养学生持续学习和适应新技术的能力。

项目情境

根据珠江纸业股份有限公司 2023 年采购计划，进行各项财产物资的采购，针对具体的业务需求和市场环境制订合适的采购策略。

任务 1　原材料相关政策分析

【教学重点】深入理解政策对成本的影响；技术工具的综合应用。

【教学难点】政策文件内容的深入分析；技术实现与实际操作的结合。

任务导入

【场景】

造纸行业作为基础原材料产业，具有资本和技术密集型的特点，并且与多个行业，如林业、农业、机械制造业、化工业等有较高的关联度。在造纸行业的成本结构中，原料成本占据了绝大部分比重，大约为75%，其中，物料价格，尤其是木浆和废纸的价格，又占据了这些成本的45%左右。鉴于造纸原料的特殊性，其成本一直受到国家政策、环保政策和市场需求等外部因素的影响。因此，企业需要深入理解相关国家政策，以便更有效地应对成本波动，保持竞争力。珠江纸业采购中心决定爬取公司所在地广东省造纸行业的一些政策和规定。

认知识别

1. 智能 AI

智能AI可以通过各种方式提升个人及企业的效率和能力。例如AI可以自动执行重复性高的任务，如数据录入、文件分类等，提高工作效率；能够处理和分析大量数据，发现模式和趋势，为决策提供依据；可以根据用户的行为和偏好提供个性化的推荐和服务，可以提供决策支持，帮助管理层作出更明智的决策等。

2. 宏观环境分析

宏观环境分析是评估企业外部经济、政治、社会和技术条件的一种方法，这些条件通常超出企业的控制范围，但对企业的运营和战略有深远的影响。

（1）政治环境（Political）：主要包括政府政策、政治稳定性、法律法规、政治风险和国际关系等。政治环境的稳定性直接影响企业的长期规划和投资决策，造纸行业可能受到严格的环保法规和政策的影响，例如排放标准和废物处理规定。

（2）经济环境（Economic）：涉及宏观经济指标，如GDP增长率、利率、通货膨胀率、失业率、消费者信心等。经济增长通常与纸张需求正相关，因为经济活动增加会带动印刷、包装和办公用纸的需求增加。

（3）社会文化环境（Social）：包括人口统计特征、文化趋势、消费者行为、生活方式、教育水平和社会价值观等。数字化趋势可能会减少对传统纸张的需求，而环保意识的提高可能会推动对可持续纸张产品的需求。

（4）技术环境（Technological）：涉及科技发展水平、研发活动、技术转移、创新能力和技术对行业的颠覆性影响。新技术的出现，如数字印刷和3D打印，可能会减少对传统纸张的需求。

知识拓展

1. 正则表达式

正则表达式（regular expression，简称为 regex 或 regexp）是一种强大且灵活的文本匹配工具，用于在文本中搜索、匹配和替换特定的文本模式。在 Python 中，通过 re 模块来支持正则表达式操作。

（1）常用元字符。

.：匹配任意字符，除了换行符 \n。

^：匹配字符串的开头。

$：匹配字符串的结尾。

*：匹配前一个字符0次或多次。

+：匹配前一个字符1次或多次。

?：匹配前一个字符0次或1次。

\d：匹配数字，等效于 [0–9]。

\w：匹配字母、数字、下划线，等效于 [a–zA–Z0–9_]。

\s：匹配任意空白字符，包括空格、制表符、换行符等。

（2）字符集。

[...]：匹配字符集中的任意一个字符。例如，[abc] 匹配字符 'a'、'b' 或 'c'。

[^...]：匹配不在字符集中的任意一个字符。例如，[^abc] 匹配除了 'a'、'b'、'c' 外的任意字符。

（3）量词。

{m}：精确匹配前一个字符 m 次。

{m,n}：匹配前一个字符至少 m 次，最多 n 次。

（4）贪婪与非贪婪匹配。

正则表达式默认是贪婪匹配，即尽可能多地匹配。在量词后加上"？"可以实现非贪婪匹配，例如：*?、+?、??。

示例 从"我的手机号码是13912345678，经理的是18698765432。"文本中搜索并识别出手机号码。

```
import re
# 匹配手机号码的正则表达式
pattern = re.compile(r'1\d{10}')
# 测试字符串
text = '我的手机号码是13912345678,经理的是18698765432。'
```

```
# 提取手机号码
phones = pattern.findall(text)
print(phones)  # 输出：['13912345678', '18698765432']
```

2. HTML 介绍

HTML（Hyper Text Markup Language，超文本标记语言）是用于创建和结构化网页内容的标记语言。它由一系列标签（tag）组成，每个标签描述了网页中的不同内容或功能。HTML 文件包含了网页的结构和内容，通过浏览器解析和渲染，展示给用户。

（1）HTML 标签。HTML 标签通常由尖括号包围，有开始标签<tagname>用于定义元素和结束标签</tagname>用于标记元素的结束，例如：

```
<p>这是一个段落。</p>
```

<p> 是起始标签，表示段落的开始。

</p> 是结束标签，表示段落的结束。

（2）常用的 HTML 标签。

<p>：定义段落。

<a>：定义超链接。

<img>：定义图像。

<ul> 和 <li>：定义无序列表和列表项。

<table>、<tr> 和 <td>：定义表格、表格行和表格数据单元格。

<div> 和 <span>：定义文档的块级和内联元素容器。

（3）HTML 文档结构。

一个简单的 HTML 文档通常包括以下部分：

```
<!DOCTYPE html>
<html>
<head>
  <title>页面标题</title>
</head>
<body>
<h1>这是一个标题</h1>
<p>这是一个段落。</p>
</body>
</html>
```

- <!DOCTYPE html>：定义 HTML 文档类型。
- <html>：HTML 文档的根元素。
- <head>：包含文档的元（meta）数据，如标题、样式表和脚本。
- <title>：定义网页的标题。
- <body>：包含可见内容的主体部分。
- <h1>和<p>：分别定义标题和段落。

输出界面如图 2–1 所示。

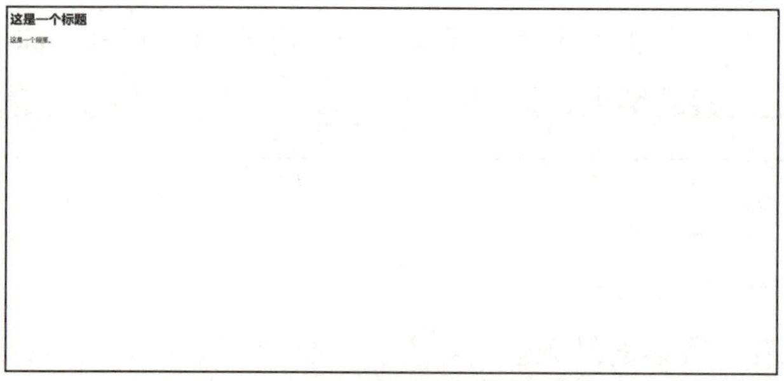

图 2–1　HTML 标签输出演示

分析研判

珠江纸业采购中心通过运用Python编程技术，成功实现了对造纸行业相关政策数据的自动化采集和分析。

1. 明确项目目的

利用Python技术收集造纸行业相关的政策信息，为珠江纸业的采购决策提供数据支持和政策参考。

2. 制订严格的项目流程

业务流程包括：相关政策信息收集；获取政策文件内容，进行数据处理并保存；利用人工智能软件自动提取政策文件中的关键信息。

3. 确保目标实现

通过从政府官方网站搜集并下载造纸行业的最新政策文件，将这些文件合并保存并且使用人工智能软件Kimi进行关键信息的自动提取和分析，帮助企业决策者清晰地认识到国家对造纸行业环保要求的提高和政策的严格性，从而指导企业在能源采购策略上做出调整，选择更环保的高质量煤炭，同时促进企业进行产业升级和技术创新，提高资源利用效率，减少污染物排放。

三 任务实施

步骤1：相关政策信息收集。

在政府官方网站搜索相关政策文件，输入关键词检索，通过观察检索结果信息，设置汇总表样式，例如可以获取每份政策文件的搜索词、标题、内容预览、链接、首次发布时间、标签、来源等信息。接下来根据汇总表样式，依次获取网站中相关政策文件信息，并且填入到汇总表中。代码编写如下所示：

```
# 政策关键词搜索
import requests # 导入 requests 库,用于发送 HTTP 请求和处理响应。
from datetime import datetime, timezone # 从 datetime 模块中导入 datetime
类和 timezone 类,用于处理日期和时间。
import html    # 导入 Python 的 html 模块,用于处理 HTML 数据。
import unicodedata    # 导入 unicodedata 模块,用于处理 Unicode 数据。
import pandas as pd    #导入pandas库,用于高效地操作和分析数据集。
# 列标签列表
columns = ['搜索词', '标题', '内容预览', '链接', '首次发布时间', '标签', '来源']
# 创建一个空的DataFrame
df = pd.DataFrame(columns=columns)
pagenum = 10 # 搜索页数,可自行更改,最好先去网站上查看一下有多少页,例如:https://
search.gd.gov.cn/search/file/2?keywords=%E7%8E%AF%E4%BF%9D
search_name = '环保' # 搜索关键词,可自行更改
search_name_list = [] # 定义一个空列表
title = []
content = []
link = []
first_publish_time = []
tag_name = []
source = []
……(此处省略了函数部分,详情见案例代码)
main()
df['搜索词'] = search_name_list # 将名为 search_name_list 的列表赋值给
DataFrame 中名为 '搜索词' 的列
df['标题'] = title
df['内容预览'] = content
df['链接'] = link
df['首次发布时间'] = first_publish_time
```

```
df['标签'] = tag_name
df['来源'] = source
# 保存为excel文件
df.to_excel('广东政策库搜索-环保.xlsx', index=False)
```

最终结果预览如表2-1所示（部分），完整输出结果见前言中二维码素材。

表 2-1 广东环保政策列表

搜索词	标题	首次发布时间	来源
环保	深圳节能环保产业振兴发展政策	2019年07月05日	深圳市人民政府网站
环保	印发关于加快我省环保产业发展意见的通知	2012年04月01日	本网原创稿
环保	印发关于加快我省环保产业发展意见的通知	2012年04月01日	本网
环保	进出口环保用微生物菌剂环境安全管理办法	2019年06月27日	中华人民共和国环境保护部网站
环保	广东省人民政府办公厅关于促进节能环保产业发展的意见	2014年08月05日	本网
环保	广东省人民政府办公厅关于促进节能环保产业发展的意见	2014年08月05日	本网原创稿

步骤2：获取政策文件内容并保存。

获取每份政策文件的正文具体内容，并以文本格式保存到本地。通过这些步骤，为进一步的自动化政策分析和信息提取做准备。这对需要大量处理政策文件内容的场景非常有用，如政策研究、市场分析或企业决策支持等。

```
#导入必要的库
import requests
import pandas as pd
import re
from bs4 import BeautifulSoup

def remove_html_tags(html_content):
    #正则表达式 r'<[^>]+>' 匹配任何以 < 开头,以 > 结尾的字符串(HTML标签)。
    tag_pattern = re.compile(r'<[^>]+>')
    # 使用正则表达式替换HTML标签为空字符串
    text_only = re.sub(tag_pattern,'', html_content)
    #使用 re.sub 函数将 html_content 中所有匹配 tag_pattern 的部分替换为空
字符串,用于去除 HTML 标签。
```

```
    return text_only

df = pd.read_excel('广东政策库搜索-环保.xlsx')
# 将df数据框中的 '链接' 列转换为列表,并赋值给 urls 变量
urls = df['链接'].tolist()
titles = df['标题'].tolist()
for url, title in zip(urls, titles):
#遍历 urls 和 titles 列表,将 url 和 title 分别绑定到每次迭代的当前链接和标题
    response = requests.get(url)
    #使用 requests 库发送 GET 请求获取网页内容,响应存储在 response 对象中。
    html_content = response.text
    #从response中获取网页的 HTML 文本内容。
    soup = BeautifulSoup(html_content, 'html.parser')
    #使用 BeautifulSoup 解析 HTML 内容,生成一个 BeautifulSoup 对象
    if soup.find_all('div', class_='viewList'):
    #检查是否存在 class 为 viewList 的 div 标签。
        html_content = soup.find('div', class_='viewList').get_text()
        #如果存在,则获取第一个 viewList的div标签的文本内容。
        text_only = remove_html_tags(html_content)
        #调用 remove_html_tags 函数去除 HTML 标签,得到纯文本内容。
    elif soup.find_all('div', class_='content-box'):
    #如果不存在 viewList div 标签,检查是否存在 class 为 content-box 的 div
标签。
        html_content = soup.find('div', class_='content-box').get_text()
        text_only = remove_html_tags(html_content)
    # 保存为txt文件
    with open(f'E:/pythonProject/政策爬取/{title}.txt', 'a', encoding='utf-8')
as f:
        f.write(text_only)
        f.write('\n')
    Print(f"{title}保存完成")
```

最终结果预览如图2-2所示(部分)。

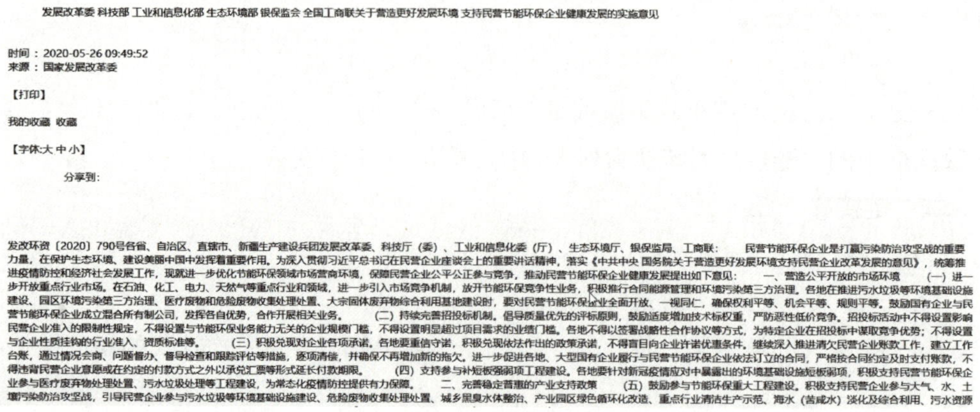

发展改革委 科技部 工业和信息化部 生态环境部 银保监会 全国工商联关于营造更好发展环境 支持民营节能环保企业健康发展的实施意见

时间：2020-05-26 09:49:52
来源：国家发展改革委

【打印】

我的收藏 收藏

【字体:大 中 小】

分享到:

发改环资〔2020〕790号各省、自治区、直辖市、新疆生产建设兵团发展改革委、科技厅（委）、工业和信息化委（厅）、生态环境厅、银保监局、工商联： 民营节能环保企业是打赢污染防治攻坚战的重要
力量，在保护生态环境、建设美丽中国中发挥着重要作用。为深入贯彻习近平总书记在民营企业座谈会上的重要讲话精神，落实《中共中央 国务院关于营造更好发展环境支持民营企业改革发展的意见》，统筹推
进疫情防控和经济社会发展工作，现就进一步优化节能环保领域市场营商环境，保障民营企业公平公正参与竞争，推动民营节能环保企业健康发展提出如下意见： 一、营造公平开放的市场环境 （一）进一
步开放重点行业市场。在石油、化工、电力、天然气等重点行业和领域，进一步引入市场竞争机制，放开节能环保竞争性业务，积极推行合同能源管理和环境污染第三方治理。各地在推进污水垃圾等环境基础设施
建设、园区环境污染第三方治理、医疗废物和危险废物收集处理处置、大宗固体废弃物综合利用基地建设时，要对民营节能环保企业全面开放、一视同仁，确保权利平等、机会平等、规则平等。鼓励国有企业与民
营节能环保企业成立混合所有制公司，发挥各自优势，合作开展相关业务。 （二）持续完善招投标机制。倡导质量优先的评标原则，鼓励适度增加技术标权重，严防恶性低价竞争。招投标活动中不得设置影响
民营企业准入的限制性规定，不得设置与节能环保业务能力无关的企业规模门槛，不得设置明显超过项目需求的业绩门槛。各地不得以签署战略性合作协议等方式，为特定企业在招投标中谋取竞争优势；不得设置
与企业性质挂钩的行业准入、资质标准等。 （三）积极兑现对企业各项承诺。各地要重信守诺，积极兑现依法作出的政策承诺，不得盲目向企业许诺优惠条件。继续深入推进清欠民营企业账款工作，建立工作
台账，通过情况会商、问题督办、督导检查和跟踪评估等措施，逐项清偿，并确保不再增加新的拖欠。进一步促进各地、大型国有企业履行与民营节能环保企业依法订立的合同，严格按合同约定及时支付账款，不
得违背民营企业意愿或在约定的付款方式之外以承兑汇票等形式延长付款期限。 （四）支持参与补短板强弱项工程建设。各地要针对新冠疫情应对中暴露出的环境基础设施短板弱项，积极支持民营节能环保企
业参与医疗废弃物处理处置、污水垃圾处理等工程建设，为常态化疫情防控提供有力保障。 二、完善稳定普惠的产业支持政策 （五）鼓励参与节能环保重大工程建设。积极支持民营企业参与大气、水、土
壤污染防治攻坚战，引导民营企业参与污水垃圾等环境基础设施建设、危险废物收集处理处置、城乡黑臭水体整治、产业园区绿色循环化改造、重点行业清洁生产示范、海水（苦咸水）淡化及综合利用、污水资源

图 2-2　政策文件内容

步骤3：政策文件合并。

将获取的所有政策文件合并到一个pdf文件中，便于下一个步骤采用智能AI提取政策文件中的关键信息。

```
import os # 导入 Python 的 os 模块用于处理文件和目录操作、环境变量访问等。
from fpdf import FPDF # FPDF 是一个 Python 库,用于创建 PDF 文档
# 指定文件夹路径
folder_path = 'E:/pythonProject/政策爬取'

# 创建一个PDF对象
pdf = FPDF()

# 添加支持中文的黑体字体
pdf.add_font('SimHei', ‘’, 'C:/Windows/Fonts/simhei.ttf', uni=True)
# 遍历指定文件夹中的所有文件
for filename in os.listdir(folder_path):
    # 检查文件是否为txt文件
    if filename.endswith('.txt'):
        # 打开并读取txt文件
        with open(os.path.join(folder_path, filename), 'r',encoding='utf-8')
as f:
            content = f.read()
        # 使用正则表达式替换所有的空行
```

```
        content_no_empty_lines = re.sub(r'\n\s*\n', '\n', content)
        # 使用正则表达式替换超过20个连续空格为5个空格
        content_with_max_5_spaces = re.sub(r' {20,}', '     ', content_no_empty_lines)
        print(content_with_max_5_spaces)

        # 添加一个新的页面
        pdf.add_page()

        # 设置字体为刚添加的字体
        pdf.set_font('SimHei', '', 14)

        # 添加txt文件的内容到PDF
        pdf.multi_cell(200, 10, txt = content_with_max_5_spaces)
# 保存PDF文件
pdf.output("政策文件合并.pdf")
print("PDF文件保存完成")
```

最终结果预览如图2–3所示。

政策文件合并.pdf	2024/6/18 19:58	WPS PDF 文档	438 KB

图 2–3　政策合并文件

步骤4：利用人工智能软件kimi，自动合并提取政策文件中的关键信息，帮助珠江纸业识别关键政策信息。

登录kimi网站，上传采集到的数据文件，并发出指令要求。

```
请分析政策文件中可能会影响造纸行业的关键信息,具体包括但不限于以下几点:
1.影响原材料供应和价格的政策变化。
2.环保法规和排放标准的调整。
3.对造纸技术和工艺的支持或限制政策。
4.贸易政策和进出口关税的变化。
5.劳动法规对员工雇佣和管理的影响。
6.税收政策的调整及其对造纸企业的财务影响。
其他可能影响生产成本和市场竞争力的政策。
```

结果预览如图2-4所示。

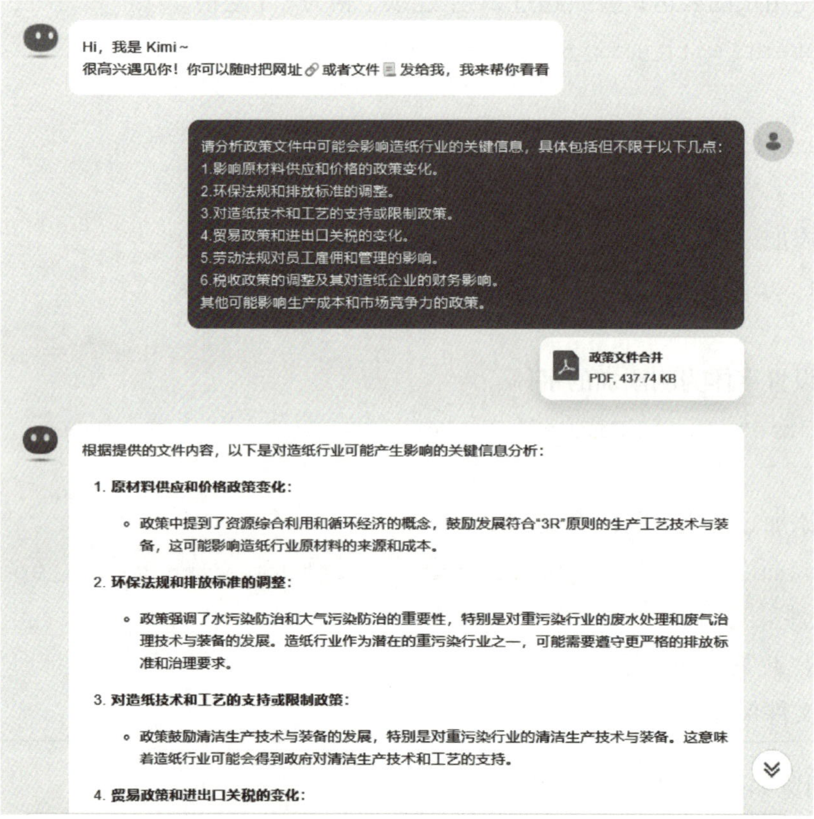

图2-4 政策合并文件

通过智能AI信息技术提取和归纳上述信息，让企业决策者认识到国家对造纸行业的环保重视程度不断提升，环保政策趋于严格。有助于企业更准确地把握政策导向，从而在能源采购策略上做出调整，比如选择高质量煤炭，以降低污染排放。同时，督促企业进行产业改造，推动技术创新与应用：鼓励和支持造纸行业采用新技术、新工艺，提高资源利用效率，减少污染物排放。

风险控制

政策解读风险：企业在采购原材料、辅料和燃料时，需要了解由于国家政策变动引发的成本波动、合规性要求、环保低碳标准等多种政策变动。为此，企业应实时分析政策动向，精准解读政策，避免因解读偏差造成不必要的损失。

对策：企业需要对国家行业政策具有敏感性，实时追踪和分析国家政策的最新动态，确保能够及时了解相关的政策变化。对于政策变化，企业应对政策内容进行深入研究和精准解读，避免因理解偏差而作出错误的决策。

任务小结

本任务通过数据采集深入分析造纸行业的环保政策，从政府官方网站系统地收集了与环保相关的政策文件，并整理成详尽的汇总表。利用智能AI信息技术，提取了关键信息，使企业决策者能够清楚地认识到国家对造纸行业日益严格的环保要求。这种认识促进了企业在能源采购策略上的及时调整，以提高资源的利用效率并减少污染物排放。同时，企业应通过政策变动进行风险评估，及时制订有效的应对措施，确保企业运营在环保效益和成本效益之间实现了优化平衡。

任务 2　采购需求分析

【教学重点】采购需求预测；时间序列分析与预测。

【教学难点】模型选择与调优；预测结果的业务转化。

任务导入

【场景】

珠江纸业股份有限公司坐落在广东省东莞市，是一个迅速崛起的造纸行业明星，自2000年成立以来，已经发展成为一个拥有广泛产品线的知名企业。公司的产品，包括胶版纸、颜B纸等9种主导产品，以其高品质在印刷市场上享有盛誉。2023年初，企业根据2023年度材料消耗预测，需要对材料液碱、甲醇、硫酸等生产辅料，对原木、木片、纸浆等原料，对煤炭、柴油等能源进行采购。

然而，随着公司业务的不断扩展，在珠江纸业的能源消耗中，煤炭资源的消耗占据企业总能源消耗的80%。如何有效管理煤炭这一关键生产能源的需求量，以控制成本并保障生产的连续性，成为公司面临的一项重要挑战。2023年4月，珠江纸业的采购中心决定启动一项创新任务，运用Python技术对煤炭的需求量进行预测。

本次任务的目标是通过分析煤炭消耗和库存的历史数据，来预测未来的需求量，从而帮助公司合理安排采购计划，减少库存成本，避免生产中断的风险，最终为煤炭的采购决策提供数量支持。

公司拥有过去三个月详细的煤炭库存数据，包括每日的煤炭消耗量和剩余库存量。关键数据指标如表2-2、表2-3所示。

表 2-2 珠江纸业采购需求预测关键数据指标

材料名称	单位	每日平均消耗量	最大耗用量	最长交货时间（天）	平均交货时间（天）	保险储备量	安全库存量
煤炭	吨	1,171.3	1,405.56	10	6	3,513.9	10,541.7

表 2-3 珠江纸业煤炭 1-3 月库存量数据（节选）

日期	煤炭消耗量（吨）	剩余库存量（吨）
2023-1-1	1,210.09	20,000
2023-1-2	1,160.5	18,789.91
2023-1-3	1,221.88	18,839.5
2023-1-4	1,290.23	18,778.12
2023-1-5	1,153.02	18,709.77
2023-1-6	1,153.02	18,846.98
2023-1-7	1,294.62	18,846.98
2023-1-8	1,231.23	18,705.38
2023-1-9	1,134.64	18,768.77
2023-1-10	1,213.67	18,865.36
2023-1-11	1,135.11	18,786.33
2023-1-12	1,134.93	18,864.89
2023-1-13	1,190.19	18,865.07
2023-1-14	1,021.9	18,809.81
2023-1-15	1,036.61	18,978.1

注：完整库存量数据见代码案例资料中。

采购中心计划采用7天移动平均需求量作为订货量的依据，结合安全库存策略，确保在任何时候库存水平都能满足生产需求，同时避免过量库存带来的成本负担。

认知识别

1. 采购需求预测

采购需求预测是企业业务和财务管理中的一项关键活动，它直接影响企业的库存水平、资金流动和成本控制。影响采购需求预测的主要因素包括以下5点。

（1）历史消耗数据。企业依赖过去三个月的详细煤炭库存数据，包括每日煤炭消耗量和剩余库存量，来识别消耗模式和趋势。

（2）平均消耗量和最大耗用量。企业根据历史数据确定每日平均消耗量和最大耗用量，这些关键指标是预测未来需求的基础。

（3）交货时间。企业考虑最长交货时间和平均交货时间，以确保库存水平在交货期间能够满足生产需求。

（4）7天移动平均需求量。采购中心计划采用7天移动平均需求量作为订货量的依据，这种方法有助于平滑短期波动，提供更稳定的预测。

（5）安全库存。在珠江纸业股份有限公司的煤炭采购需求预测中，安全库存的设置是一项关键的内部管理策略，它基于历史消耗数据和最长交货时间来计算，确保在供应链延迟或需求突增时，生产活动不会因煤炭短缺而中断。安全库存的量需要根据服务水平目标和缺货风险进行权衡，同时考虑7天移动平均需求量以应对短期需求波动。企业必须进行成本效益分析，以平衡持有额外库存的成本和潜在的缺货损失。此外，安全库存不是静态的，需要根据最新的市场和供应链信息进行动态调整，并通过有效的库存管理系统来支持实时数据监控和预测，以优化库存周转率和资金利用效率。

2. 平滑指数法

平滑指数法是一种时间序列预测方法，用于预测未来的趋势和趋势中的季节性变化。它基于过去一段时间的数据，通过对数据进行加权平均来预测未来的值。平滑指数法的核心思想是将过去的数据赋予不同的权重，以反映出不同时间点的重要性，然后计算这些加权平均值用于预测未来的值。

知识拓展

1. import 语句

import 语句在 Python 中用于引入模块或特定的模块成员，以便在当前的代码中使用它们。模块是一个包含 Python 定义和语句的文件。以下是 import 语句的详细解释和一些常见的用法。

（1）导入整个模块。

import module_name

这样就可以使用 module_name.function_name 访问模块中的函数或变量。

示例

```
import math
print(math.sqrt(16))  # 输出 4.0
```

（2）导入特定的模块成员。

```
from module_name import function_name
```

这样可以直接使用 function_name 而无须模块名。

示例

```
from math import sqrt
print(sqrt(16))  # 输出 4.0
```

导入多个模块成员。

```
from module_name import function_name1, function_name2
```

示例

```
from math import sqrt, pow
print(sqrt(16))  # 输出 4.0
print(pow(2, 3))  # 输出 8.0
```

使用别名。

```
import module_name as alias
```

或

```
from module_name import function_name as alias
```

2. pd.to_numeric 函数

主要用于将一个或一组值转换为数值类型。其基本语法为：

```
pandas.to_numeric(arg, errors='raise', downcast=None)
```

arg：需要转换的对象，可以是单个数值、列表、Series 等。

errors：控制非数值的处理方式，默认为 'raise'，即抛出异常；其他选项包括 'coerce'（将非数值强制转为 NaN）和 'ignore'（保持原值）。

downcast：指定转换的数值类型，可以是 'integer'、'signed'、'unsigned'、'float' 等。

示例

time_df ['煤炭消耗量'] = pd.to_numeric(time_df ['煤炭消耗量'], errors='coerce')

time_df ['剩余库存量'] = pd.to_numeric(time_df ['剩余库存量'], errors='coerce')

3. plt.figure() 函数

当输入 plt.figure() 时，相当于创建一个画画所需要的画布。基本语法为：

```
figure(num=None, figsize=None, dpi=None, facecolor=None,
edgecolor=None, frameon=True)
```

一些常用的参数如表 2-4 所示。

表 2–4　　plt.figure() 函数常用参数

num	图像编号或名称，数字为编号，字符串为名称
figsize	指定 figure 的宽和高，单位为英寸
dpi	参数指定绘图对象的分辨率，即每英寸多少个像素
facecolor	背景颜色
edgecolor	边框颜色
frameon	是否显示边框

示例　plt.figure(figsize=(10,6))

4. plt.xticks() 函数

plt.xticks() 函数是获取或设置当前 x 轴刻度位置和标签的函数。基本语法为：

```
plt.xticks(ticks=None, labels=None, **kwargs)
```

ticks：x 轴刻度位置的列表，若传入空列表，即不显示 x 轴。

labels：放在指定刻度位置的标签文本。当 ticks 参数有输入值，该参数才能传入参数。

**kwargs：文本属性用来控制标签文本的展示，例如字体大小、字体样式等。

rotation=45 则表示 x 轴文本标签逆时针旋转 45° 显示。

示例　plt.xticks(rotation=45)

5. plt.legend() 函数

plt.legend() 函数表示显示图例，基本语法为：

```
plt.legend(loc='xxx')
```

一些常用的参数如表 2–5 所示。

表 2–5　　plt.legend() 函数常用参数

best（默认值）	自动选择最佳位置	right	右侧
upper right	右上角	center left	左侧中央
upper left	左上角	center right	右侧中央
lower right	右下角	lower center	底部中央
lower left	左下角	upper center	顶部中央

在默认的情况，使用 .show() 函数才能把图像显示出来。

```
plt.show()
```

6. 数据转换

数据转换在数据处理和分析中扮演着关键角色，它确保数据的一致性、准确性和适用性，使得数据可以被正确地分析、建模和可视化。通过数据转换，可以更有效地清洗、处理和利用数据，从而获得更有价值的洞见。

示例

（1）数据类型转换。

```
# 原始数据包含字符串表示的数字
data = {'A': ['1', '2', '3'], 'B': ['4.5', '5.5', '6.5']}
df = pd.DataFrame(data)
# 转换为数值类型
df['A'] = df['A'].astype(int)
df['B'] = df['B'].astype(float)
```

（2）日期数据处理。

```
# 日期字符串转换为 datetime 类型
df['date'] = pd.to_datetime(df['date'])
```

（3）数据存储与传输。

```
# DataFrame 保存为 CSV 文件
df.to_csv('output.csv', index=False)
# DataFrame 保存为 JSON 文件
df.to_json('output.json')
```

分析研判

通过深入分析珠江纸业的采购管理需求，可以归纳出以下3点关键的实施策略和预期效果。

1. 技术实施策略

利用Python的强大数据处理和分析能力，珠江纸业可以构建一个自动化的采购管理系统，这包括使用Pandas进行数据清洗和整理，利用statsmodels等库开发时间序列预测模型，以及通过matplotlib和seaborn进行数据可视化。

2. 风险与成本控制

通过自动化的预测模型和库存管理策略，珠江纸业能够有效控制与煤炭相关的成本。自动化计算7天移动平均需求量和安全库存水平，有助于减少库存积压和过剩，从而降低库存成本。同时，实时监控和警报系统可以及时响应市场变化，减少供应中断的风险，保障生产的连续性。

3. 决策支持与竞争力提升

数据驱动的洞察和可视化报告为管理层提供了强有力的决策支持。通过清晰展示煤炭消耗和库存的趋势和模式，管理层可以更快速地做出基于数据的决策。这种基于事实的决策过程不仅提高了企业的响应速度，也增强了市场竞争力，使珠江纸业能够在激烈的市场竞争中保持领先地位。

综合来看，通过Python技术的应用，珠江纸业不仅能够提高采购管理的效率，还能够实现成本的优化和风险的控制。这种以数据为中心的方法，将帮助企业在不断变化的市场环境中保持灵活性和竞争力，最终实现业务的可持续发展。

任务实施

步骤1：导入库。

通过导入pandas、statsmodels、numpy和matplotlib.pyplot等库来准备进行数据分析和预测。这些库的导入是为了确保能够处理、分析和可视化煤炭消耗和库存的历史数据，进而构建准确的需求预测模型，为珠江纸业的采购计划提供数据支持。

```
#导入库
import pandas as pd
from statsmodels.tsa.holtwinters import ExponentialSmoothing    # 从statsmodels库中导入 ExponentialSmoothing 类,用于实现Holt-Winters指数平滑法,以预测具有趋势和季节性的数据。
import numpy as np    # 导入numpy库,提供必要的数值计算能力。
import matplotlib.pyplot as plt  # 导入matplotlib.pyplot库,用于数据可视化。
from datetime import timedelta # 从 datetime 模块中导入 timedelta 类,用于处理日期时间的时间间隔
#设置中文显示
plt.rcParams['font.sans-serif'] = ['SimHei']
```

步骤2：准备数据。

这一步是数据准备阶段的关键环节，目的是将存储在CSV文件中的前三个月煤炭库存量数据导入到Python环境中（见表2-6）。

执行这行代码后，CSV文件中的数据将被加载到一个pandas DataFrame对象中，这个对象提供了丰富的功能来处理和分析数据。DataFrame是pandas中用于存储和操作结构化数据的主要数据结构，类似于Excel中的表格。

```
#读取数据:读取名为"煤炭1-3月库存量数据.csv"的文件,并指定编码格式(gb231(2)避免读取中文数据时出现乱码。
time_df = pd.read_csv("煤炭1-3月库存量数据.csv",encoding='gb2312')
time_df.head()#输出前5行
```

表 2-6 前五行数据

日期	煤炭消耗量	利余库存量
2023-1-1	1,210.09	20,000
2023-1-2	1,160.5	18,789.91
2023-1-3	1,221.88	18,839.5
2023-1-4	1,290.23	18,778.12
2023-1-5	1,153.02	18,709.77

步骤3：数据类型转换。

通过pd.to_datetime函数将time_df的日期列中的字符串转换为datetime64数据类型（日期格式），这可以更方便地处理时间序列数据，并在绘图时按日期顺序排列。将煤炭消耗量和剩余库存量转化为数值类型，这是进行数值计算和绘图前的必要步骤。errors='coerce'参数表示如果转换过程中遇到无法转换为数值的数据，则将其设置为NaN（非数字），以便于在后续步骤中处理缺失值。

```
#绘制煤炭消耗量和剩余库存量的折线图
# 将time_df的日期列中的字符串转换为 datetime64数据类型。
time_df['日期'] = pd.to_datetime(time_df['日期'])
# 将煤炭消耗量和剩余库存量转化为数值类型,'coerce'参数表示将无法转换的数据设置为NaN。
time_df['煤炭消耗量'] = pd.to_numeric(time_df['煤炭消耗量'], errors='coerce')
time_df['剩余库存量'] = pd.to_numeric(time_df['剩余库存量'], errors='coerce')
```

步骤4：时间序列预测。

指数平滑是一种常用的方法，可以处理具有趋势和季节性的时间序列数据，用于预测未来的趋势和季节性变化。通过拟合模型，可以对数据的未来值进行预测。

```
# 创建并拟合指数平滑模型
def fit_model(data):
    # 创建一个指数平滑模型,趋势和季节性均为加性,季节周期为7。
    model = ExponentialSmoothing(data, trend='add', seasonal='add',
seasonal_periods=7)
    # 拟合模型并返回结果
    return model.fit()
# 拟合模型
# 将 time_df['煤炭消耗量'] 数据传递fit_model(),并将返回的模型赋值给
consumption_model 变量。
consumption_model = fit_model(time_df['煤炭消耗量'])
inventory_model = fit_model(time_df['剩余库存量'])
```

步骤5：统计预测。

这一阶段的目的是使用统计方法对煤炭的需求量进行预测，以便为珠江纸业的采购计划提供数据支持。通过这一步骤，珠江纸业能够得到一个基于历史数据的煤炭需求量预测，这有助于企业更好地规划采购活动，优化库存水平，降低成本，并减少因库存不足而导致的生产中断风险。预测结果可以进一步用于制定采购策略和调整生产计划，以应对市场变化和内部需求的波动。

```
# 预测未来七天
# 从time_df 数据的最后一个日期开始,生成接下来7天的日期,并存储在future_dates
变量中。
future_dates = pd.date_range(start=time_df['日期'].iloc[-1] +
timedelta(days=1), periods=7)
# 用之前拟合好的 consumption_model 模型预测未来7天的煤炭消耗量,并将结果存储在
consumption_forecast 变量中。
consumption_forecast = consumption_model.forecast(7)
inventory_forecast = inventory_model.forecast(7)
# 打印预测结果
print("未来七天的预测结果:")
# zip 函数将 future_dates、consumption_forecast 和 inventory_forecast
组合在一起,并分别将每组数据解包成 date、cons 和 inv。这样就可以遍历这三个列表中
的每一组数据。
```

```
for date, cons, inv in zip(future_dates, consumption_forecast, inventory_forecast):
    print(f"日期: {date.date()}, 预计消耗量: {cons:.2f}, 预计库存量: {inv:.2f}")
```

运行结果参考如下：

未来七天的预测结果：

日期：2023-04-01, 预计消耗量：1,176.50, 预计库存量：18,770.02

日期：2023-04-02, 预计消耗量：1,126.35, 预计库存量：18,882.23

日期：2023-04-03, 预计消耗量：1,177.39, 预计库存量：18,836.11

日期：2023-04-04, 预计消耗量：1,143.35, 预计库存量：18,782.94

日期：2023-04-05, 预计消耗量：1,185.89, 预计库存量：18,825.76

日期：2023-04-06, 预计消耗量：1,147.82, 预计库存量：18,775.55

日期：2023-04-07, 预计消耗量：1,190.64, 预计库存量：18,808.09

珠江纸业股份有限公司需要预测煤炭的需求量，以便合理安排采购计划。以下是根据7天预测结果计算具体预测采购数量的步骤：

（1）确定当前库存量：根据文件内容，当前的煤炭库存量是 18,870.07 吨。

（2）计算7天移动平均需求量：根据运行结果，未来7天的每日预计消耗量分别是：

2023-04-01: 1,176.50 吨

2023-04-02: 1,126.35 吨

2023-04-03: 1,177.39 吨

2023-04-04: 1,143.35 吨

2023-04-05: 1,185.89 吨

2023-04-06: 1,147.82 吨

2023-04-07: 1,190.64 吨

7天的总消耗量为：1,176.50 + 1,126.35 + 1,177.39 + 1,143.35 + 1,185.89 + 1,147.82 + 1,190.64 = 8,159.39 吨。

7天移动平均需求量为：8,159.39 / 7 ≈ 1,165.62 吨。

（3）确定安全库存水平：根据文件中提供的数据，安全库存量为 10,541.7 吨。

（4）计算预测采购数量：根据7天移动平均需求量和安全库存策略，计算采购数量如下：

采购数量 =(7天移动平均需求量 × 最长交货时间)+ 安全库存 – 当前库存

假设最长交货时间为10天（根据文件中提供的数据），则：

采购数量 =(1,165.62 × 10)+10,541.7−18,870.07

=11,656.2+10,541.7−18,870.07

=22,197.9−18,870.07

=3,327.83

≈ 3,328（吨）

根据上述计算，珠江纸业在未来7天内需要采购约3,328吨煤炭，以确保库存水平能够满足生产需求并保持安全库存。这个预测采购数量是基于当前库存、预测的煤炭消耗量、安全库存和最长交货时间计算得出的。公司在实际采购决策中，还需要考虑煤炭价格波动、供应商交货稳定性、库存管理成本等因素。

步骤6：可视化的阶段。

目的是通过图形展示预测值与实际值的对比，以便于直观评估预测模型的准确性和效果。

```
# 绘图
# 设置一个宽度为12英寸,高度为6英寸的图形。
plt.figure(figsize=(12,6))
# time_df['日期']作为x轴的数据,time_df['煤炭消耗量']作为y轴数据绘制折线图,并添加"实际消耗量"标签。
plt.plot(time_df['日期'], time_df['煤炭消耗量'], label='实际消耗量')
plt.plot(time_df['日期'], time_df['剩余库存量'], label='实际库存量')
# 设置折线的颜色和样式,r—为红色虚线,g—为绿色虚线。
plt.plot(future_dates, consumption_forecast, 'r--', label='预测消耗量')
plt.plot(future_dates, inventory_forecast, 'g--', label='预测库存量')
# 设置图形标题和x、y轴标签。
plt.title('煤炭消耗量和剩余库存量的实际值和预测值')
plt.xlabel('日期')
plt.ylabel('数量')
# 将x轴的刻度标签旋转45度。
plt.xticks(rotation=45)
# 添加图例。
plt.legend()
# 调整图表布局,使图表元素之间的间距更加合理。
plt.tight_layout()
# 将当前的图表保存为名为煤炭消耗量和剩余库存量的预测图.png的PNG文件,并设置图片的分辨率为300 DPI。
plt.savefig('煤炭消耗量和剩余库存量的预测图.png', dpi=300)
# 展示已经绘制好的图表。
plt.show()
```

运行结果如图2-5所示。

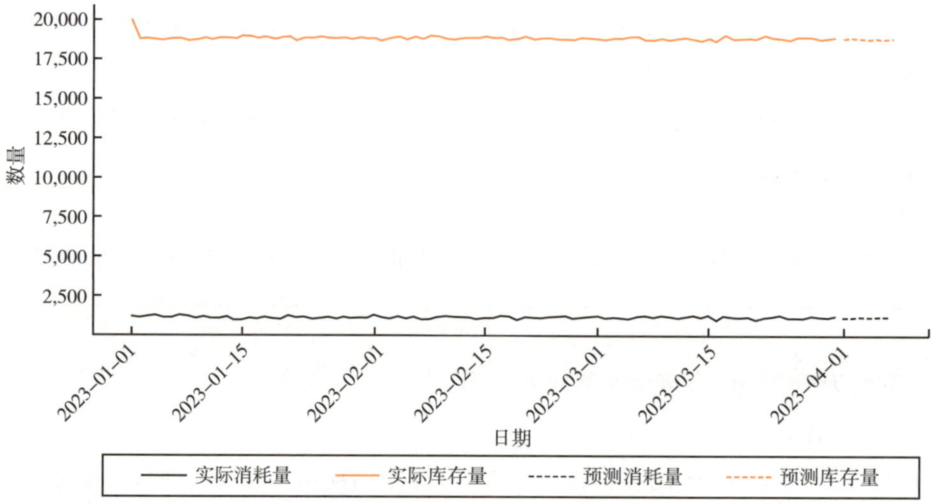

图 2-5 煤炭消耗量和剩余库存量的预测

可视化图表清晰地对比了煤炭的实际消耗量和库存量与预测值：如果预测线与实际数据点紧密对应，说明预测模型相当准确，任何显著的偏差都提示模型可能需要调整。这种直观的展示有助于快速评估预测效果，并为制订采购和库存策略提供依据。

风险控制

在珠江纸业的煤炭采购需求分析中，有以下2个关键的风险点。

（1）需求预测不准确：由于历史数据可能无法完全反映未来市场和生产需求的变化，需求预测可能存在偏差。

对策：定期更新预测模型以反映最新的市场和生产数据；结合多种预测方法，如指数平滑法和时间序列分析，以提高预测的准确性。

（2）价格波动：煤炭价格可能因市场供需关系、政策调控等因素发生波动，影响采购成本。

对策：采用期货合约等金融工具进行套期保值，减少价格波动风险；定期分析市场趋势，合理安排采购时机。

任务小结

Python在珠江纸业的采购需求量决策中提供了支持，通过其强大的数据处理和分析能力，使企业能够有效地读取、清洗和分析历史煤炭消耗及库存数据。利用pandas进行数据操作，statsmodels实现Holt-Winters指数平滑法进行时间序列预测，numpy进行数值计算，以及matplotlib.pyplot进行数据可视化，这一系列流程帮助珠江纸业精确预测煤炭需求量，识别趋势和潜在风险，从而为制订采购计划和优化库存管理提供了数据驱动的决策依据。

任务 3　采购市场分析

【教学重点】数据采集技术；DataFrame 的运用。
【教学难点】异常值的识别与处理；数据的整合与分析；预测结果的业务转化与应用。

任务导入

【场景】

在2023年1月，珠江纸业股份有限公司采购中心启动了对全年材料消耗量的预测工作，这一预测基于生产模块提供的数据和采购需求预测。采购中心结合上述2023年年末安全库存量的预测，以及2023年初物料档案中期初数量及最新计划单价（即市场预测单价），运用采购数量=生产消耗数量+安全库存量–期初数量，对2023年全年材料采购量及采购金额进行预算（见表2–7）。基于企业生产需求，采购部门需要了解所采购物料的市场基本信息。通过Python的网络爬虫技术帮助采购人员从互联网上收集物料市场价格信息，包括产品型号、价格趋势、供应商信息和产品评价等。利用BeautifulSoup或Scrapy等库，可以快速抓取和整理这些信息，为市场分析提供数据支持。

本任务是根据任务1确定的对动力煤、焦煤、无烟煤、褐煤四种煤炭的采购需求，采购中心计划利用网络爬虫技术，查询并收集煤炭行业的实时价格信息，及时了解和把握市场趋势和价格波动，并且通过数据的清洗和分析，确定一个合理的煤炭市场价格，为煤炭的采购决策提供价格支持。

表 2–7　2023 年度材料消耗预测（部分）

2023年度材料消耗预测											
成本项目	单位	胶版纸2023年预计消耗材料	颜B纸2023年预计消耗材料	颜纸2023年预计消耗材料	轻型纸2023年预计消耗材料	轻涂纸2023年预计消耗材料	热敏原纸2023年预计消耗材料	办公用纸2023年预计消耗材料	淋膜原纸2023年预计消耗材料	牛皮包装纸2023年预计消耗材料	2023年预计消耗材料小计
煤炭	吨	139,041.66	54,147.27	31,438.57	19,098.94	55,624.64	5,295.51	16,682.12	16,129.21	84,209.6	421,667.52
木片	吨	97,778.85	38,189.97	22,205.76	13,783.05	39,394.02	3,677.36	11,813.96	22,362.16	116,572.03	365,777.16
包装纸箱	个	0	0	0	0	0	0	86,966,978.89	0	0	86,966,978.89

认知识别 采购价格的影响因素

（1）供应商成本：这是采购价格的基础。

（2）供需关系：市场上的供求关系对价格有直接影响，供大于求时价格下降，供不应求时价格上升。

（3）季节和时机：不同季节和采购时机可能会影响价格，如某些产品在旺季价格可能更高。

（4）采购数量：采购的数量也会影响价格，大量采购通常可以获得批量折扣。

（5）交货条件：包括运输方式、交货时间、地点和包装要求等，这些条件的变化可能会影响价格。

（6）付款条件：如现金支付或延期付款，不同的付款条件可能会享受不同的价格或折扣。

这些构成因素有助于企业在采购过程中更好地控制成本，提高采购效率和竞争力。

知识拓展

df.to_sql()是 Pandas 提供的一个方法，用于将 DataFrame 对象的数据写入 SQL 数据库表中。基本语法为：

df.to_sql(name,con,schema=None,if_exists='fail',index=True, index_label=None, chunksize=None, dtype=None, method=None)

name: 数据库中的表名。

con: 数据库连接的驱动。

if_exits：当数据库中的这个表存在的时候，有三种采取措施：

（1）append，若表存在，数据将被追加到表中；

（2）replace，若表存在，将数据库表中的所有数据替换成现在的数据；

（3）fail，若表存在，则不进行数据写入相关操作。

index：默认值为 True。指定是否将 DataFrame 的索引写入数据库表中。

index_label：可选参数。指定索引列的名称，如果未设置且index=True，则使用DataFrame索引的名称。

chunksize：可选参数。指定分块写入的行数，以便于处理大数据。

dtype：可选参数。指定列的数据类型；如果未指定，Pandas 将尝试自动推断。

method：可选参数。用于插入数据的方法。

分析研判

珠江纸业采购中心利用Python编程实现自动化数据采集，并对全年物料采购价格进行精确预算。在此过程中，主要实现了以下3个目的。

1. 明确项目目的

运用python技术收集煤炭行业的市场价格信息，为采购决策提供价格支持。

2. 制订严格的项目流程

确定了数据收集–数据清洗–数据存储–数据分析的项目流程。

通过在原材料采购网站分别检索各类型的煤炭数据信息，将收集到的数据进行清洗，以便提高数据质量；对数据进行数据存储，形成数据累计；对数据进行描述性统计分析，计算每种类型的煤炭价格平均值作为煤炭的采购价格。最后再结合煤炭热值，为管理层提供采购决策支持。

3. 确保目标实现

首先，通过自动化爬虫技术从“爱采购”网站收集了动力煤、焦煤、无烟煤和褐煤的详细信息。随后，进行了数据清洗工作，包括去除异常值和处理缺失值，以确保数据质量。清洗后的数据被存储到MySQL数据库中，为后续分析提供了便捷的数据访问。通过描述性统计分析，获得了每种煤炭价格的市场价格平均值，作为煤炭的采购价格。最后结合煤炭热值，为管理层提供采购决策支持，并且结合不同煤炭类型的热值，计算哪一种煤炭单位价格热值最高，这样就为煤炭采购策略的制订提供了有力的数据支撑。

任务实施

步骤1：数据收集。

在原材料采购网站（以“爱采购”网站为例）分别检索各类型的煤炭，主要包括动力煤、焦煤、无烟煤、褐煤，并且收集各类型煤炭的信息，包括商品名、价格、单位、地址等，以便于后续步骤的数据的清洗和分析。

```
#导入必要的库
import requests
import time
import random
import pandas as pd
# 搜索煤炭类型:动力煤,焦煤,无烟煤,褐煤
search_name = '褐煤' # 此处的搜索词可以更改成所需的商品名,如:动力煤,焦煤,无烟煤,褐煤
page_num = 100  #此处为页数,无需更改
# 列标签列表
columns = ['搜索词','商品名','价格','价格单位','单位','地址','类别','公司名称','跳转链接','来源']
# 创建一个空的DataFrame
df = pd.DataFrame(columns=columns)
keyname = []
```

```
fullName = []
price = []
jumpUrl = []
unit = []
pCurrency = []
location = []
category = []
fullProviderName = []
fromsource = []
.......(此处省略了具体函数部分,详情见案例代码)
# 运行爬虫程序
main()
# 将列表转换为DataFrame,每列的数据分别来自对应的变量或字符串
df['搜索词'] = keyname
df['商品名'] = fullName
df['价格'] = price
df['价格单位'] = pCurrency
df['单位'] = unit
df['地址'] = location
df['类别'] = category
df['公司名称'] = fullProviderName
df['跳转链接'] = jumpUrl
df['来源'] = fromsource
# 用to_excel()写入到指定路径下的 Excel 文件中
df.to_excel(f'E:/pythonProject/{search_name}列表.xlsx')
```

结果预览如表2-8所示。

表 2-8 煤炭信息状况表

商品名	价格	价格单位	单位	地址
柱状活性炭　无烟煤　耐水型　普通型　尾气处理　脱臭　净化	2.00	元	千克	河南平顶山
永坤　果壳活性炭　杏壳椰壳无烟煤　除吸附有害物质提高空气质量	3,700.00	元	吨	河南郑州
定制型彤鑫无烟煤滤料黑色多孔煤质净水材料	960.00	元	吨	河南郑州
取暖用无烟煤　焦炭块　焦炭冶金铸造　工业级水洗煤	3.50	元	千克	河北石家庄

续表

商品名	价格	价格单位	单位	地址
焦炭　冶金制造　高炉炼铁　电厂　取暖用无烟煤　焦炭块	3.50	元	千克	河北石家庄
规格齐全　优质现货　高吸附　耐磨损　盛兴　水处理无烟煤滤料	1,550.00	元	吨	河南郑州
直供化工电厂水处理用无烟煤　1-2-4-8 无烟煤滤料	1,200.00	元	吨	河南郑州
柱状活性炭工业化学废水处理净化过滤　材质无烟煤	3,600.00	元	吨	重庆
民用取暖无烟煤　中硫　山　西精煤　煤炭批发　沁兴园	999.00	元	吨	山西晋城
友诚　无烟煤　耐烧易储存抗风化　厂家直供　货源齐全	1,200.00	元	吨	山西晋城

步骤 2：数据清洗。

将上一步骤中收集到的数据进行清洗，去除异常值，处理缺失值，目的是对四个不同种类煤炭的数据集进行一系列的数据预处理步骤，以便提高数据质量，使其更适合后续的分析和处理。

```
import pandas as pd  #导入pandas库
# 用read_excel读取excel文件
cop_df1 = pd.read_excel("E:/pythonProject/动力煤列表.xlsx")
cop_df2 = pd.read_excel("E:/pythonProject/焦煤列表.xlsx")
cop_df3 = pd.read_excel("E:/pythonProject/无烟煤列表.xlsx")
cop_df4 = pd.read_excel("E:/pythonProject/褐煤列表.xlsx")
# 使用四分位数间距法去除异常值
def remove_outliers(df):
    Q1 = df['价格'].quantile(0.25)
    Q3 = df['价格'].quantile(0.75)
    IQR = Q3 - Q1
    df = df[~((df['价格'] < (Q1 - 1.5 * IQR)) | (df['价格'] >  (Q3 + 1.5
* IQR)))]
    return df
    """
    remove_outliers()会移除价格列中的异常值,并返回不包含异常值的数据。
    主要运行步骤:
    1.计算第一四分位数Q1和第三四分位数Q3。
    2.计算四分位距(IQR),即Q3与Q1之差。
    3.使用布尔索引筛选数据,筛选条件是"价格"在范围 [Q1 - 1.5 * IQR, Q3 + 1.5 *
IQR] 之外的被视为异常值。
```

```
    4.|是逻辑或运算符,表示满足任一条件。~是取反运算符,将条件反转。
    5.返回过滤后的数据。
    """
# 数据清洗函数
def cop_data(df):
    #选取需要的列
    need_list = ['商品名','价格','价格单位','单位','地址','来源']
    df = df[need_list]
    #去除价格单位为空的数据
    df = df[df['价格单位'].notnull()]
    #去除单位为空的数据
    df = df[df['单位'].notnull()]
    # 只要单位为吨或者千克的数据
    df = df[df['单位'].isin(['吨','千克'])]
    # 将价格列转化为数值类型,不能转化的设置为NaN
    df['价格'] = pd.to_numeric(df['价格'], errors='coerce')
    # 去除价格为空的数据
    df = df[df['价格'].notnull()]
    # 价格单位为万的数据价格乘以10000
    df.loc[df['价格单位'] == '万','价格'] =   df.loc[df['价格单位'] == '万','价格']*10000
    # 将价格单位为"万"的数据改为"元"
    df.loc[df['价格单位'] == '万', '价格单位'] = '元'
    # 单位为千克的数据价格乘以1000
    df.loc[df['单位'] == '千克','价格'] =   df.loc[df['单位'] == '千克','价格']*1000
    # 将单位为"千克"的数据改为"吨"
    df.loc[df['单位'] == '千克', '价格'] = '吨'
    # 去除价格为0的数据
    df = df[df['价格'] != 0]
    #调用remove_outliers()函数去除异常值。
    df = remove_outliers(df)
    return df
```

```
# 将cop_df1的数据用cop_data()函数进行数据清洗,并将处理后的结果重新赋值给cop_
df1
cop_df1 = cop_data(cop_df1)
cop_df2 = cop_data(cop_df2)
cop_df3 = cop_data(cop_df3)
cop_df4 = cop_data(cop_df4)

cop_df1.to_excel("E:/pythonProject/动力煤列表_已处理.xlsx",index=False)
cop_df2.to_excel("E:/pythonProject/焦煤列表_已处理.xlsx",index=False)
cop_df3.to_excel("E:/pythonProject/无烟煤列表_已处理.xlsx",index=False)
cop_df4.to_excel("E:/pythonProject/褐煤列表_已处理.xlsx",index=False)
```

步骤3：数据存储。

这段代码的目的是将Excel文件中的数据导入到MySQL数据库中，形成数据累计，方便企业随时查看历史数据，以便于后续的数据管理和分析，为后续的决策提供数据支持。

```
from sqlalchemy import create_engine
import pandas as pd
#创建数据库连接
engine = create_engine(
    "mysql+pymysql://账号:密码@ip地址:端口号/数据库名",
    echo=False, # 禁止输出SQL语句日志。
    pool_size=10, # 设置数据库连接池的大小。
    max_overflow=20, # 设置连接池允许的最大溢出连接数量。
    pool_timeout=30, # 设置连接池等待连接的超时时间(单位:秒)。
)
# 读取read_excel
df = pd.read_excel("烟煤列表_已处理.xlsx")
# 将df中的数据批量追加写入到product_summary数据库表中
df.to_sql('product_summary', con=engine, if_exists='append',
index=False)
```

步骤4：数据分析。

从指定的路径读取多个Excel文件中的数据，并针对每个数据集中的“价格”列进行描述性统计分析，分别计算每种类型的煤炭价格平均值。决策者可以根据平均值来作为煤炭采购的单位价格，用于采购决策。

```
import pandas as pd
# 读取数据
anls_df1 = pd.read_excel("E:/pythonProject/动力煤列表_已处理.xlsx")
anls_df2 = pd.read_excel("E:/pythonProject/焦煤列表_已处理.xlsx")
anls_df3 = pd.read_excel("E:/pythonProject/无烟煤列表_已处理.xlsx")
anls_df4 = pd.read_excel("E:/pythonProject/褐煤列表_已处理.xlsx")
# 对价格进行描述性统计
# 输出各种煤的均价
print('动力煤的均价:',round(anls_df1['价格'].mean(),2))
print('焦煤的均价:',round(anls_df2['价格'].mean(),2))
print('无烟煤的均价:',round(anls_df3['价格'].mean(),2))
print('褐煤的均价:',round(anls_df4['价格'].mean(),2))
```

最终结果预览如下所示：

动力煤的均价: 518.93

焦煤的均价: 645.6

无烟煤的均价: 816.63

褐煤的均价: 568.8

上述展示的结果为管理者提供采购决策的价格支持。

步骤5：决策判断。

企业根据动力煤、焦煤、无烟煤、褐煤市场均价，结合不同煤炭品种的热值，计算出不同煤炭品种每一元钱所购买的热值，从结果来看焦煤单位价格产生的热值最好，说明购买焦煤对于企业来讲是性价比最高的采购决策，如表2-9所示。

表2-9 煤炭热值消耗情况

品种	热值（千卡/公斤）	中间值	千卡/吨	价格/元	千卡/元
焦煤	8,000~8,500	8,250	8,250,000	645.6	12,778.81041
褐煤	5,500~6,500	6,000	6,000,000	568.8	10,548.52321
动力煤	3,000~5,500	4,250	4,250,000	518.93	8,189.929278
无烟煤	6,000~6,500	6,250	6,250,000	816.63	7,653.404847

风险控制

（1）数据安全风险：使用Python进行产品市场数据的爬取时，确保爬取的数据不违反相关法律法规，例如《中华人民共和国网络安全法》和《数据安全法》。

（2）网络请求可能因网站反爬措施失败：这需要设置合理的请求间隔，使用代理IP池，遵守‘robots.txt’文件规定。

（3）数据的准确性风险：不当的数据选择可能导致价格评估失误，进而可能引发不必要的成本损失。清洗规则可能过于严格或宽松，导致重要数据丢失或异常值保留。分析可能基于错误的或不完整的数据，导致错误的决策。因此要仔细选择清洗规则，对数据进行多次抽样检查，确保分析前数据经过严格的质量检查。

任务小结

采购市场分析项目涵盖了从数据收集、清洗、存储、分析到可视化的完整流程，每一步都为最终的决策提供了支持。数据清洗保证了数据质量，数据存储方便了数据管理，数据分析提供了洞察力，而数据可视化则增强了信息的传达效果，企业可以更好地理解市场情况，目的是为煤炭采购决策提供价格支持。采购部门可以根据任务1确定的煤炭采购量和本任务实现的煤炭平均价格作为采购价格，并且结合煤炭热值标准，确定煤炭的本年度的采购额度，从而帮助决策者完成煤炭采购决策。

任务4 供应商信息分析

【教学重点】邀请招标；数据筛选。

【教学难点】正则表达式的运用。

任务导入

【场景】

为了稳定货源，提高竞争力，珠江纸业股份有限公司采购中心本次煤炭采购计划为37,103.14吨，其中25,903.14吨将与已签订框架协议的供应商连云港湘云煤炭交易中心联系，由其提供，另11,200吨通过招标方式重新寻找供应商，现于2023年1月20日提交邀标申请，因煤炭质量要求、长期供应材料，为了保证生产，预计从供应商库中选择5家合格供应商，进行邀请招标，自行办理招标，预计在2023年2月28日到货。采购部门需要从供货能力、供货及时性、质量管理、原料报价、资金实力及财务状况、优惠条件、注册资本、物流配送及仓储状况等在内的详细指标对供应商进行评分，从而选择合适的供应商进行邀请招标（见图2–6）。

邀标申请

发起人： 卢宛玲　　　　发起时间　2023年01月20日

招标项目基本情况							
材料名称	数量	单位	规格型号	招标预计单价（元）	预算总价	质量要求	供货时间
煤炭	11200	吨	烟煤	848	9497600	行业标准	2023年02月28日
招标方式	邀请招标				招标组织方式	自行办理招标	
拟发布公告媒体名称	珠江纸业股份有限公司网站				拟发布时间	2023年01月20日	
招标工作准备情况	已初步拟定邀标文件，公司内部已进行内部审核并修改，招标预计单价公司内部已经评审并确定						
推荐委托招标代理机构及其情况							
单位名称					地址		
资质等级					资质证号		
联系人					电话		
代理工作内容							
审批意见							

图 2-6　供应商邀请招标申请表（部分）

为了降低采购成本，丰富供应商库，采购部门需要更多的供应商信息，以便后期更好地采购。本任务通过运用Python技术查询并收集更多的供应商信息，为丰富供应商库提供数据支持，从而为管理层完成供应商选择决策提供依据。

认知识别

下面是企业常见的5种材料采购的方式。

（1）零星采购。通常涉及的金额较小，采购频率不高，且采购的商品或服务种类多样。主要适用于企业对非关键物料或服务的补充，如办公用品、小额维修服务等。其采购流程简单，响应速度快，便于满足即时需求。由于采购量小，可能无法获得批量采购的折扣，成本相对较高。

（2）集中采购。所有采购活动由一个中心化的部门统一管理，实现资源的整合和优化。主要适用于大型企业或组织，需要统一管理大量采购需求。它可以降低采购成本，提高采购效率，便于监管和质量控制。但是可能需要较大的初始投资来建立集中采购系统，且对灵活性有一定的限制。

（3）紧急采购。在突发事件或关键需求出现时迅速进行的采购，通常不考虑成本。主要适用于生产中断、设备故障或其他紧急情况下的快速物资补充。它能够迅速解决紧急问题，保障企业运营的连续性。但是由于时间紧迫，可能无法进行充分的市场调研和比较，导致成本较高。

（4）邀请招标。通过正式的邀请，选择特定的供应商参与竞标，通常涉及复杂的技术或服务。它适用于需要专业技能或定制解决方案的大型项目，可以确保供应商具备所需的专业能力和经验，提高项目成功率。但是流程可能较为烦琐，耗时较长，且可能限制了参与竞标的供应商数量。

（5）询价采购。向多个供应商发送询价单，收集报价后进行比较和选择。适用于标准化程度较高、市场上有多个供应商可以提供的商品或服务。增加了供应商之间的竞争，有助于发现最佳报价，降低成本。如果供应商数量过多，可能会增加评估和比较的工作量。

每种采购方式都有其适用的场景和优缺点，企业或个人应根据自身的需求、资源和市场条件来选择最合适的采购策略。

知识拓展

1. drop_duplicates()

用于移除重复的行。语法

df.drop_duplicates(subset = None,keep = 'first', inplace = False, ignore_index = False)

subset: 用于指定一个列或列的列表，仅删除这些列重复值，默认情况为所有列。

keep: 确定要保留的重复值，有以下可选项：

（1）first，保留第一次出现的重复值；

（2）last，保留最后一次出现的重复值；

（3）False，删除所有重复值；

（4）inplace，是否替换原来的 DataFrame，默认值为 False；

（5）ignore_index，如果为 True，则重新分配自然索引 (0,1,···,n－1)。

2. Lambda 表达式

Lambda 表达式或匿名函数，是一种快速定义小型匿名函数的方式。它们在需要函数的地方，但不需要正式定义的情况下非常有用。Lambda 表达式使用 lambda 关键字定义，语法如下：

lambda 参数: 表达式

参数：传递给函数的输入参数，可以有多个，用逗号分隔。

表达式：在函数体内执行的操作，并返回结果。

Lambda 表达式的主要特点是：

（1）没有名字（匿名）；

（2）只能包含一个表达式，不能包含复杂的多行逻辑；

（3）通常用于简单的操作，如在 map、filter 和 sorted 等函数中使用。

示例　定义一个 lambda 表达式，将一个数加上 10。

```
add_ten = lambda x: x + 10
print(add_ten(5))  # 输出 15
```

分析研判

邀请招标是珠江纸业股份有限公司为确保货源稳定性和增强采购竞争力而采取的策略。此方法允许公司向一群经过筛选的供应商发出邀请，征集他们的报价和供应方案。为了执行这一策略，首先需要收集和分析供应商信息，这包括他们的信誉、产品质量、价格和交货能力等关键指标。这些信息对评估潜在供应商和做出明智的采购决策至关重要。

为了高效地完成供应商信息的收集工作，珠江纸业可以利用Python编程语言的强大功能。通过网络爬虫技术，Python能够自动从互联网上抓取供应商的公开信息，包括官方网站、行业数据库和在线市场。随后，使用pandas等数据处理库对收集的数据进行清洗、整合和标准化，确保数据的准确性和可用性。此外，Python的自动化脚本功能可以用来定期更新供应商信息，保持信息的时效性。

收集到的供应商信息通过Python进行深入分析后，能够为采购决策提供多方面的支持。首先，通过成本效益分析，采购团队可以评估不同供应商的报价，确定最具成本效益的选项。其次，供应商的历史表现和市场反馈可以帮助评估其可靠性和竞争力。机器学习技术可以用于识别供应商相关的潜在风险，并提供风险缓解策略。最后，这些数据和分析结果将被整合到决策支持系统中，为采购团队提供定制的报告和建议，帮助企业做出数据驱动的决策。

通过Python技术收集和分析供应商信息，珠江纸业能够确保其邀请招标过程的效率和效果。这种方法不仅提高了供应商选择的准确性，降低了采购成本，还增强了对供应链风险的管理能力。最终，这种数据驱动的采购决策方式将支持公司实现长期的采购战略，提升市场竞争力和响应能力。

三 任务实施

步骤1：数据收集。

这段Python代码的目的是将一个特定文件夹中所有以“_已处理.xlsx”结尾的Excel文件进行合并处理，去除重复的公司名称记录，并将最终的合并结果保存为一个新的Excel文件。

整个过程是自动化的，减少了手动合并和清洗数据的工作量，提高了数据处理的效率和准确性。这对采购部门在进行供应商信息管理时尤其有用，因为它提供了一个干净、去重的供应商名单，可以作为进一步分析和决策的基础。

```
#1.导入必要的库:首先,代码导入了三个Python库:pandas用于数据处理和分析,requests可能用于后续的网络请求(但在这段代码中未用到),os用于操作系统功能,如文件路径处理。
import pandas as pd
import requests
import os

#2.设置文件夹路径。
folder_path = 'E:/pythonProject/'
```

```
#3. 获取文件夹路径中所有以"_已处理.xlsx"结尾的文件列表。
files = [f for f in os.listdir(folder_path) if f.endswith('_已处理.xlsx')]
#4. 读取并存储'files'列表中的每个 Excel 文件。
dataframes = [pd.read_excel(os.path.join(folder_path, f)) for f in
files]
#使用pd.concat()函数将dataframes合并。
combined_df = pd.concat(dataframes)
#5.去除重复的公司名称记录:确保每个公司名称只保留一条记录。
combined_df = combined_df.drop_duplicates(subset=['公司名称'])
#6.保存合并后的数据:使用combined_df.to_excel()函数将清洗和合并后的数据保存为
一个新的Excel文件,文件名为"爬取预备文件.xlsx"。
combined_df.to_excel("爬取预备文件.xlsx")
```

步骤2：信息爬取与存储。

从一个或多个网页上抓取数据，并将这些数据保存到Excel文件中。整个过程实现了从网页上自动获取信息，并将这些信息结构化地保存下来，以便于进一步地分析和使用。

```
#1.导入模块:代码开始部分导入了多个Python模块。
import random # 导入 Python 的随机数生成模块,用于生成随机数。
import sys # 导入 Python 的系统模块,提供对解释器使用或与解释器进行交互的接口。
import time # 导入 Python 的时间模块,用于处理时间相关的功能,如暂停、获取当前时
间等。
import pandas as pd # 导入 Pandas 库并将其命名为 pd,Pandas 是一个强大的数据
分析和数据处理库。
import requests
import json # 导入 JSON 模块,用于编码和解码 JSON 数据。
import re # 导入正则表达式模块,用于匹配和操作字符串。
from bs4 import BeautifulSoup # 从 beautifulsoup4 库中导入
BeautifulSoup 类,用于解析 HTML 和 XML 文档。
#2.读取Excel文件。
combined_df = pd.read_excel("爬取预备文件.xlsx")
#3.定义Excel列名。
```

```
xlsx_columns = ['来源',
                '搜索词',
                '链接',
                '工商信息',
                '商品规格',
                '地址',
                '类别',
                '价格信息',
                '产品标签']
.......(此处省略了函数部分,详情见案例代码)
#4.设置搜索词和文件路径。
main_spider('煤炭','煤炭详情页.xlsx')
```

结果预览如图2-7所示（指标较多，只展示部分）。

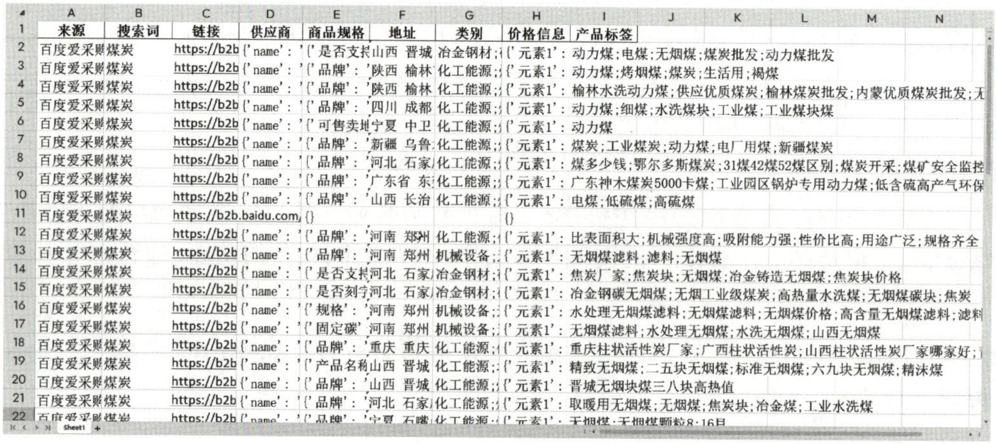

	来源	搜索词	链接	供应商	商品规格	地址	类别	价格信息	产品标签
2	百度爱采购	煤炭	https://b2b	{'name': '	{'是否支持	山西 晋城	冶金钢材;	{'元素1':	动力煤;电煤;无烟煤;煤炭批发;动力煤批发
3	百度爱采购	煤炭	https://b2b	{'name': '	{'品牌': '	陕西 榆林	化工能源;	{'元素1':	动力煤;烤烟煤;煤炭;生活用;褐煤
4	百度爱采购	煤炭	https://b2b	{'name': '	{'品牌': '	陕西 榆林	化工能源;	{'元素1':	榆林水洗动力煤;供应优质煤炭;榆林煤炭批发;内蒙优质煤炭批发;无
5	百度爱采购	煤炭	https://b2b	{'name': '	{'品牌': '	四川 成都	化工能源;	{'元素1':	动力煤;细煤;水洗煤块;工业煤;工业煤块煤
6	百度爱采购	煤炭	https://b2b	{'name': '	{'可售卖地	宁夏 中卫	化工能源;	{'元素1':	动力煤
7	百度爱采购	煤炭	https://b2b	{'name': '	{'品牌': '	新疆 乌鲁	化工能源;	{'元素1':	煤炭;工业煤炭;动力煤;电厂用煤;新疆煤炭
8	百度爱采购	煤炭	https://b2b	{'name': '	{'品牌': '	河北 石家	化工能源;	{'元素1':	煤多少钱;鄂尔多斯煤炭;31煤42煤52煤区别;煤炭开采;煤矿安全监控
9	百度爱采购	煤炭	https://b2b	{'name': '	{'品牌': '	广东省 东	化工能源;	{'元素1':	广东神木煤炭5000卡煤;工业园区锅炉专用动力煤;低含硫高产气环保
10	百度爱采购	煤炭	https://b2b	{'name': '	{'品牌': '	山西 长治	化工能源;	{'元素1':	电煤;低硫煤;高硫煤
11	百度爱采购	煤炭	https://b2b.baidu.com/	{}				{}	
12	百度爱采购	煤炭	https://b2b	{'name': '	{'品牌': '	河南 郑州	化工能源;	{'元素1':	比表面积大;机械强度高;吸附能力强;性价比高;用途广泛;规格齐全
13	百度爱采购	煤炭	https://b2b	{'name': '	{'品牌': '	河南 郑州	机械设备;	{'元素1':	无烟煤滤料;滤料;无烟煤
14	百度爱采购	煤炭	https://b2b	{'name': '	{'是否支持	河北 石家	冶金钢材;	{'元素1':	焦炭厂家;焦炭块;无烟煤;冶金铸造无烟煤;焦炭块价格
15	百度爱采购	煤炭	https://b2b	{'name': '	{'是否刻字	河北 石家	冶金钢材;	{'元素1':	冶金钢碳无烟煤;无烟工业级煤炭;高热量水洗煤;无烟煤碳块;焦炭
16	百度爱采购	煤炭	https://b2b	{'name': '	{'规格': '	河南 郑州	机械设备;	{'元素1':	水处理无烟煤滤料;无烟煤滤料;无烟煤价格;高含量无烟煤滤料;滤料
17	百度爱采购	煤炭	https://b2b	{'name': '	{'固定碳'	河南 郑州	机械设备;	{'元素1':	无烟煤滤料;水处理无烟煤;水洗无烟煤;山西无烟煤
18	百度爱采购	煤炭	https://b2b	{'name': '	{'品牌': '	重庆 重庆	化工能源;	{'元素1':	重庆柱状活性炭厂家;广西柱状活性炭;山西柱状活性炭厂家哪家好;
19	百度爱采购	煤炭	https://b2b	{'name': '	{'产品名称	山西 晋城	化工能源;	{'元素1':	精致无烟煤;二五块无烟煤;标准无烟煤;六九块无烟煤;精沫煤
20	百度爱采购	煤炭	https://b2b	{'name': '	{'品牌': '	山西 晋城	化工能源;	{'元素1':	晋城无烟块煤三八块高热值
21	百度爱采购	煤炭	https://b2b	{'name': '	{'品牌': '	河北 石家	化工能源;	{'元素1':	取暖用无烟煤;无烟煤;焦炭块;冶金煤;工业水洗煤
22	百度爱采购	煤炭	https://b2b	{'name': '	{'品牌': '	宁夏 石嘴	化工能源;	{'元素1':	无烟煤;无烟煤颗粒8:16目

图 2-7　供应商信息表

步骤3：数据处理。

处理和转换已经抓取并保存在Excel文件中的供应商信息数据。通过这一步骤，代码将原始的供应商信息字符串转换和清洗成了结构化的数据格式，便于进一步地分析和处理。它提供了供应商的关键信息，可以支持更深入的数据驱动决策。

```
#1.导入必要的库:
import pandas as pd
import ast # 导入 ast 模块,用于解析和处理 Python 抽象语法树。
```

```
#2.读取Excel文件:
gys_df = pd.read_excel('煤炭详情页.xlsx')
#3.定义字符串转换函数:
def string_to_dict(input_string):
    try:
        #使用ast.literal_eval()将字符串形式的Python字典解析为实际的字典数据结构。
        return ast.literal_eval(input_string)
    except ValueError:
        # 如果解析失败,返回一个空字典
        return {}

#4.定义信息提取函数:
def extract_info_from_dict(input_dict):
    # 定义需要提取的关键词
    keys_to_extract = ['name', 'status', 'regCap', 'regAddr', 'regData', 'entType', 'scope', 'mainProduct', 'unicode', 'shopScoreV3']
    extracted_info = {}
    for key in keys_to_extract:
        extracted_info[key] = input_dict.get(key, None)
    return extracted_info
    """
    · 使用 for 循环遍历 keys_to_extract 列表中的每个键 key。
    · 对于每个键 key使用 input_dict.get(key, None) 方法从 input_dict 中获取对应键 key 的值,并将其存储到 extracted_info 字典中。
    · 如果 input_dict 中不存在该键 key,则返回 None。
    """
#5.应用转换和提取函数:
# 将gys_df['供应商']列中的字符串转换为字典,并从中提取所需的信息。
gys_df['供应商'] = gys_df['供应商'].apply(string_to_dict).apply(extract_info_from_dict)
gys_list = gys_df['供应商'].tolist()
#6.转换为列表和DataFrame:
```

```
# 创建新的DataFrame命名为data,用于存储gys_list信息
data = pd.DataFrame(gys_list)
#7.数据清洗:使用dropna()去除data中'regCap'列的空值记录。
data = data.dropna(subset=['regCap'])
#8.数据类型转换:
#将'shopScoreV3'列转换为数值类型。
data['shopScoreV3'] = pd.to_numeric(data['shopScoreV3'], errors='coerce')
#将'regData'列数据转换为时间类型
data['regData'] = pd.to_datetime(data['regData'])
#9.注册资本处理。
# 使用timestamp()将其转换为Unix时间戳。
data['regData'] = data['regData'].apply(lambda x: x.timestamp())
# 使用正则表达式提取'regCap'的数字部分。
data['regCap'] = data['regCap'].str.extract(r'(\d+.\d+)')
# 将提取的数字转换为数值类型
data['regCap'] = pd.to_numeric(data['regCap'], errors='coerce')
data['regCap'] = data['regCap'] * 10000
```

结果预览如表2-10所示（只展示部分）。

表 2-10　供应商具体信息表

公司名字	运营状态	注册资本（元）	公司评分	地址
山西沁兴园煤炭商贸有限公司	营业中	8,000,000	4.5	山西省晋城市城区太行路百纺小区单面楼211号
泽州县友诚洗煤有限公司	营业中	20,000,000	3.5	山西省泽州县巴公镇靳圪塔村村东南700米处
山东国美冶金有限公司	营业中	4,773,400	3.5	山东省泰安市新泰市西张庄镇浮邱村光明路666号
四川维恩物资有限公司	营业中	1,000,000	3.5	夹江县漹城镇邓沟路164号
神木市创优能源科技有限公司	营业中	10,100,000	3	陕西省榆林市神木市店塔镇崇贵大道90号
山西精煤优购工贸有限公司	营业中	10,000,000	3	山西省晋城市阳城县润城镇楼泉村长安路23号
长子县迎煜煤炭销售有限公司	营业中	8,000,000	3	山西省长治市长子县色头镇西后沟村西2000米
山西省和诚昊博煤炭运销有限公司	营业中	8,000,000	3	山西省晋城市城区钟家庄街道白水街皇城新区2号楼2单元2602室
内蒙古东霄能源化工科技有限公司	营业中	5,000,000	3	内蒙古自治区鄂尔多斯市伊金霍洛旗空港物流园区创业基地七层1-507号
宁夏天煜实业有限公司	营业中	68,990,000	0	平罗县精细化工基地红陶路（大唐电厂旁边）

续表

公司名字	运营状态	注册资本（元）	公司评分	地址
东莞泰润能源有限公司	营业中	10,000,000	0	广东省东莞市麻涌镇麻涌大道190号富盈商业广场1栋102室
神木市聚兴荣能源有限公司	营业中	2,000,000	0	陕西省榆林市神木市店塔镇人民小区1区2号楼901

步骤4：数据筛选。

过滤 DataFrame data 中的数据，过滤掉所有经营范围不包含“煤炭及制品销售”的供应商记录。

```
# 去除经营范围不含煤炭的供应商
data = data[data['scope'].str.contains('煤炭及制品销售')]
"""
data['scope']:选择数据中的 'scope' 列。
.str.contains('煤炭及制品销售'):对 'scope' 列中的每个字符串应用 contains 方法，
检查是否包含子字符串 '煤炭及制品销售'。
data[...]:使用布尔索引,过滤掉不包含 '煤炭及制品销售' 的供应商数据,保留包含该经营
范围的数据。
"""
# 去除主营商品中不含煤的供应商
data = data[data['mainProduct'].str.contains('煤')]
```

步骤5：综合排序。

将公司评分和注册资本越高的记录排在前面，注册时间越早的记录也排在前面，通过获得的供应商信息，为后期采购部门对接供应商，进行供应商评分提供支持。

```
# 根据shopScoreV3（降序）、regCap（降序）和regData（升序）进行排序
data = data.sort_values(by=['shopScoreV3', 'regCap', 'regData'],
ascending=[False, False, True])
# 注册时间转化为日期格式
data['regData'] = pd.to_datetime(data['regData'], unit='s')
# 输出前五名供应商
print(data.head(5))
```

结果预览如表2-11所示：

表 2-11 前五名供应商信息表

公司名字	运营状态	注册资本（元）	公司评分	地址
山西沁兴园煤炭商贸有限公司	营业中	8,000,000	4.5	山西省晋城市城区太行路百纺小区单面楼211号
泽州县友诚洗煤有限公司	营业中	20,000,000	3.5	山西省泽州县巴公镇靳圪塔村村东南700米处
山东国美冶金有限公司	营业中	4,773,400	3.5	山东省泰安市新泰市西张庄镇浮邱村光明路666号
四川维恩物资有限公司	营业中	1,000,000	3.5	夹江县漹城镇邓沟路164号
神木市创优能源科技有限公司	营业中	10,100,000	3	陕西省榆林市神木市店塔镇崇贵大道90号

企业将依据筛选出的供应商信息，由采购部门主动联系这些企业，以获取包括注册资本、供货质量与能力、报价及优惠条件、物流配送及仓储状况在内的详尽资料。通过这些信息，采购部门可以按照公司内部的评分标准对供应商进行量化评分，从而筛选出优秀的供应商，扩充并优化其供应商库，这为最终的供应商选择决策提供了前期的数据支撑。

风险控制

在珠江纸业股份有限公司的煤炭采购邀请招标过程中，主要存在以下3个风险点。

（1）资质与合规性风险管理：供应商可能资质不符或存在合规性问题，影响煤炭质量和供应稳定性。

对策：强化供应商资质预审和合规性审查，确保参与招标的供应商均满足质量、能力及法规要求。

（2）成本控制与供应链稳定性：市场价格波动和供应链中断可能导致采购成本增加和生产受阻。

对策：采用长期合同锁定价格，建立多元化供应商结构，制订应急预案以降低供应中断风险。

（3）信息准确性与评估标准统一：信息更新滞后或评估标准不一致可能导致决策失误。

对策：定期更新供应商数据库，建立统一的评估体系和量化评分标准，结合人工分析和自动化工具，确保供应商选择过程的客观性和准确性。

通过这些对策，珠江纸业可以提高邀请招标的效率，确保采购活动的稳健性和供应链的长期可靠性。

任务小结

通过本次任务实施，企业在进行采购计划邀请招标时得到了强有力的决策支持。任务中，首先利用自动化脚本合并和清洗了大量供应商数据，确保了信息的准确性和一致性。其次，通过Python网络爬虫技术，从互联网上抓取了供应商的详细信息，并将其结构化保存，便于进一步分析。此外，通过解析和转换抓取的数据，企业能够深入了解每个供应商的资质和表现，包括注册资本、公司评分、经营范围等关键指标。最后，通过筛选和排序逻辑，企业能够识别出最符合的供应商，企业将依据筛选出的供应商信息，由采购部门主动联系这些企业，了解相关信息，依据既定的评价体系对供应商进行量化打分，为最终的供应商选择提供有力的数据支撑。

业务场景拓展

项目总结

本项目致力于深入挖掘Python在企业采购流程中的应用潜力，通过综合分析珠江纸业股份有限公司的历史采购数据、实时市场信息、详尽的供应商资料以及相关政策文件，提供一套数据驱动的采购策略和决策支持方案。项目中Python的应用覆盖了从精确的需求分析、动态的市场趋势预测、细致的供应商评估到及时的政策影响分析等多个关键环节，展现了其在数据分析和流程自动化方面的强大功能。这不仅助力企业在制订采购计划时更加科学和高效，而且有效降低了成本、提升了运营效率，并增强了企业应对市场波动和政策变化的适应性和灵活性（见图2-8）。

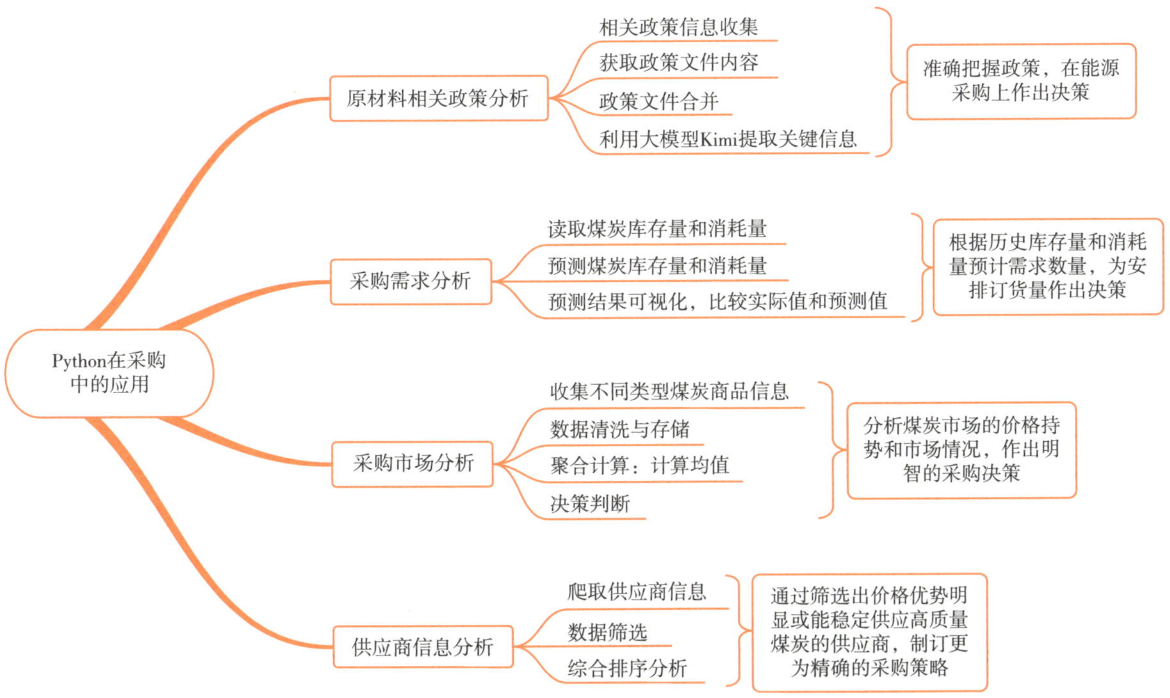

图 2-8 Python 在采购业务中的应用思维导图

课后练习

练习 1：

（1）打印以下内容：Python is fun!

（2）将两个变量 a = 5 和 b = 10 的值打印在同一行，中间用逗号和空格分隔。

练习 2：

编写一个程序，提示用户输入他们的名字和年龄，然后打印一条消息，告诉他们的名字和年龄。

练习 3：

（1）定义一个 lambda 函数，计算 3 和 5 这两个数的和。

（2）定义一个函数 square，接受一个参数，返回这个参数（4）的平方。

练习 4：填空

import pandas as ____

data = {‘日期’:[‘2023-01-01’,‘2023-01-02’,‘2023-01-03’], ‘值’:[‘10.5’,‘20.3’,‘15.8’]}

df = pd. ____(data)

df[‘日期’] = pd.to_ ____(df[‘日期’]) # 将 date 列转换为 Pandas 的日期时间格式

df[‘值’] = df[‘值’].astype(____) # 将 value 列转换为浮点数

mean_value = df[‘值’]. ____() # 计算 value 列的平均值

print(“转换后的 DataFrame:”) # 打印结果

print(df)

print(f“‘值’列的平均值为: {mean_value}”) 请写出输出结果

输出：

```
转换后的DataFrame:
           日期        值
0 2023-01-01 10.5
1 2023-01-02 20.3
2 2023-01-03 15.8
'值'列的平均值为:15.533333333333333
```

练习 5：

创建变量 a 并赋值为 10，创建变量 b 并赋值为 20，计算 a 和 b 的和，并将结果赋值给变量 c，然后打印 c 的值。

练习 6：

（1）自己设计一个列表，并计算列表中所有元素的和。

（2）题目 2：打印乘法表，格式如下：

1×1=1								
1×2=2	2×2=4							
1×3=3	2×3=6	3×3=9						
1×4=4	2×4=8	3×4=12	4×4=16					
1×5=5	2×5=10	3×5=15	4×5=20	5×5=25				
1×6=6	2×6=12	3×6=18	4×6=24	5×6=30	6×6=36			
1×7=7	2×7=14	3×7=21	4×7=28	5×7=35	6×7=42	7×7=49		
1×8=8	2×8=16	3×8=24	4×8=32	5×8=40	6×8=48	7×8=56	8×8=64	
1×9=9	2×9=18	3×9=27	4×9=36	5×9=45	6×9=54	7×9=63	8×9=72	9×9=81

练习 7：

编写一个程序，根据用户输入的成绩输出对应的等级：

90 分以上为优秀（‘A’等级）；

80 分至 89 分为良好（‘B’等级）；

70 分至 79 分为中等（‘C’等级）；

60 分至 69 分为及格（‘D’等级）；

60 分以下为不及格（‘F’等级）。

练习 8：

```
import re
# 匹配字符串中的数字
pattern = re.compile(r'\d+')
text = '这是一个包含123数字的字符串456'
result = pattern.findall(text)
print(result)
```

请写出输出结果

练习 9：

创建一个包含标题、段落和链接的基本 HTML 页面。

习题答案

项目 3　Python 在生产决策与控制中的应用

学习目标

知识目标

1. Python 在生产决策与控制中的应用；
2. Python 进行数据处理、分析和可视化的基本技能；
3. 运用 Python 进行具体财务分析；
4. 通过 Python 实现生产过程中成本项目的自动计算。

技能目标

1. 能够运用 Python 进行数据的爬取、清洗、处理、可视化和分析；
2. 能够对生产数据进行分析，并提出改进建议；
3. 能够运用数据分析结果辅助企业管理层作出更合理的生产和运营决策；
4. 能够根据实际业务需求，设计和实施数据自动化处理流程。

素质目标

1. 培养学生逻辑思维能力；
2. 培养学生细心和耐心；
3. 培养学生自主学习和不断探索的精神；
4. 培养学生团队协作能力。

项目情境

根据珠江纸业股份有限公司 2023 年生产中心、造纸事业部等业务部门生产数据，针对生产决策、生产核算、生产管控进行合理的决策分析，并尽可能帮助珠江纸业通过 Python 程序命令实现生产核算自动化，提高工作效率。

任务 1　Python 在生产决策分析中的应用

【教学重点】综合应用生产决策分析方法；技术工具的综合应用。

【教学难点】不同决策场景的生产决策原则；技术实现对生产决策的辅助。

子任务 1　轻钙原材料自制或外购决策

任务导入

【场景】

2023 年 3 月珠江纸业在纸品生产过程中需要轻钙材料 12,284.86 吨，轻钙作为一种重要的辅料，珠江纸业既可以自制，也可以外购。

如果选择外购，轻钙的单价需要采购部门通过 Python 程序从外部爬取获得。如果选择自制，需要核算轻钙的自制成本，轻钙的自制成本包括固定成本和变动成本两部分。固定成本是指固定制造费用，金额为 189,689.11 元；变动成本包括直接材料、直接人工、燃料动力和变动制造费用四部分。其中单位直接人工、单位燃料动力费、单位变动制造费用为确定金额，分别为 7.35 元、45.48 元、18.78 元。生产轻钙的直接材料有清水、碳酸钙、重钙、二氧化碳四种，其中单位轻钙耗用的清水和二氧化碳的为确定金额，分别为 6.74 元和 7.67 元，无须用 Python 程序抓取价格；但碳酸钙、重钙两种直接材料费用需要用单耗乘以价格来确定。已知碳酸钙、重钙的单耗分别为 0.184657 吨、0.419281 吨，但其价格需要利用 Python 程序从外部爬取，才能核算出轻钙的自制成本。

为了响应公司成本节约的号召，在本季度的生产、采购、销售季度例会中，生产中心提出一项议题：本季度轻钙自制还是外购成本最优。

那么，请你结合上述议题：

（1）帮助采购部利用 Python 程序，爬取轻钙、碳酸钙、重钙三种材料采购价格；

（2）帮助化学事业部计算自制轻钙的单位成本和成本总额，并保留两位小数。

（3）假设化学事业部轻钙生产线生产能力无法转移，比较自制轻钙的成本和外购轻钙的价格，利用 Python 大数据工具的 if-else 循环命令做出轻钙自制 or 外购的决策。

认知识别

原材料自制还是外购的决策，适用于那些既可以从市场上买到，又可以自行制造方式取得的决策。该类决策方案一般不涉及相关收入，所以只用考虑相关成本因素，就可以作出对应决策。珠江纸业轻钙生产线生产能力无法转移，所以，其固定成本属于沉没成本，是无关成本，所以选择自制时，无须考虑固定制造费用（见表3-1）。

表3-1 原材料自制或外购决策依据

决策指标	相关成本（因为相关收入为零，只用比较相关成本即可）
决策原则	①确定自制方案相关成本：相关变动成本、转产机会成本、专属成本、租金等，需要具体情况具体分析 ②确定外购方案的相关成本：采购成本 ③分析比较，成本最小为最优

分析研判

在本任务中，珠江纸业采购部需要利用Python工具从外部采购市场中，采集轻钙、碳酸钙和重钙三种材料的市场价格：

（1）确定目标，了解所需要抓取轻钙、碳酸钙和重钙三种材料的实际规格、质量要求、单位等需求，在数据抓取过程中合理设置数据清洗的逻辑；

（2）通过孤立森林（Isolation Forest）算法，对外部爬取的轻钙、碳酸钙、重钙价格异常值进行清理；

（3）需要将爬取到的碳酸钙、重钙价格加入自制轻钙成本计算单中，核算轻钙的单位变动成本数据，再基于成本效益分析的基本原则，调用Pandas库中if-else循环命令，可以分析比较作出轻钙自制或外购决策。

三 任务实施

1. 帮助采购部利用Python程序，分析轻钙、碳酸钙、重钙三种材料采购价格

步骤1：爬取轻钙、碳酸钙、重钙的数据。

通过设置轻钙、碳酸钙、重钙作为搜索词，先初步爬取商品的价格，并按照“商品名”“价格”“价格单位”“单位”“地址”“类别”“公司名称”“跳转链接”“来源”整理成表格。

```
import requests
import time
import random
import pandas as pd
# 轻钙,碳酸钙,重钙
```

```
search_name = '轻钙' # 此处的搜索词可以更改成所需的商品名,如:轻钙,碳酸钙,重钙
page_num = 100
# 列标签列表
columns = ['搜索词','商品名','价格','价格单位','单位','地址','类别','公司名称','跳转链接','来源']
# 创建一个空的DataFrame
df = pd.DataFrame(columns=columns)
keyname = []
fullName = []
price = []
jumpUrl = []
unit = []
pCurrency = []
location = []
category = []
fullProviderName = []
fromsource = []
.........(此处的请求和解析函数以缩略,详情见教材代码案例文件)
# 运行爬虫程序
main()
# 将列表转换为DataFrame
df['搜索词'] = keyname
df['商品名'] = fullName
df['价格'] = price
df['价格单位'] = pCurrency
df['单位'] = unit
df['地址'] = location
df['类别'] = category
df['公司名称'] = fullProviderName
df['跳转链接'] = jumpUrl
df['来源'] = fromsource
df.to_excel(f'{search_name}列表.xlsx')
```

运行结果预览如表3-2所示（部分）。

表 3-2 轻钙信息表

搜索词	商品名	价格	价格单位	单位	地址	类别	公司名称	跳转链接	来源
轻钙	供应400目轻钙涂料用95白度超细轻质碳酸钙粉	412.00	元	吨	河北石家庄	化工能源;填料;矿物填料	灵寿县永顺矿产品加工厂	https://b2b.baidu.com/b2bsearch/jump?url=https%3A%2F%2Fwww.china.cn%2Ftansuangai%2F4018859419.html&lattr=ot&query=%E8%BD%BB%E9%92%99&logid=502191419308248609&srcId=27729&brand=%E6%B0%B8%E9%A1%BA&category=%E5%8C%96%E5%B7%A5%E8%83%BD%E6%BA%90%3B%E5%A1%AB%E6%96%99%3B%E7%9F%BF%E7%89%A9%E5%A1%AB%E6%96%99&uign=4a30bfb4219b2a4d7385e910b3bda42&iid=4cd07459b20ccd53953447dd3a1046ac&timeSignOri=1720079041&xzhid=27725647&miniId=8469&qid=2144296386&sv_cr=0&ii_pos=0&nquery=%E8%BD%BB%E9%92%99&jid=1696468513	中国供应商
轻钙	二平 325目600目800目1250目橡胶塑料涂料填充碳酸钙 重钙粉 轻钙	210.00	元	吨	浙江金华	化工能源;填料;矿物填料	灵寿县二平矿产品加工厂	https://b2b.baidu.com/b2bsearch/jump?url=https%3A%2F%2Fb2bwork.baidu.com%2Fland%3Flid%3D1760239334947386400&lattr=ot&query=%E8%BD%BB%E9%92%99&logid=502191419308248609&srcId=27729&brand=%E4%BA%8C%E5%B9%B3&category=%E5%8C%96%E5%B7%A5%E8%83%BD%E6%BA%90%3B%E5%A1%AB%E6%96%99%3B%E7%9F%BF%E7%89%A9%E5%A1%AB%E6%96%99&uign=b333f197506c0d95365791915997a79&iid=4260efef587dd21670fda7c50b0fde40&timeSignOri=1720079041&xzhid=35134151&miniId=8469&qid=2144296386&sv_cr=0&ii_pos=1&nquery=%E8%BD%BB%E9%92%99&jid=1696468514	万花筒
轻钙	活性碳酸钙 食品添加用轻钙超细超白轻钙粉1250目 现货销售	600.00	元	吨	河北石家庄	化工能源;填料;矿物填料	河北麦克麦尼矿产品有限公司	https://b2b.baidu.com/b2bsearch/jump?url=https%3A%2F%2Fb2bwork.baidu.com%2Fland%3Flid%3D1720387487687466835&lattr=ot&query=%E8%BD%BB%E9%92%99&logid=502191419308248609&srcId=27729&brand=%E9%BA%A6%E5%85%8B%E9%BA%A6%E5%B0%BC&category=%E5%8C%96%E5%B7%A5%E8%83%BD%E6%BA%90%3B%E5%A1%AB%E6%96%99%3B%E7%9F%BF%E7%89%A9%E5%A1%AB%E6%96%99&uign=51c6b1759f62c9095440ece6366a448-8&iid=7aa6100db6046deb6659835d8aadcf85&timeSignOri=1720079041&xzhid=37415041&miniId=8469&qid=2144296386&sv_cr=0&ii_pos=2&nquery=%E8%BD%BB%E9%92%99&jid=1696468515	爱采通
轻钙	辉浩厂家供应800目轻钙 橡胶涂料用轻质碳酸钙 可邮寄样品	600.00	元	吨	河北石家庄	化工能源;填料;其他填料	河北辉浩环保科技有限公司	https://b2b.baidu.com/b2bsearch/jump?url=https%3A%2F%2Fb2bwork.baidu.com%2Fland%3Flid%3D1764389209039338758&lattr=ot&query=%E8%BD%BB%E9%92%99&logid=502191419308248609&srcId=27729&brand=%E6%B2%B3%E5%8C%97%E8%BE%89%E6%B5%A9%E7%8E%AF%E4%BF%9D%E7%A7%91%E6%8A%80%E6%9C%89%E9%99%90%E5%85%AC%E5%8F%B8&category=%E5%8C%96%E5%B7%A5%E8%83%BD%E6%BA%90%3B%E5%A1%AB%E6%96%99%3B%E5%85%B6%E4%BB%96%E5%A1%AB%E6%96%99&uign=1cce198eff6c4251502da90d37601275&iid=1a79563b9144529105065247610782d7&timeSignOri=1720079041&xzhid=35974433&miniId=8469&qid=2144296386&sv_cr=0&ii_pos=3&nquery=%E8%BD%BB%E9%92%99&jid=1696468516	万花筒

续表

搜索词	商品名	价格	价格单位	单位	地址	类别	公司名称	跳转链接	来源
轻钙	华鑫　活性轻钙 PVC橡胶添加用活性轻质碳酸钙可供样品	30.00	元	包	安徽宣城	化工能源;填料;矿物填料	宣城市华鑫化工有限责任公司	https://b2b.baidu.com/b2bsearch/jump?url=https%3A%2F%2Fb2bwork.baidu.com%2Fland%3Flid%3D1741784011083170304&lattr=ot&query=%E8%BD%BB%E9%92%99&logid=502191419308248609&srcId=27729&brand=%E5%8D%8E%E9%91%AB&category=%E5%8C%96%E5%B7%A5%E8%83%BD%E6%BA%90%3B%E5%A1%AB%E6%96%99%3B%E7%9F%BF%E7%89%A9%E5%A1%AB%E6%96%99&uign=5bf21cfe20f398506751b08a1de870c&iid=7d7fed8e4145b1c9b680fab4834bd435&timeSignOri=1720079041&xzhid=31766912&miniId=8469&qid=2144296386&sv_cr=0&ii_pos=4&nquery=%E8%BD%BB%E9%92%99&jid=1696468517	全球塑胶网
……									

步骤2：读取已保存的数据。

确定轻钙、碳酸钙、重钙抓取到的数据量。

```
import pandas as pd
#轻钙,碳酸钙,重钙
cop_df1 = pd.read_excel("轻钙列表.xlsx")
cop_df2 = pd.read_excel("碳酸钙列表.xlsx")
cop_df3 = pd.read_excel("重钙列表.xlsx")
cop_df1.head()
# 输出各df的行数,列数
print(cop_df1.shape)
print(cop_df2.shape)
print(cop_df3.shape)
```

运行结果预览如下所示（有一列索引行）:

(360, 11)

(1,260, 11)

(300, 11)

步骤3：筛选所需的字段，并根据关键词简单清洗数据。

根据所需要的数据类型，从每个DataFrame中选取了包含“商品名”“价格”“价格单位”“单位”“地址”的列。接着，根据不同的条件，代码对每个DataFrame进行了筛选：cop_df1 被筛选以仅保留商品名中包含“轻钙”的行，并去除包含“重钙”或“重质”的行；cop_df2 被筛选以保留商品名中包含“碳酸钙”“工业”“厂家”的行，同时去除包含“重钙”“轻钙”和其他一系列指定词汇的行；cop_df3 被筛选以仅保留商品名中包含“重钙”的行，并去除包含“轻钙”或

“轻质”的行，清洗所需要的数据。

```
# 选取商品名,价格,价格单位,单位,地址
cop_df1 = cop_df1[['商品名','价格','价格单位','单位','地址']]
cop_df2 = cop_df2[['商品名','价格','价格单位','单位','地址']]
cop_df3 = cop_df3[['商品名','价格','价格单位','单位','地址']]
# 分别去除商品名中不包含轻钙,碳酸钙,二氧化碳,重钙的行
cop_df1 = cop_df1[cop_df1['商品名'].str.contains('轻钙')]
cop_df2 = cop_df2[(cop_df2['商品名'].str.contains('碳酸钙')|cop_df2['商品名'].str.contains('工业')|cop_df2['商品名'].str.contains('厂家'))]
cop_df3 = cop_df3[cop_df3['商品名'].str.contains('重钙')]
# 去除cop_df1中含有"重质","重钙"等的行
cop_df1 = cop_df1[~(cop_df1['商品名'].str.contains('重钙')|cop_df1['商品名'].str.contains('重质'))]
# 去除cop_df2中含有"重钙","轻钙"等的行
cop_df2 = cop_df2[~(cop_df2['商品名'].str.contains('重钙')|cop_df2['商品名'].str.contains('轻钙')|cop_df2['商品名'].str.contains('食品')|cop_df2['商品名'].str.contains('养殖')|cop_df2['商品名'].str.contains('涂料')|cop_df2['商品名'].str.contains('轻质')|cop_df2['商品名'].str.contains('重质')|cop_df2['商品名'].str.contains('填充')|cop_df2['商品名'].str.contains('试剂')|cop_df2['商品名'].str.contains('纳米')|cop_df2['商品名'].str.contains('活性')|cop_df2['商品名'].str.contains('骨骼'))]
# 去除cop_df3中含有"轻钙","轻质"等的行
cop_df3 = cop_df3[~(cop_df3['商品名'].str.contains('轻钙')|cop_df3['商品名'].str.contains('轻质'))]
cop_df3
```

运行结果预览如表3-3所示（部分）。

表 3-3 清洗后产品信息表

商品名	价格	价格单位	单位	地址
河北供应重钙粉　重质碳酸钙　涂料专用重钙工厂供应　价优	230	元	吨	河北石家庄
定制重钙　厂家重钙粉325目800目1250目　高白度重质碳酸钙	0.28	元	千克	河北石家庄
化工填料用重钙粉　橡胶涂料可用重质碳酸钙　超细超白活性重钙	300	元	吨	河北秦皇岛
供应　重钙　超细重质碳酸钙　2000重质1250目　涂料油漆乳胶漆塑料造纸涂	220	元	吨	河北石家庄

续表

商品名	价格	价格单位	单位	地址
厂家销售碳酸钙粉涂料乳胶漆腻子粉用重钙粉供应积金矿产	280	元	吨	河南南阳
重钙增强剂　325 目 -800 目　碳酸钙粉　白色灰白色　袋装　高效增稠	400	元	吨	天津
超细碳酸钙　重钙　立磨粉批发　分散性好　工业涂料油漆厂家	260	元	吨	河北石家庄
沣铭供应橡胶补强　水性涂料用重钙粉　增加产品耐磨性	490	元	吨	河北石家庄
饲料添加 325 目重质碳酸钙　涂料填充 800 目重钙粉　防水材料用重钙	550	元	吨	河北石家庄
饲料级重质碳酸钙　油漆涂料用 325 目重钙粉　防火天花板用重钙	400	元	吨	河北石家庄
益高供应乳胶漆用重钙　325 目　98 级超细碳酸钙　橡胶塑料添加	350	元	吨	河北石家庄
活性碳酸钙工业级重钙粉用于橡胶原料高纯度高白度重质钙粉	320	元	吨	河北石家庄

步骤 4：去除空数据，并将价格转化为数值类型，然后，输出各 df 的单位种类和对应数量。

通过定义 cop_data 函数，去除包含空值的行，并尝试将“价格”列转换为数值类型，如果转换失败则将这些值设为 NaN。处理后的 DataFrame 更干净、标准化，为后续分析提供了便利。

```
# 去除空数据,并将价格转化为数值类型
def cop_data(df):
    #去除价格单位为空的数据
    df = df[df['价格单位'].notnull()]
    #去除单位为空的数据
    df = df[df['单位'].notnull()]
    # 将价格列转化为数值类型,不能转化的数据转化为NaN
    df['价格'] = pd.to_numeric(df['价格'], errors='coerce')
    return df
cop_df1 = cop_data(cop_df1)
cop_df2 = cop_data(cop_df2)
cop_df3 = cop_data(cop_df3)
# 输出各df的单位种类和对应数量
print(cop_df1['单位'].value_counts())
print(cop_df2['单位'].value_counts())
print(cop_df3['单位'].value_counts())
```

运行结果预览如下所示（部分）。

```
单位
吨        225
千克      31
```

```
包        2
瓶        2
袋        1
件        1
公斤      1
```

步骤5：只保留单位合理且数量排行前二的数据。

```
# 只保留单位合理且数量排行前二的数据
cop_df1 = cop_df1[cop_df1['单位'].isin(['吨','千克'])]
cop_df2 = cop_df2[cop_df2['单位'].isin(['吨','千克'])]
cop_df3 = cop_df3[cop_df3['单位'].isin(['吨','千克'])]
cop_df3
```

运行结果预览如表3-4所示（部分）。

表 3-4 单位合理且数量排行前二产品信息表

商品名	价格	价格单位	单位	地址
河北供应重钙粉　重质碳酸钙　涂料专用重钙工厂供应　价优	230	元	吨	河北石家庄
定制重钙　厂家重钙粉325目800目1250目　高白度重质碳酸钙	0.28	元	千克	河北石家庄
化工填料用重钙粉　橡胶涂料可用重质碳酸钙　超细超白活性重钙	300	元	吨	河北秦皇岛
供应　重钙　超细重质碳酸钙　2000重质1250目　涂料油漆乳胶漆塑料造纸涂	220	元	吨	河北石家庄
厂家销售碳酸钙粉涂料乳胶漆腻子粉用重钙粉供应积金矿产	280	元	吨	河南南阳
重钙增强剂　325目-800目　碳酸钙粉　白色灰白色　袋装　高效增稠	400	元	吨	天津
超细碳酸钙　重钙　立磨粉批发　分散性好　工业涂料油漆厂家	260	元	吨	河北石家庄
沣铭供应橡胶补强　水性涂料用重钙粉　增加产品耐磨性	490	元	吨	河北石家庄
饲料添加325目重质碳酸钙　涂料填充800目重钙粉　防水材料用重钙	550	元	吨	河北石家庄
饲料级重质碳酸钙　油漆涂料用325目重钙粉　防火天花板用重钙	400	元	吨	河北石家庄
益高供应乳胶漆用重钙　325目　98级超细碳酸钙　橡胶塑料添加	350	元	吨	河北石家庄
活性碳酸钙工业级重钙粉用于橡胶原料高纯度高白度重质钙粉	320	元	吨	河北石家庄
……				

步骤6：统一转化为吨单位。

```
# 统一转化为吨单位
def unit_transform(df):
    # 获取单位为千克的数据转化为吨,对应价格同时变更
    df.loc[df['单位'] == '千克', '价格'] = df['价格'] * 1000
```

```
    # 将单位统一为吨
    df['单位'] = '吨'
    return df
cop_df1 = unit_transform(cop_df1)
cop_df2 = unit_transform(cop_df2)
cop_df3 = unit_transform(cop_df3)
cop_df3
```

运行结果预览如表3-5所示（部分）。

表 3-5　统一单位的产品信息表

商品名	价格	价格单位	单位	地址
河北供应重钙粉　重质碳酸钙　涂料专用重钙工厂供应　价优	230	元	吨	河北石家庄
定制重钙　厂家重钙粉325目800目1250目　高白度重质碳酸钙	280	元	吨	河北石家庄
化工填料用重钙粉　橡胶涂料可用重质碳酸钙　超细超白活性重钙	300	元	吨	河北秦皇岛
供应　重钙　超细重质碳酸钙　2000重质1250目　涂料油漆乳胶漆塑料造纸涂	220	元	吨	河北石家庄
厂家销售碳酸钙粉涂料乳胶漆腻子粉用重钙粉供应积金矿产	280	元	吨	河南南阳
重钙增强剂　325目-800目　碳酸钙粉　白色灰白色　袋装　高效增稠	400	元	吨	天津
超细碳酸钙　重钙　立磨粉批发　分散性好　工业涂料油漆厂家	260	元	吨	河北石家庄
沣铭供应橡胶补强　水性涂料用重钙粉　增加产品耐磨性	490	元	吨	河北石家庄
饲料添加325目重质碳酸钙　涂料填充800目重钙粉　防水材料用重钙	550	元	吨	河北石家庄
饲料级重质碳酸钙　油漆涂料用325目重钙粉　防火天花板用重钙	400	元	吨	河北石家庄

步骤7：去除价格异常的数据。

通过定义一个clean_price_data函数，利用孤立森林算法识别并去除三个DataFrame（cop_df1. cop_df2和cop_df3）中的价格异常值。该函数首先将价格作为特征，然后创建并拟合孤立森林模型，预测并标记异常值，最后去除这些异常值并重置索引，确保数据集的清洁和准确性。

```
# 去除价格异常值
def clean_price_data(df):
    """使用孤立森林算法去除价格异常的行"""
    from sklearn.ensemble import IsolationForest
    # 定义特征
    X = df[['价格']]
    # 创建孤立森林模型
    model = IsolationForest(contamination=0.1, random_state=42)
```

```
    model.fit(X)
    # 预测异常值,返回1表示正常值,-1表示异常值
    df['anomaly'] = model.predict(X)
    # 去除异常值
    df_cleaned = df[df['anomaly'] == 1].drop(columns=['anomaly'])
    # 重置索引
    df_cleaned.reset_index(drop=True, inplace=True)
    return df_cleaned
cop_df1 = clean_price_data(cop_df1)
cop_df2 = clean_price_data(cop_df2)
cop_df3 = clean_price_data(cop_df3)
cop_df3
```

运行结果预览如表3-6所示。

表 3-6　去除价格异常的产品信息表

商品名	价格	价格单位	单位	地址
河北供应重钙粉　重质碳酸钙　涂料专用重钙工厂供应　价优	230	元	吨	河北石家庄
定制重钙　厂家重钙粉325目800目1250目　高白度重质碳酸钙	280	元	吨	河北石家庄
化工填料用重钙粉　橡胶涂料可用重质碳酸钙　超细超白活性重钙	300	元	吨	河北秦皇岛
供应　重钙　超细重质碳酸钙　2000重质1250目　涂料油漆乳胶漆塑料造纸涂	220	元	吨	河北石家庄
厂家销售碳酸钙粉涂料乳胶漆腻子粉用重钙粉供应积金矿产	280	元	吨	河南南阳
重钙增强剂　325目-800目　碳酸钙粉　白色灰白色　袋装　高效增稠	400	元	吨	天津
超细碳酸钙　重钙　立磨粉批发　分散性好　工业涂料油漆厂家	260	元	吨	河北石家庄
沣铭供应橡胶补强　水性涂料用重钙粉　增加产品耐磨性	490	元	吨	河北石家庄
饲料添加325目重质碳酸钙　涂料填充800目重钙粉　防水材料用重钙	550	元	吨	河北石家庄
饲料级重质碳酸钙　油漆涂料用325目重钙粉　防火天花板用重钙	400	元	吨	河北石家庄

步骤8：输出均值。

```
# 输出各物料的均价
print('轻钙',round(cop_df1['价格'].mean(),2))
print('碳酸钙',round(cop_df2['价格'].mean(),2))
print('重钙',round(cop_df3['价格'].mean(),2))
```

运行结果预览如下所示：

轻钙 790.75

碳酸钙 717.91

重钙 347.41

2. 帮助化学事业部计算自制轻钙的单位变动成本合计数（保留两位小数）

步骤 1：读取成本计算表。

```
# 读取成本计算表
cb_df = pd.read_excel("轻钙成本数据.xlsx")
cb_df
```

运行结果预览如表 3-7 所示。

表 3-7　　轻钙成本数据表

成本项目	单位成本（元）	成本总额（元）
变动成本_直接材料清水	6.74	82,799.96
变动成本_直接材料碳酸钙		
变动成本_直接材料重钙		
变动成本_直接材料二氧化钙	7.67	94,224.88
变动成本_燃料动力	45.48	558,715.43
变动成本_直接人工	7.35	90,293.72
变动成本_变动制造费用	18.78	230,709.67
固定制造费用	–	189,689.11

步骤 2：计算碳酸钙和重钙的单位成本和成本总额，并写入到成本计算表。

通过计算和赋值操作，更新成本计算表 cb_df，为碳酸钙和重钙两种材料添加了单位成本和总成本信息。

```
"""计算碳酸钙和重钙的单位成本和成本总额,并写入到成本计算表"""
# 计算碳酸钙和重钙的单位成本
calcium_carbonate_cost = round(calcium_carbonate * 0.184657,2)
heavy_calcium_cost = round(heavy_calcium * 0.419281,2)
# 计算碳酸钙和重钙的成本总额
calcium_carbonate_total_cost = round(calcium_carbonate_cost *
12,284.86,2)
heavy_calcium_total_cost = round(heavy_calcium_cost * 12,284.86,2)
```

```
# 将单位成本和成本总额赋值给原表格:变动成本_直接材料碳酸钙,变动成本_直接材料重钙
cb_df.loc[cb_df['成本项目'] == '变动成本_直接材料碳酸钙', '单位成本'] = 
calcium_carbonate_cost
cb_df.loc[cb_df['成本项目'] == '变动成本_直接材料碳酸钙', '成本总额'] = 
calcium_carbonate_total_cost
cb_df.loc[cb_df['成本项目'] == '变动成本_直接材料重钙', '单位成本'] = heavy_
calcium_cost
cb_df.loc[cb_df['成本项目'] == '变动成本_直接材料重钙', '成本总额'] = heavy_
calcium_total_cost
cb_df
```

运行结果预览如表3-8所示。

表 3-8 轻钙成本构成表

成本项目	单位成本(元)	成本总额(元)
变动成本_直接材料清水	6.74	82,799.96
变动成本_直接材料碳酸钙	89.31	1,097,160.85
变动成本_直接材料重钙	143.64	1,764,597.29
变动成本_直接材料二氧化钙	7.67	94,224.88
变动成本_燃料动力	45.48	558,715.43
变动成本_直接人工	7.35	90,293.72
变动成本_变动制造费用	18.78	230,709.67
固定制造费用	–	189,689.11

步骤3：计算单位变动成本合计和变动成本总额。

```
# 计算单位变动成本合计和变动成本总额合计,并得出自制轻钙单位变动成本
total_unit_cost = round(cb_df[:7]['单位成本'].sum(),2)
total_change_cost = round(cb_df[:7]['成本总额'].sum(),2)
# 将单位变动成本合计和变动成本总额合计赋值给原表格:
cb_df.loc[cb_df['成本项目'] == '变动成本合计', '单位成本'] = total_unit_cost
cb_df.loc[cb_df['成本项目'] == '变动成本合计', '成本总额'] = total_change_
cost
print('单位变动成本合计',total_unit_cost)
print('变动成本总额合计:',total_change_cost)
print('自制轻钙单位变动成本',total_unit_cost)
cb_df.to_excel('自制轻钙成本合计.xlsx')
```

运行结果预览（见表3–9）：

单位变动成本合计：364.25

变动成本总额合计：4,474,760.26

自制轻钙单位变动成本：364.25

表 3–9　自制轻钙成本合计

成本项目	单位成本（元）	成本总额（元）
变动成本_直接材料清水	6.74	82,799.96
变动成本直接材料碳酸钙	132.57	1,628,603.89
变动成本_直接材料重钙	145.66	1,789,412.71
变动成本_直接材料二氧化钙	7.67	94,224.88
变动成本_燃料动力	45.48	558,715.43
变动成本_直接人工	7.35	90,293.72
变动成本_变动制造费用	18.78	230,709.67
变动成本合计	364.25	4,474,760.26
固定制造费用	–	189,689.11

3. 给出决策建议

假设化学事业部轻钙生产线生产能力无法转移，比较自制轻钙的成本和外购轻钙的价格，利用Python 大数据工具的if–else循环命令做出轻钙自制or外购的决策。

比较轻钙市场单价和自制轻钙单位变动成本合计，并做出轻钙原料自制or外购的决策。

```
# 比较市场轻钙价格和自制轻钙单位变动成本合计
light_calcium=790.75
if light_calcium < total_unit_cost:
    print('轻钙自制or外购生产决策为:建议购买市场轻钙')
else:
    print('轻钙自制or外购生产决策为:建议自制轻钙')
```

运行结果预览如下所示：

轻钙自制or外购生产决策为：建议自制轻钙

由于轻钙生产线生产能力无法转移，所以，其固定成本为决策无关成本，只用比较单位变动成本和外购轻钙的单价即可。根据Python运行结果，可以清晰看到，珠江纸业自制轻钙单位变动成本合计为364.25元，而轻钙的市场单价为790.75元，所以，从成本效益原则来分析，自制轻钙对企业来说更为划算，也能够更好地帮助珠江纸业进行成本的控制。

子任务 2　办公用纸生产线继续生产或停产决策分析

任务导入

【场景】

珠江纸业生产有颜B纸、轻型纸、颜A纸、轻涂纸、热敏原纸、胶版纸、牛皮包装纸、淋膜原纸、办公用纸9种纸品。为了加强预测和决策管理，公司尝试以办公用纸为例，进行成本性态分析。在销售、采购、生产季度例会上，大家发现，公司办公用纸从2021年开始，持续亏损（见表3-10、表3-11和表3-12）。

请你帮助珠江纸业做出办公用纸保留或停产决策。具体要求如下：

（1）珠江纸业为了改进办公用纸生产线，特进行新生产线试产工作，根据试产生产线成本数据，利用Python工具pandas库、statsmodels库和matplotlib库，对2022年办公用纸试产生产线产量和成本数据进行成本性态分析。

（2）绘制办公用纸成本性态分析图。

（3）根据2023年3月办公用纸成本性态分析结果，利用Python工具的pandas数据库，帮助珠江纸业做出办公用纸生产线。

表 3-10　　2021 年度产品利润率比较

项目	颜B纸	轻型纸	颜A纸	轻涂纸	热敏原纸	胶版纸	牛皮包装纸	淋膜原纸	办公用纸
营业利润率	0.89%	1.20%	0.77%	0.76%	0.55%	0.15%	2.10%	2.13%	–3.84%

表 3-11　　2022 年度产品利润率比较

项目	颜B纸	轻型纸	颜A纸	轻涂纸	热敏原纸	胶版纸	牛皮包装纸	淋膜原纸	办公用纸
营业利润率	1.09%	1.41%	0.91%	0.95%	0.68%	0.19%	2.47%	2.66%	–4.80%

表 3-12　　2023 年 2 月产品利润率比较

项目	颜B纸	轻型纸	颜A纸	轻涂纸	热敏原纸	胶版纸	牛皮包装纸	淋膜原纸	办公用纸
营业利润率	0.37%	1.13%	0.54%	0.54%	0.24%	0.01%	2.60%	2.70%	–5.73%

认知识别

1. 成本性态分析

成本性态分析是指将企业的成本按照与产量的依存关系进行分类，以确定成本在不同产量水平下的行为模式。它基于成本与产量之间的数学关系，通常将成本分为固定成本、变动成本和混合成本。本任务场景，在制订生产决策、调整资源分配时，成本性态分析提供了重要的决策支持。

常用的成本性态分析方法：高低点法；使用最高和最低产量点的成本来估计固定和变动成本；回归分析法；利用回归分析确定成本函数的参数；账户分析法；通过审查历史账户数据来估计成本性态。

2. 边际贡献分析法

边际贡献分析法主要是计算比较各个备选方案的边际贡献，最大为最优，但是若存在增加专属成本的，则需要减掉专属成本之后，再参与比较（见表3–13）。本场景中，通过边际贡献分析法，进行有效的资源配置，从而实现最大的经济收益。

表 3–13 决策关键指标

决策关键指标	边际贡献总额＝相关收入－相关变动成本
决策方法	①计算各备选方案边际贡献总额 ②分析比较各备选方案边际贡献总额，最大为最优
方法优缺点	优点：简单，当备选方案固定成本不变时，只用比较边际贡献总额大小即可，不用再两两比较 缺点：若存在增加专属成本，则无法直接用边际贡献总额进行直接比较，而是需要使用剩余贡献分析法进行比较，也就是用边际贡献减去专属成本
决策原则	①若企业剩余生产能力无法转移，则亏损产品或部门能够提供正的边际贡献，就应该保留，否则，就需要关闭 ②若企业剩余生产能力能够转移，则亏损生产线或部门的边际贡献大于剩余生产能力转移带来的相关利润，则应该保留，否则，就应该关闭
方法对照	主要用于本任务生产线保留或关闭决策

3. 线性回归分析法

这是一种统计学方法，用于建立一个或多个自变量与因变量之间的线性关系模型。

步骤：数据收集，收集历史数据，包括产量和相关成本；建立模型，使用统计软件建立产量和成本之间的线性回归模型；参数估计，通过OLS回归模型估计模型的斜率（单位变动成本）和截距（固定成本）；模型检验，检验模型的拟合优度和统计显著性；预测，使用建立的模型根据预测的产量计算产品成本。在本任务中，它主要用于成本性态分析中。

知识拓展

在数学和统计学中，“slope”（斜率）和“intercept”（截距）是线性回归模型中的两个基本概念，它们描述了直线方程 $y = mx + by=mx+b$ 中的两个参数，其中：

m是斜率，表示因变量 y 相对于自变量 x 的变化率；

b是截距，表示当 $x=0$ 时，y 的值。

在Python中，可以使用不同的库来计算斜率和截距，尤其是在数据科学和机器学习领域。以下是一些常见的应用场景：

线性回归分析：使用线性回归模型来预测一个变量基于另一个变量的值。例如，使用scikit-learn库的LinearRegression类。绘图：使用matplotlib或seaborn等库绘制数据点和拟合的直线，直观地展示斜率和截距。数据拟合：在科学和工程领域，经常需要拟合实验数据到一个模型中，斜率和截距是模型参数的一部分。

以下是使用Python进行线性回归分析并获取斜率和截距的示例：

```
import numpy as np
from sklearn.linear_model import LinearRegression
import matplotlib.pyplot as plt
# 示例数据
X = np.array([1, 2, 3, 4, 5]).reshape(-1, 1)  # 自变量,需要转换为2D数组
y = np.array([2, 4, 5, 4, 5])  # 因变量
# 创建线性回归模型
model = LinearRegression()
# 拟合模型
model.fit(X, y)
# 获取斜率和截距
slope = model.coef_[0]
intercept = model.intercept_
print(f"斜率(m): {slope}")
print(f"截距(b): {intercept}")
# 使用模型预测
y_pred = model.predict(X)
# 绘图
plt.scatter(X, y, color='blue')  # 绘制原始数据点
plt.plot(X, y_pred, color='red')  # 绘制拟合的直线
plt.title('Linear Regression')
plt.xlabel('X')
plt.ylabel('y')
plt.show()
```

分析研判

（1）在Python打开Excel文件并查看数据，读取办公用纸生产线基础成本数据，为下一步分析奠定基础。

（2）在业务场景中用Python进行一元线性回归，并绘制成本性态折线图。通过上述步骤，结合pandas、statsmodels和matplotlib库的使用，可以构建一个完整的回归分析流程，以支持业务场景中的办公用纸成本性态数据分析需求，并能够进行完整图表展示。

任务实施

1. 成本性态分析

根据下列产品成本数据，以及办公用纸试产生产线成本数据（见表3–14），利用Python工具pandas库、statsmodels库，通过回归直线法，对2022年办公用纸产量和成本数据进行成本性态分析。

表 3–14　　办公用纸试产生产线成本数据

产量（吨）	成本（万元）
80	400
120	592
110	576
230	980
200	800
150	602
142	568
186	752
160	700
190	770

步骤1：导入必要的数据库，并读取Excel文件“成本性态分析数据.xlsx”。

```
#导入所需要用到的python数据库
import pandas as pd
import numpy as np
import statsmodels.api as sm
import matplotlib.pyplot as plt
from openpyxl import load_workbook
#读取Excel文件
df = pd.read_excel('成本性态分析数据.xlsx')
```

步骤2：建立简单线性回归模型，并求出斜率和截距的值。

通过使用statsmodels库的OLS方法，基于给定的产量和成本数据建立了一个线性回归模型，并输出模型的斜率和截距参数。

```
#建立简单线性回归模型,定义产量为自变量,成本为因变量
x = df['产量'].values.reshape(-1, 1)  # 将产量作为自变量,reshape为二维数组
y = df['成本'].values  # 将成本作为因变量
# 建立线性回归模型
x = sm.add_constant(x)  # 添加常数项
model = sm.OLS(y, x).fit()
# 获取斜率和截距
slope = model.params[1]  # 斜率是产量的系数
intercept = model.params[0]  # 截距是常数项的系数
# 打印斜率和截距的值
print(f"斜率: {slope}")
print(f"截距: {intercept}")
```

运行结果预览如下所示：

斜率（Slope）：3.3917534501735673

截距（Intercept）：142.17305901278473

步骤3：将上述斜率和截距写入excel表格中，并保存。

```
# 将斜率和截距添加到Excel表格的B14-C15区域
wb = load_workbook(file_path)
ws = wb.active
ws['B14'] = '斜率'
ws['C14'] = slope
ws['B15'] = '截距'
ws['C15'] = intercept
# 保存工作簿,文件名为"成本性态分析结果.xlsx"
wb.save('成本性态分析结果.xlsx')
```

运行结果预览如表3-15所示。

表3-15 成本性态分析结果

月份	产量（吨）	成本（万元）
1	80	400
2	120	592
3	110	576
4	230	980
5	200	800

续表

月份	产量	成本
6	150	602
7	142	568
8	186	752
9	160	700
10	190	770
	斜率	3.39175345
	截距	142.173059

根据成本性态分析结果，办公用纸成本与产量之间的关系可以用一元一次方程式表示为 Y=142.1731+3.3918X，其中，Y 表示总成本，X 表示产量。截距 142.1731 为固定成本，斜率 3.3918 为单位变动成。这个模型分析结果可以用于办公用纸生产成本预算，也可以用于本量利分析。

2. 绘制办公用纸的成本性态分析图

通过 matplotlib.pyplot 数据库，绘制成本性态分析图，并对折线图做详细描绘。其中，图标标题为“产量与成本的线性回归分析”，产量为 x 轴，宋体 14 号字体显示，成本为 y 轴，宋体 14 号字体显示，标注出 x 轴和 y 轴的刻度线。

```
# 绘制折线图
y_pred = model.predict(x)  # 使用回归模型预测的成本
# 绘制原始数据点
plt.scatter(df['产量'], df['成本'], color='blue', label='实际成本')
# 绘制回归线
plt.plot(df['产量'], y_pred, color='red', label='回归线')
# 设置图表标题和轴标签,使用中文宋体14号字
plt.title('产量与成本的线性回归分析', fontsize=14, fontproperties='SimSun')
plt.xlabel('产量', fontsize=14, fontproperties='SimSun')
plt.ylabel('成本', fontsize=14, fontproperties='SimSun')
# 隐藏图例
plt.legend().remove()
# 设置x轴和y轴的刻度和数值
plt.xticks(fontproperties='SimSun', fontsize=14)
plt.yticks(fontproperties='SimSun', fontsize=14)
# 显示图表
plt.show()
```

运行结果预览如图3-1所示。

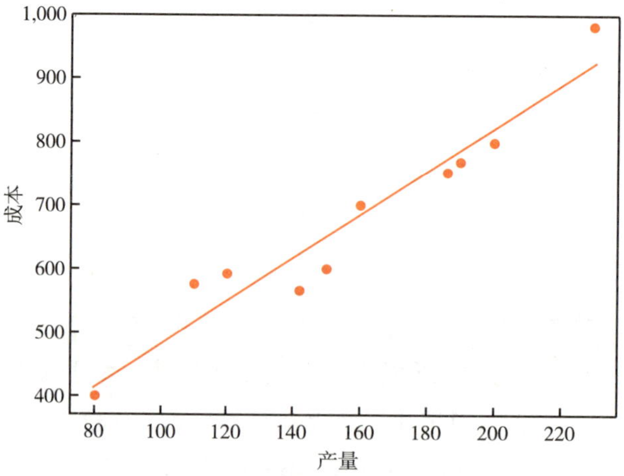

图 3-1 成本性态折线图

根据Python运行结果生成的成本性态分析折线图，可以了解到，总成本线随着产量的变动呈现线性趋势。

3. 给出决策建议

根据2023年3月办公用纸成本性态分析结果（见表3-16），利用Python工具的pandas数据库，帮助珠江纸业做出办公用纸生产线保留或停产决策。

表 3-16 办公用纸成本性态分析结果 单位：元

项目明细	数据指标
销售数量（吨）	2,111.00
销售收入	12,478,205.45
变动成本_直接材料	9,216,203.19
变动成本_直接人工	89,842.51
变动成本_燃料动力	1,209,347.06
变动成本_制造费用	307,185.48
变动成本_研发费用	141,920.83
变动成本_销售费用	332,952.10
变动成本合计	11,297,451.17
固定成本_制造费用	986,301.59
固定成本_销售费用	11,802.76
固定成本_管理费用	360,905.28
固定成本_财务费用	536,244.90
固定成本合计	1,895,254.53

步骤1：导入pandas库，读取Excel文件“2023年3月办公用纸成本测算表.xlsx”并整理办公用纸成本测算数据。

通过读取Excel文件，清洗其中数据指标列，把其转化为数值类型，方便后续分析。

```
# 读取存储的excel文件
#导入pandas数据库,并缩写为pd
import pandas as pd
#读取excel文件"2023年3月办公用纸成本测算表.xlsx"
df =pd.read_excel('2023年3月办公用纸成本测算表.xlsx')
#数据指标列转化为数值类型
df['数据指标'] = pd.to_numeric(df['数据指标'], errors='coerce')
#输出读取的文件
print(df)
```

运行结果预览：

	项目明细	数据指标
0	销售数量	2,111.00
1	销售收入	12,478,205.45
2	变动成本_直接材料	9,216,203.19
3	变动成本_直接人工	89,842.51
4	变动成本_燃料动力	1,209,347.06
5	变动成本_制造费用	307,185.48
6	变动成本_研发费用	141,920.83
7	变动成本_销售费用	332,952.10
8	变动成本合计	11,297,451.17
9	固定成本_制造费用	986,301.59
10	固定成本_销售费用	11,802.76
11	固定成本_管理费用	360,905.28
12	固定成本_财务费用	536,244.90
13	固定成本合计	1,895,254.53

根据Python运行结果，可以了解到，办公用纸2023年3月变动成本合计为11,297,451.17元，固定成本合计为1,895,254.53元。

步骤2：计算办公用纸生产线的边际贡献和息税前利润，并将其追加并入原表格，形成新的表格“办公用纸生产线决策数据.xlsx”。

通过定义函数，并进行函数计算边际贡献和息税前利润，实现自动化核算填充。

```
# 筛选固定成本数据,以"固定成本_"开头的项目明细
gdcb_df = df[df['项目明细'].str.startswith('固定成本_')]
# 筛选变动成本数据,以"变动成本_"开头的项目明细
bdcb_df = df[df['项目明细'].str.startswith('变动成本_')]
# 筛选销售收入数据
xssr_df = df[ df['项目明细'] == '销售收入']
# 销售收入重置索引
xssr_df.reset_index(drop=True, inplace=True)
# 计算边际贡献
print(xssr_df['数据指标'][0], bdcb_df['数据指标'].sum())
marginal_contribution = xssr_df['数据指标'][0] - bdcb_df['数据指标'].sum()
# 计算息税前利润
ebit = marginal_contribution - gdcb_df['数据指标'].sum()
# 将两个值追加到原表格并输出数值
df = df._append({'项目明细': '边际贡献', '数据指标': marginal_contribution},
ignore_index=True)
df = df._append({'项目明细': '息税前利润', '数据指标': ebit}, ignore_
index=True)
print('边际贡献:', marginal_contribution)
print('息税前利润:', ebit)
df.to_excel('办公用纸生产线决策数据.xlsx')
```

运行结果预览如表3-17所示。

表 3-17 办公用纸生产线决策数据 单位：元

项目明细	数据指标
销售数量（吨）	2,111
销售收入	12,478,205.45
变动成本_直接材料	9,216,203.19
变动成本_直接人工	89,842.51
变动成本_燃料动力	1,209,347.06

续表

项目明细	数据指标
变动成本_制造费用	307,185.48
变动成本_研发费用	141,920.83
变动成本_销售费用	332,952.1
变动成本合计	11,297,451.17
固定成本_制造费用	986,301.59
固定成本_销售费用	11,802.76
固定成本_管理费用	360,905.28
固定成本_财务费用	536,244.9
固定成本合计	1,895,254.53
边际贡献	1,180,754.28
息税前利润	–714,500.25

根据Python运行结果，可以看出，办公用纸2023年3月的边际贡献为1,180,754.28元，其大于0；息税前利润为–714,500.25元，其小于0。办公用纸生产线处于损状态，但是，其边际贡献又大于0。那么，办公用纸生产线到底是停产还是保留？是不是亏损产品就需要停产呢？结合步骤3，进一步解读。

步骤3：利用Python工具分析判定办公用纸生产线保留或停产，并作出相应决策。

通过if–else循环语句，如果边际贡献大于零，则建议继续生产，否则，建议停产。

```
# 判断边际贡献是否大于零来决定是否停产
if marginal_contribution > 0:
    print("决策建议:边际贡献大于零,建议继续生产")
else:
    print("决策建议:边际贡献小于零,建议停产")
```

运行结果预览如下所示：

决策建议：边际贡献大于零，建议继续生产。

在步骤2中，看到办公用纸生产线边际贡献大于0，但息税前利润小于0。结合管理会计生产经营决策的原则，如果办公用纸生产线停止生产，由于其固定成本并不会因此减少，该生产线所负担的固定成本必然要转移到其他纸品中，企业的息税前利润也会因此减少，所以，根据步骤3

决策原则，建议珠江纸业继续保留办公用纸生产线。

风险控制

在珠江纸业股份有限公司在生产决策中，主要存在以下2个方面的风险。

（1）数据的准确性：无论是在轻钙原料自制或外购的决策中还是在办公用纸生产线继续生产或停产的决策中，其决策结果依赖于决策过程数据的准确性，稍有不慎，可能导致决策结果相反。

对策：确保数据来源可靠，进行严格的数据审核和验证。使用多种数据源和预测方法来交叉验证数据的准确性。

（2）非线性关系的误判风险和动态性变化忽略风险：利用线性回归法进行成本性态分析，可能无法关注到复杂的非线性关系，而且随时间或其他因素变化，线性回归模型可能无法捕捉成本性态的动态性。

对策：在应用线性回归之前，应进行数据的可视化和探索性数据分析，以检查数据是否存在非线性趋势。如果发现非线性关系，可以考虑使用非线性模型或对数据进行变换。同时，可以考虑时间序列分析或引入时间变量，以捕捉成本性态的动态变化。

任务小结

本次任务通过珠江纸业业务场景，高效运用Python在生产决策分析中的关键作用，涵盖了从数据采集、异常值清洗到成本效益比较的全过程。在轻钙自制或外购决策中，通过精准计算和逻辑判断，明确了成本最优方案。办公用纸生产线的继续生产或停产决策中，则通过成本性态和线性回归，为生产或停产提供了数据支持的决策建议。在完成任务的过程中，不仅加深了对分析方法的理解，也强化了数据处理和风险评估能力，为未来复杂决策问题提供了坚实的分析基础。

任务2 Python在生产核算中的应用

【教学重点】

利用Python程序命令实现生产核算自动化处理；Python中matplotlib饼图的绘制。

【教学难点】

Python中的Series和DataFrame等数据结构、数据聚合操作；图表的高级布局与交互性。

子任务 1　发出材料实际成本计算

任务导入

【场景】

随着珠江纸业业务规模越来越大，2023年珠江纸业生产中心决定优化自身的生产执行核算任务，利用Python大数据工具实现生产核算过程优化。

为了进一步优化发出存货实际成本核算，珠江纸业财务部成本会计希望能够通过Python工具实现每月发出存货实际成本自动计算。请你调用pandas库，根据2023年3月造纸事业七部办公用纸领用材料的成本数据信息（见表3–18），帮助财务部成本会计写一段Python命令，自动计算出办公用纸3月领用材料的实际成本。

表 3–18　办公用纸领用材料的成本数据信息（部分）　单位：元

材料名称	规格	发出材料计划成本	期初材料计划成本	期初材料成本差异	本月入库材料计划成本	本月入库材料实际成本	本月入库材料成本差异	差异率	差异额	实际成本
阔叶浆	800*800	4,297,582.2	222,538,214.6	–2,935,117.02	122,423,764.4	114,901,227.9				
针叶浆	800*800	2,440,756.94	124,596,044	–60,152.37	71,319,931.2	68,299,551.6				
混合碳酸钙	50kg/桶	197,515.51	1,196,729.11	–5,919.41	3,142,776	2,985,632				
增白剂	JHZ–726	16,978.34	102,932.72	–406.93	294,606.4	294,606.4				
复合胶	50kg/塑料桶	69,862.91	535,046.74	–2,110.29	1,534,336.34	1,534,336.34				
淀粉	50kg/袋装	69,459.24	420,742.23	–1,658.47	1,206,263.79	1,206,263.79				

认知识别

发出材料计划成本计价方法是一种在生产过程中对材料成本进行核算的方法，主要用于确定在产品生产过程中发出材料的成本。这种方法通常在企业内部对材料成本进行控制和管理时使用，本任务主要是利用计划成本计价法计量发出材料实际成本。以下是发出材料计划成本计价方法的一些关键步骤和概念。

（1）确定计划成本：确定每种材料的计划成本。这通常是根据历史数据、市场调研或标准成本计算得出的。

（2）材料领用记录：在生产过程中，每当材料被领用时，都需要记录领用的类型和数量。

（3）计算发出材料的计划成本：根据领用记录和计划成本，计算发出材料的总计划成本，这可以通过将每种材料的领用数量乘以其计划单价来实现。

（4）成本差异分析：实际成本与计划成本之间可能会存在差异，这种差异可能是由于市场价格波动、材料利用率变化或其他因素造成的。

（5）计算成本差异：通过比较实际成本和计划成本来计算成本差异，成本差异可以是正的（实际成本低于计划成本）或负的（实际成本高于计划成本）。

（6）差异率计算：将成本差异与计划成本进行比较，计算差异率，这有助于分析成本控制的效果。

（7）调整实际成本：根据成本差异和差异率，调整发出材料的实际成本，以更准确地反映材料成本。

（8）成本分配：将调整后的实际成本分配到相应的产品或服务中，这有助于准确计算产品的总成本。

分析研判

生产核算场景中的数据大多属企业内部数据，所以为了实现生产核算自动化，一般需要进行以下操作：

（1）在Python打开Excel文件并查看数据，并对数据进行简单处理；

（2）在Python中通过df [‘新列名’]: 用于创建新的列或访问现有列，在Python数据运算中，.astype()可以用于转换数据列的数据类型，以便数据计算准确运行；

（3）在生产核算中，为了批量化处理多条成本核算数据，则需要使用Python应用场景中定义与运用函数。

任务实施

步骤1：读取Excel文件“发出材料实际成本计算.xlsx”。

```
import pandas as pd
# 读取Excel文件
df = pd.read_excel("发出材料实际成本计算.xlsx")
```

步骤2：计算发出材料实际成本，并保存到新Excel文件”发出材料实际成本计算单.xlsx”。

通过从原始数据中提取并处理成本信息，计算出本月入库材料的成本差异、差异率、差异额和实际成本，并将最终结果保存到Excel文件中，以便进一步分析和记录。

```
# 计算本月入库材料成本差异
df['本月入库材料成本差异'] = df['本月入库材料实际成本'] - df['本月入库材料计划成本']
# 计算差异率
df['差异率'] = ((df['本月入库材料成本差异'] + df['期初材料成本差异']) / (df['期
初材料计划成本'] + df['本月入库材料成本差异'])) * 100
df['差异率'] = df['差异率'].round(2).astype(str) + '%'
```

```
# 计算差异额
df['差异额'] = df['发出材料计划成本'] * (df['差异率'].str.rstrip('%').astype
(float) / 100)
df['差异额'] = df['差异额'].round(2)
# 计算实际成本
df['实际成本'] = df['发出材料计划成本'] + df['差异额']
# 保存到新Excel文件
df.to_excel("发出材料实际成本计算单.xlsx", index=False)
```

运行结果如表3-19所示。

表 3-19　　发出材料实际成本计算单　　单位：元

存货类别	材料名称	规格	发出材料计划成本	期初材料计划成本	期初材料成本差异	本月入库材料计划成本	本月入库材料实际成本	本月入库材料成本差异	差异率	差异额	实际成本
原料	阔叶浆	800*800	4,297,582.2	222,538,214.6	-2,935,117.02	122,423,764.4	114,901,227.9	-7,522,536.49	-4.86%	-208,862.49	4,088,719.71
原料	针叶浆	800*800	2,440,756.94	124,596,044	-60,152.37	71,319,931.2	68,299,551.6	-3,020,379.6	-2.53%	-61,751.15	2,379,005.79
辅料	混合碳酸钙	50kg/桶	197,515.51	1,196,729.11	-5,919.41	3,142,776	2,985,632	-157,144	-15.69%	-30,990.18	166,525.33
……											

根据Python运行出的结果，可以看到在核算3月胶版纸生产耗用原材料的实际成本中，其材料成本差异率和差异额多为负数，显示为节约差，主要有以下可能：

（1）企业在采购、使用和存货管理方面执行了有效的成本控制措施；

（2）可能由于市场价格下降，或是企业在采购时成功谈判到更低的供应商价格，导致实际成本低于预先设定的计划成本；

（3）企业可能实施了有效的采购策略，如批量采购、选择成本效益更高的供应商或利用折扣和优惠，从而降低了材料的采购成本；

（4）良好的存货管理可能减少了存储成本和浪费，提高了材料使用的效率，或是生产过程中材料使用效率提高，减少了材料浪费等。

珠江纸业需要深入分析其原因，以确保这种节约是可持续的，并且不会影响产品质量或生产效率。同时，还应考虑是否需要根据实际情况调整计划成本，以更准确地反映成本结构。

风险控制

材料发出计价采用计划成本法核算，存在以下3点风险。

（1）计划与实际差异：如果计划成本与实际成本存在较大差异，可能会导致成本控制不准确。更新频率问题：计划成本需要定期更新以反映市场变化，如原材料价格波动等。如果更新不够及时，计划成本可能失去其准确性。

对策：定期审查和调整计划成本，确保它能够反映市场条件。

（2）过度依赖计划成本，忽视市场变化：过度依赖计划成本可能会导致企业对市场变化反应迟缓，错失调整成本结构的机会。

对策：结合市场调研和实时数据，灵活调整计划成本。

（3）内部控制不足：如果内部控制不足，可能会导致计划成本的制订和调整过程中出现人为错误。

对策：加强内部控制和审计流程，确保计划成本的制订和调整过程透明、规范。

子任务 2 人工费用计提与汇总

任务导入

【场景】

随着珠江纸业规模的不断扩大，员工人数已经突破千人，人工费用的计提与核算成为财务部薪酬会计的难题。现已知珠江纸业2023年1月份、2月份、3月份工资数据，以及本公司四险一金缴纳标准等信息（见表3–20和表3–21）。

请你帮助财务部门薪酬会计人员实现以下目标：

1. 利用Python工具批量计算3月份员工四险一金金额；
2. 利用Python工具批量计算3月份代扣员工个税金额；
3. 利用group_by函数，按照各部门、层次进行快速分类汇总3月份人工费用。

表 3–20 四险一金缴纳标准

类型	最低缴费基数（元）	最高缴费基数（元）	单位承担比例	个人承担比例	单位最低金额（元）	个人最低金额（元）	单位最高金额（元）	个人最高金额（元）
基本养老保险	2,360	24,930	0.15	0.08	354	188.8	3,739.5	1,994.4
基本医疗保险	7,778	38,892	0.067	0.02	521.13	155.56	2,605.76	777.84
失业保险	2,360	24,930	0.007	0.003	16.52	7.08	174.51	74.79
工伤保险	2,360	24,930	0.0021	0	4.96	0	52.35	0
住房公积金	2,360	38,892	0.12	0.12	283.2	283.2	4,667.04	4,667.04

表 3-21　　工资明细单（部分）　　单位：元

一级部门	二级部门	班次	职务	姓名	性别	年龄（岁）	基本工资	职位工资	绩效工资	加班工资	倒班津贴	其他扣款	应发工资	基本养老保险_公司部分	基本医疗保险_公司部分	工伤保险_公司部分	失业保险_公司部分	住房公积金_公司部分	小计_公司部分	基本养老保险_个人部分	基本医疗保险_个人部分	大病互助_个人部分	失业保险_个人部分	住房公积金_个人部分	小计_个人部分	税前工资	代缴个税	实发工资
质量管理中心	质量管理事业部		经理	卢思云	女	34	8,000	1,000	0	0	0	0	9,000	1,368	572.85	102.6	59.85	1,026	3,129.3	684	171	0	25.65	1,026	1,921.65	7,078.35	62.35	7,016
质量管理中心	质量管理事业部		副经理	马般虎	女	31	7,000	500	0	0	320	0	7,820	1,188.64	497.74	89.15	52	891.48	2,719.01	594.32	148.58	0	22.29	891.48	1,671.67	6,148.33	34.45	6,113.88
质量管理中心	质量管理事业部		副经理	赵青	女	35	7,000	500	0	0	320	0	7,820	1,188.64	497.74	89.15	52	891.48	2,719.01	594.32	148.58	0	22.29	891.48	1,671.67	6,148.33	34.45	6,113.88
质量管理中心	质量管理事业部		一般员工	冯霄洁	女	34	5,500	0	0	0	640	0	6,140	933.28	390.81	70	40.83	699.96	2,134.88	466.64	116.66	0	17.5	699.96	1,315.76	4,824.24	0	4,824.24

认知识别

“四险一金”包括基本养老保险、基本医疗保险、失业保险、工伤保险和住房公积金。它有个人缴费和单位缴费两部分，其中单位缴费一般计入成本费用及应付职工薪酬-社保/公积金科目，而个人缴费部分则应从应付工资里面扣除，且个人缴费部分不包含工伤保险。

综合所得累计预扣法是中国个人所得税的一种征收方式，适用于工资薪金等综合所得。这种计算方法考虑了纳税人在一个纳税年度内的所有收入，通过累计预扣的方式，逐月计算应纳税额，以确保全年的税负均衡合理。

分析研判

（1）任务场景中，职工综合所得中四险一金的计算、代扣代缴个人所得税金额需要通过定义计算函数并调用，进行批量计算。

（2）任务场景中，存在多条工资薪金数据，为了能够逐条批量计算，需要用for循环，遍历每项保险和应发工资参数。

（3）利用group_by.sum()可以进行快速分类汇总3月份人工费用。

任务实施

1. 利用 Python 工具快速核算并自动生成 3 月份工资计算表

步骤1：设置四险一金计算函数。

通过定义四险一金函数，计算出3月份工资下的四险一金（基本养老保险、基本医疗保险、失业保险、工伤保险和住房公积金）的缴费金额。结合设定的每项保险和基金的参数信息，包括缴费基数范围和比例，然后根据输入的月工资计算公司和个人应缴纳的金额，并确保缴费基数在规定的范围内。最后，函数返回了一个包含各项保险和基金缴费金额。

```
# 定义计算四险一金的函数，接收一个参数:monthly_salary（月工资）
def calculate_social_security_and_housing_fund(monthly_salary):
    # 初始化一个字典，存储每项保险或基金的参数信息，包括最低缴费基数、最高缴费基数、公司缴费比例、个人缴费比例
    insurances = {
        "基本养老保险": {"min_base": 2360, "max_base": 24930, "company_rate": 0.15, "personal_rate": 0.08},
        "基本医疗保险": {"min_base": 7778, "max_base": 38892, "company_rate": 0.067, "personal_rate": 0.02},
        "失业保险": {"min_base": 2360, "max_base": 24930, "company_rate": 0.007, "personal_rate": 0.003},
        "工伤保险": {"min_base": 2360, "max_base": 24930, "company_rate":
```

```
0.0021, "personal_rate": 0},
        "住房公积金": {"min_base": 2360, "max_base": 38892, "company_rate":
0.12, "personal_rate": 0.12}
    }
    # 初始化一个空字典,用于存放计算后的结果
    results = {}
    # 遍历每项保险或基金的参数
    for insurance, params in insurances.items():
        # 获取各项参数值
        min_base = params["min_base"]  # 最低缴费基数
        max_base = params["max_base"]  # 最高缴费基数
        company_rate = params["company_rate"]  # 公司缴费比例
        personal_rate = params["personal_rate"]  # 个人缴费比例
        # 确定缴费基数,确保基数在规定的范围内
        base = max(min(monthly_salary, max_base), min_base)
        # 计算公司和个人应缴纳的金额
        company_amount = base * company_rate
        personal_amount = base * personal_rate
        # 将计算结果存入results字典
        results[insurance] = {
            "公司金额": company_amount,
            "个人金额": personal_amount
        }
    # 提取计算结果中的各项具体数值,准备返回
    pension_company = results["基本养老保险"]["公司金额"]
    medical_company = results["基本医疗保险"]["公司金额"]
    unemployment_company = results["失业保险"]["公司金额"]
    injury_company = results["工伤保险"]["公司金额"]
    housing_fund_company = results["住房公积金"]["公司金额"]
    pension_personal = results["基本养老保险"]["个人金额"]
    medical_personal = results["基本医疗保险"]["个人金额"]
    unemployment_personal = results["失业保险"]["个人金额"]
    housing_fund_personal = results["住房公积金"]["个人金额"]
```

```
    # 返回所有计算结果
    return (pension_company, medical_company, injury_company,
unemployment_company,housing_fund_company, pension_personal, medical_
personal,unemployment_personal, housing_fund_personal)
```

步骤2：读取文件。

读取文件“四险一金计算数据源.xlsx”中的“3月份工资表处理”的工作表数据，并将其存储在一个名为sxyj_df3的pandas DataFrame变量中。

```
# 导入pandas库,通常缩写为pd
import pandas as pd
# 使用pandas的read_excel函数来读取Excel文件
# 文件名为"四险一金计算数据源.xlsx"
# sheet_name参数指定了要读取的工作表名称为"3月份工资表处理"
# 这行代码会把指定工作表的数据加载到一个DataFrame对象中,DataFrame是pandas用于存储表格型数据的主要数据结构
sxyj_df3 = pd.read_excel("四险一金计算数据源.xlsx", sheet_name="3月份工资表处理")
```

步骤3：计算四险一金。

基于之前定义的函数calculate_social_security_and_housing_fund来循环处理一个DataFrame(sxyj_df3)中“应发工资”列的每一项数据，计算对应员工的四险一金（公司缴纳部分和个人缴纳部分）。

```
# 初始化九个列表,用于存储每项保险或公积金的公司和个人缴纳总额
pension_company_list = []  # 基本养老保险公司缴纳列表
medical_company_list = []  # 基本医疗保险公司缴纳列表
injury_company_list = []  # 工伤保险公司缴纳列表
unemployment_company_list = []  # 失业保险公司缴纳列表
housing_fund_company_list = []  # 住房公积金公司缴纳列表
pension_personal_list = []  # 基本养老保险个人缴纳列表
medical_personal_list = []  # 基本医疗保险个人缴纳列表
unemployment_personal_list = []  # 失业保险个人缴纳列表
housing_fund_personal_list = []  # 住房公积金个人缴纳列表
# 遍历DataFrame 'sxyj_df3' 中'应发工资'列的每一项数据
for data in sxyj_df3["应发工资"]:
```

```
    # 对于每一项工资数据，调用之前定义的函数calculate_social_security_and_housing_fund进行四险一金的计算
    # 计算结果直接解包并赋值给对应的变量
    pension_company, medical_company, injury_company, unemployment_company, housing_fund_company, \
    pension_personal, medical_personal, unemployment_personal, housing_fund_personal = calculate_social_security_and_housing_fund(data)
    # 将每次计算得到的公司和个人缴纳金额分别添加到对应的列表中
    pension_company_list.append(pension_company)
    medical_company_list.append(medical_company)
    injury_company_list.append(injury_company)
    unemployment_company_list.append(unemployment_company)
    housing_fund_company_list.append(housing_fund_company)
    pension_personal_list.append(pension_personal)
    medical_personal_list.append(medical_personal)
    unemployment_personal_list.append(unemployment_personal)
    housing_fund_personal_list.append(housing_fund_personal)
```

步骤4：追加新的列。

将之前计算好的公司和个人在四险一金方面的缴纳金额以及相关的小计和税前工资计算结果，追加到原始的DataFrame(sxyj_df3)中作为新的列。

```
# 将计算出的公司缴纳的各项保险及公积金金额分别作为新列添加到DataFrame中
sxyj_df3["基本养老保险_公司部分"] = pension_company_list
sxyj_df3["基本医疗保险_公司部分"] = medical_company_list
sxyj_df3["工伤保险_公司部分"] = injury_company_list
sxyj_df3["失业保险_公司部分"] = unemployment_company_list
sxyj_df3["住房公积金_公司部分"] = housing_fund_company_list
# 计算公司部分的小计，即将公司缴纳的所有保险和公积金相加，作为"小计_公司部分"这一新列
sxyj_df3["小计_公司部分"] = sxyj_df3["基本养老保险_公司部分"] + sxyj_df3["基本医疗保险_公司部分"] +sxyj_df3['工伤保险_公司部分'] + sxyj_df3['失业保险_公司部分'] + sxyj_df3["住房公积金_公司部分"]
# 类似地，将个人缴纳的各项保险及公积金金额作为新列添加到DataFrame中
sxyj_df3["基本养老保险_个人部分"] = pension_personal_list
```

```
sxyj_df3["基本医疗保险_个人部分"] = medical_personal_list
sxyj_df3["失业保险_个人部分"] = unemployment_personal_list
sxyj_df3["住房公积金_个人部分"] = housing_fund_personal_list
sxyj_df3["小计_个人部分"] = sxyj_df3["基本养老保险_个人部分"] + sxyj_df3
["基本医疗保险_个人部分"] + sxyj_df3['失业保险_个人部分'] + sxyj_df3["住房公
积金_个人部分"] + sxyj_df3["大病互助_个人部分"]
# 计算税前工资,即从应发工资中减去个人部分的小计
# 这反映了扣除个人社保、公积金等之后,理论上应纳税的工资总额
sxyj_df3['税前工资'] = sxyj_df3['应发工资'] - sxyj_df3['小计_个人部分']
```

步骤5：储存数据。

```
# 将数据保存到新表
sxyj_df3.to_excel("四险一金结果.xlsx",index=False)
```

运行结果如表3-22所示。

表 3-22　　四险一金结果（部分展示）　　单位：元

应发工资	基本养老保险_公司部分	基本医疗保险_公司部分	工伤保险_公司部分	失业保险_公司部分	住房公积金_公司部分	小计_公司部分	基本养老保险_个人部分	基本医疗保险_个人部分	大病互助_个人部分	失业保险_个人部分	住房公积金_个人部分	小计_个人部分	税前工资
9,000	1,350	603	18.9	63	1,080	3,114.9	720	180	15	27	1,080	2,022	6,978
7,820	1,173	523.94	16.422	54.74	938.4	2,706.502	625.6	156.4	15	23.46	938.4	1,758.86	6,061.14
7,820	1,173	523.94	16.422	54.74	938.4	2,706.502	625.6	156.4	15	23.46	938.4	1,758.86	6,061.14
6,140	921	521.126	12.894	42.98	736.8	2,234.8	491.2	155.56	15	18.42	736.8	1,416.98	4,723.02
6,140	921	521.126	12.894	42.98	736.8	2,234.8	491.2	155.56	15	18.42	736.8	1,416.98	4,723.02
6,140	921	521.126	12.894	42.98	736.8	2,234.8	491.2	155.56	15	18.42	736.8	1,416.98	4,723.02

通过该任务的实施，能够看到企业员工的四险一金数据无论是公司部分还是个人部分都进行了准确填列，以便为下一步任务准确计算3月代扣员工个税提供数据基础。

2. 利用 Python 工具批量计算 3 月份代扣员工个税金额

步骤1：定义代扣员工个税计算函数。

定义代扣员工个税计算公式，并结合if-elif-else多条件循环语句，快速匹配居民个人综合所得适用的税率和速算扣除数。

```
# 定义一个函数用于计算基于年度收入的累计个人所得税
def new_calculate_income_tax(annual_income):
    # 定义税率和速算扣除数表,根据不同的收入区间采用不同的税率和扣除标准
    if annual_income <= 36,000:  # 收入在36,000元及以下的税率和速算扣除数
```

```
        tax_rate = 0.03  # 税率为3%
        quick_deduction = 0  # 速算扣除数为0元
    elif annual_income <= 144,000:  # 收入在36,001元至144,000元的税率和速
算扣除数
        tax_rate = 0.10  # 税率为10%
        quick_deduction = 2,520  # 速算扣除数为2,520元
    elif annual_income <= 300,000:  # 收入在144,001元至300,000元的税率和
速算扣除数
        tax_rate = 0.20  # 税率为20%
        quick_deduction = 16,920  # 速算扣除数为16,920元
    elif annual_income <= 420,000:  # 收入在300,001元至420,000元的税率和
速算扣除数
        tax_rate = 0.25  # 税率为25%
        quick_deduction = 31,920  # 速算扣除数为31,920元
    elif annual_income <= 660,000:  # 收入在420,001元至660,000元的税率和
速算扣除数
        tax_rate = 0.30  # 税率为30%
        quick_deduction = 52,920  # 速算扣除数为52,920元
    elif annual_income <= 960,000:  # 收入在660,001元至960,000元的税率和
速算扣除数
        tax_rate = 0.35  # 税率为35%
        quick_deduction = 85,920  # 速算扣除数为85,920元
    else:  # 收入超过960,000元的税率和速算扣除数
        tax_rate = 0.45  # 税率为45%
        quick_deduction = 181,920  # 速算扣除数为181,920元

    # 根据所处的税率和速算扣除数计算应纳税所得额
    # 应纳税所得额 = 年收入 × 税率 - 速算扣除数
    tax_payable = annual_income * tax_rate - quick_deduction
    # 返回计算结果
    return tax_payable
```

步骤2：定义员工综合所得计算函数。

```
# 计算应交税额基数
def calculate_income_start(annual_income):
    annual_income = annual_income - 5,000
    return max(annual_income, 0)
```

步骤3：读取一月和二月的数据。

```
import pandas as pd
# 读取数据源
sxyj_df1 = pd.read_excel("四险一金计算数据源.xlsx",sheet_name="1月份工资表处理")
sxyj_df2 = pd.read_excel("四险一金计算数据源.xlsx",sheet_name="2月份工资表处理")
```

步骤4：计算各月份纳税基数。

```
# 创建一个新的数据框,用于存储计算结果
after_tax_salary = pd.DataFrame()
# 计算月度缴税基数
sxyj_df1['税前工资扣除后'] = sxyj_df1['税前工资'].apply(calculate_income_start)
sxyj_df2['税前工资扣除后'] = sxyj_df2['税前工资'].apply(calculate_income_start)
sxyj_df3['税前工资扣除后'] = sxyj_df3['税前工资'].apply(calculate_income_start)
```

步骤5：计算累计扣税金额和累计纳税基数。

```
#计算累计代缴个税
after_tax_salary['累计代缴个税'] = sxyj_df1['代缴个税'] + sxyj_df2['代缴个税']
#计算应交税额基数,这里为三个月
after_tax_salary['三月应交税额基数'] = sxyj_df1['税前工资扣除后'] + sxyj_df2['税前工资扣除后'] + sxyj_df3['税前工资扣除后']
```

步骤6：计算三月份的税后工资。

```
"""计算三月税后工资"""
sxyj_df3['代缴个税'] = after_tax_salary['三月应交税额基数'].apply(new_
calculate_income_tax) - after_tax_salary['累计代缴个税']
sxyj_df3['实发工资'] = sxyj_df3['税前工资'] - sxyj_df3['代缴个税']
sxyj_df3['1-2月累计应发工资'] = sxyj_df1['应发工资'] + sxyj_df2['应发工资']
```

步骤7：保存数据。

```
# 使用 ExcelWriter 将新 DataFrame 写入文件,同时保留其他工作簿
with pd.ExcelWriter("四险一金计算数据源.xlsx", engine='openpyxl', mode='a')
as writer:
     sxyj_df3.to_excel(writer, sheet_name="3月份工资表处理结果", index=
False)
```

运行结果如表3-23所示。

表 3-23 个税及应发工资表（部分展示） 单位：元

税前工资	代缴个税	实发工资	税前工资扣除后	1-2月累计应发工资
6,978	59.341	6,918.659	1,978	18,000
6,061.14	31.834	6,029.306	1,061.14	15,640
6,061.14	31.834	6,029.306	1,061.14	15,640
4,723.02	0	4,723.02	0	12,200
4,723.02	0	4,723.02	0	12,200
4,723.02	0	4,723.02	0	12,200

根据Python运行结果，可以看到，通过Python程序，可以实现批量化实现薪酬核算自动化，从而提高财务人员工作效率和核算的准确性。

3. 利用 group_by 函数，按照各部门、层次进行快速分类汇总 3 月份人工费用

```
import pandas as pd
# 1.读取Excel文件
df = pd.read_excel("工资信息分类汇总.xlsx")
# 2.按照二级部门分类,并且进一步按照职务分类
grouped_df = df.groupby(['二级部门', '职务'])
# 3.定义需要汇总的列
```

```
columns_to_sum = [
    '基本工资', '职位工资', '绩效工资', '加班工资',
    '倒班津贴', '其他扣款', '应发工资',
    '基本养老保险（公司部分）', '基本医疗保险（公司部分）',
    '工伤保险（公司部分）', '失业保险（公司部分）',
    '住房公积金（公司部分）', '小计（公司部分）',
    '基本养老保险（个人部分）', '基本医疗保险（个人部分）',
    '工伤保险（个人部分）', '失业保险（个人部分）',
    '住房公积金（个人部分）', '小计（个人部分）'
]
# 4.对分组数据进行汇总
summary_df = grouped_df[columns_to_sum].sum()
# 5.保存汇总后的数据到新的Excel文件
summary_df.to_excel("各部门计提工资、社保等数据.xlsx", index=True)
```

运行结果如表3-24所示。

通过Python运行结果，按照人员类别和部门进行分类统计汇总薪酬数据，为下一步的会计处理提供数据支撑。

风险控制

人工费用核算，特别是综合所得代扣个税的计算，其容易存在以下3点风险。

（1）计算错误风险：如果累计收入或扣除项计算不准确，可能导致预扣税额错误，从而增加税务审计和纠正计算错误的风险。

对策：通过Python程序命令，实现自动化核算，减少人为的计算错误。

（2）信息更新滞后风险：如果纳税人的收入信息或专项附加扣除信息未能及时更新，可能导致预扣税额不准确。

对策：珠江纸业可以考虑通过Python程序将自然人税收管理系统与企业薪资计算过程有机链接，实现收入或专项附加扣除信息及时更新。

（3）技术操作风险：在实施累计预扣法时，需要依赖财务软件或系统进行计算，系统故障或操作失误都可能导致风险。

对策：增强对技术人员及薪酬核算人员的技术操作培训，增强员工核算能力，减少不必要的失误。

表 3-24　　工资分类汇总表（部分展示）　　单位：元

二级部门	职务	基本工资	职位工资	绩效工资	加班工资	倒班津贴	其他扣款	应发工资	基本养老保险（公司部分）	基本医疗保险（公司部分）	工伤保险（公司部分）	失业保险（公司部分）	住房公积金（公司部分）	小计（公司部分）	基本养老保险（个人部分）	基本医疗保险（个人部分）	工伤保险（个人部分）	失业保险（个人部分）	住房公积金（个人部分）	小计（个人部分）
供排水事业部	一般员工	71,623.04	0	0	0	8,960	0	80,583.04	13,565.92	5,680.64	1,017.44	593.44	10,174.4	31,031.84	6,782.88	1,695.68	240	254.4	10,174.4	19,147.36
	副经理	14,000	1,000	1,700	0	640	0	17,340	2,635.68	1,103.7	197.68	115.32	1,976.76	6,029.14	1,317.84	329.46	30	49.42	1,976.76	3,703.48
	经理	8,000	1,000	1,700	0	320	0	11,020	1,675.04	701.42	125.63	73.28	1,256.28	3,831.65	837.52	209.38	15	31.41	1,256.28	2,349.59
	辅助人员	36,000	0	0	0	3,360	0	39,360	6,055.68	2,535.84	454.2	264.96	4,541.76	13,852.44	3,027.84	756.96	90	113.52	4,541.76	8,530.08

子任务 3 资产折旧、摊销

任务导入

【场景】

珠江纸业2023年3月正在进行公司系统智能化升级，为了更好地进行资产管理，珠江纸业成本核算组资产会计计划通过此次智能化升级对其所分管的模块，进行每个月无形资产摊销和固定资产折旧的自动化核算（见表3-25和表3-26）。

（1）请写一段Python命令，以便实现自动计算无形资产本月摊销额。

（2）请写一段Python命令，以便实现自动计算本月应计提固定资产折旧额，按照使用部门类型分类汇总本月应计提固定资产折旧额，并绘制饼图。

表 3-25 无形资产摊销（部分）

类别	资产名称	购入日期	原值（元）	部门	摊销年限	月摊销额（元）	本月摊销额（元）	累计摊销（元）	账面净值（元）
非专利技术	非专利技术	2010-08-10 00:00:00	799,153.28	生产部门	12	5,549.68	5,549.68	5,549.68	793,603.6
非专利技术	造纸黑液的资源化处理技术	2023-12-23 00:00:00	2,575,343.67	生产部门	12	17,884.33	0	0	2,575,343.67
软件	软件	2013-12-01 00:00:00	30,411,884	生产部门	10	253,432.37	253,432.37	28,384,425.44	2,027,458.56
……									

表 3-26 固定资产折旧表（部分）

资产名称	规格型号	单位	购置日期	资产原值（元）	保管部门	保管人	职位	存放地点	状况	使用部门类型	折旧年限	开始折旧月份	到期月份	残值率	到期净残值（元）	月折旧额（元）	类别	本月应计提折旧额
电视机	康佳	台	2008-12-13 00:00:00	2,500	安全保卫部	尚甸	副经理	安保监控中心	正常使用	管理费用	5	2009-01-13 00:00:00	2013-12-13 00:00:00	0.05	125	39.58	办公后勤类资产	
电视机	康佳	台	2008-12-13 00:00:00	2,500	安全保卫部	尚甸	副经理	安保监控中心	正常使用	管理费用	5	2009-01-13 00:00:00	2013-12-13 00:00:00	0.05	125	39.58	办公后勤类资产	
电视机	康佳	台	2008-12-13 00:00:00	2,500	安全保卫部	尚甸	副经理	安保监控中心	正常使用	管理费用	5	2009-01-13 00:00:00	2013-12-13 00:00:00	0.05	125	39.58	办公后勤类资产	
电视机	康佳	台	2008-12-13 00:00:00	2,500	安全保卫部	尚甸	副经理	安保监控中心	正常使用	管理费用	5	2009-01-13 00:00:00	2013-12-13 00:00:00	0.05	125	39.58	办公后勤类资产	

续表

资产名称	规格型号	单位	购置日期	资产原值（元）	保管部门	保管人	职位	存放地点	状况	使用部门类型	折旧年限	开始折旧月份	到期月份	残值率	到期净残值（元）	月折旧额（元）	类别	本月应计提折旧额
机柜	无	个	2008-12-18 00:00:00	600	技术中心	黄俊棋	技术员岗	行政大楼机房	正常使用	管理费用	5	2009-01-18 00:00:00	2013-12-18 00:00:00	0.05	30	9.5	办公后勤类资产	
机柜	无	个	2008-12-18 00:00:00	600	技术中心	萧晓淑	技术员岗	行政大楼机房	正常使用	管理费用	5	2009-01-18 00:00:00	2013-12-18 00:00:00	0.05	30	9.5	办公后勤类资产	

认知识别

（1）无形资产摊销是指随着无形资产的使用和效益的实现，按照一定的方法和期限，将其成本逐渐分摊到各个会计期间的过程，常用方法是直线法。

（2）固定资产折旧方法是用来在固定资产的使用寿命期间分摊其成本到各个会计期间的会计处理方法。不同的折旧方法对财务报表的影响不同，企业可以根据具体情况选择最合适的方法，主要包括直线法、工作量法、双倍余额递减法、年数总和法。

（3）fontproperties 是在一些Python库中用于控制和自定义文本字体属性的一个重要参数或对象，尤其是在绘图库如 matplotlib 中广泛使用。它的主要作用是允许用户详细指定字体的各种属性，从而使得图表中的文本（如标题、标签、图例等）能够按照用户的特定需求展示，特别是在处理多语言环境（特别是中文字体）时尤为重要。

分析研判

珠江纸业在利用Python程序进行资产的折旧或摊销自动化处理过程中，可能需要通过以下方法进行处理：

（1）利用read_excel读取原始数据；

（2）利用if条件语句，判断资产是否需要计提折旧/摊销；

（3）使用Lambda函数，在.apply()方法中定义简短的函数逻辑；

（4）使用to_datetime清洗数据，到期月份转换为日期格式，方便后续计算；

（5）使用group_by可以进行快速分类汇总3月各成本项目的折旧金额；

（6）利用matplotlib.pyplot.pie函数绘制饼图，展示了各个部门类型的折旧额占比，并包含了标题及图例，调用fontproperties函数，其中textprops=dict(fontproperties=font)来设置饼图中文字的字体，使用title_font可以专门用来设置标题的字体样式，从而可以确保图表中的文本不仅在视觉上与整体设计协调。

任务实施

1. 实现自动计算无形资产本月摊销额

步骤1：导入库，并读取工作表。

```
import pandas as pd
from datetime import datetime

# 读取Excel文件中的两个工作表
df_mar = pd.read_excel('无形资产摊销.xlsx', sheet_name='3月份无形资产摊销')
df_feb = pd.read_excel('无形资产摊销.xlsx', sheet_name='2月份无形资产摊销')
```

步骤2：计算无形资产摊销，并更新保存数据。

无形资产的摊销计算，首先需要根据购入日期判断其是否需要计提无形资产摊销，然后，设置月摊销额计算公式，按照表格中的计算逻辑，依次再应用函数计算出本月摊销额、累计摊销额和账面净值，并追加填入表格。

```
#  提取购入日期列、原值列并计算月摊销额
df_mar['月摊销额'] = df_mar.apply(lambda x: round(x['原值'] / x['摊销年限']
/ 12, 2), axis=1)

# 设置检查日期
check_date =  pd.Timestamp('2023-3-31')

# 根据购入日期判断是否计提摊销,并计算相关值
def calculate_values(row):
    if row['购入日期']  <= check_date:
        # 查找2月份的累计摊销额
        try:
            feb_accumulated = df_feb[(df_feb['资产名称'] == row['资产名称']) &
(df_feb['购入日期'] == row['购入日期'])]['累计摊销'].iloc[0]
        except IndexError:
            feb_accumulated = 0
```

```
            # 计算本月摊销额、累计摊销额和账面净值
            this_month_amortization = row['月摊销额']
            accumulated_amortization = this_month_amortization + feb_accumulated
            net_book_value = row['原值'] - accumulated_amortization
    else:
            this_month_amortization = 0
            accumulated_amortization = 0
            net_book_value = row['原值']

        return pd.Series([this_month_amortization, accumulated_amortization, net_book_value])

# 应用函数计算本月摊销额、累计摊销额和账面净值
df_mar[['本月摊销额', '累计摊销', '账面净值']] = df_mar.apply(calculate_values, axis=1)

# 保存更新后的数据到原Excel文件的新工作表（注意:直接修改原表可能会丢失数据,这里为示意逻辑）
df_mar.to_excel('无形资产摊销.xlsx', sheet_name='更新的3月份无形资产摊销', index=False)

# 打印前五行
print(df_mar.head())
```

运行结果：

	类别	资产名称	购入日期	原值	部门	摊销年限(年)	月摊销额 \
0	非专利技术	非专利技术	2010-08-10	7.991533e+05	生产部门	12.0	5,549.68
1	非专利技术	造纸黑液的资源化处理技术	2023-12-23	2.575344e+06	生产部门	12.0	17,884.33
2	软件	软件	2013-12-01	3.041188e+07	生产部门	10.0	253,432.37
3	土地	土地	2008-03-10	3.870228e+07	生产部门	50.0	64,503.79
4	土地	土地	2013-09-01	1.791667e+08	生产部门	50.0	298,611.11

```
   本月摊销额        累计摊销        账面净值
0      12.0          12.00    7.991413e+05
1       0.0           0.00    2.575344e+06
2      10.0  28,131,003.07    2.280881e+06
3      50.0  11,610,732.20    2.709154e+07
4      50.0  34,041,716.54    1.451249e+08
```

通过Python运行结果，可以看到，其可以实现自动判断无形资产是否需要计提摊销，以及月摊销额的计算等，从而为后续产品成本核算提供准确的数据支撑。

2. 实现自动计算本月应计提固定资产折旧额，按照使用部门类型分类汇总本月应计提固定资产折旧额，并绘制饼图

步骤1：计算3月份固定资产折旧。

2023年3月份固定资产折旧的计提，同无形资产摊销的计提方法一样，先清洗数据格式，再比较到期月份与2023-3-31，然后，设置函数计算本月应计提折旧额，并把计算出的结果保存至Excel表格中。

```
import pandas as pd
from datetime import datetime
# 加载Excel文件
file_name = "固定资产折旧数据源.xlsx"
df = pd.read_excel(file_name)
# 将到期月份列转换为datetime对象,以便于比较
df['到期月份'] = pd.to_datetime(df['到期月份'])
# 定义比较日期
compare_date = datetime.strptime('2023-03-31', '%Y-%m-%d')
# 计算本月应计提折旧额
df['本月应计提折旧额'] = df.apply(lambda row: row['月折旧额'] if row['到期
月份'] > compare_date else 0, axis=1)
# 保存为新Excel文件
new_file_name = "3月份固定资产折旧计算表.xlsx"
df.to_excel(new_file_name, index=False)
print(f"处理完成,结果已保存至:{new_file_name}")
```

运行结果：

处理完成，结果已保存至：3月份固定资产折旧计算表.xlsx（见表3-27）。

表 3-27　3 月份固定资产折旧计算表（部分）

序号	资产类型编号	资产编码	资产名称	规格型号	单位	购置日期	资产原值（元）	保管部门	保管人	职位	存放地点	状况	使用部门类型	折旧年限	开始折旧月份	到期月份	残值率	到期净残值（元）	月折旧额（元）	类别	本月应计提折旧额
1	A02091001	A02091001-00001	电视机	康佳	台	2008-12-13 00:00:00	2,500	安全保卫部	尚甸	副经理	安保监控中心	正常使用	管理费用	5	2009-01-13 00:00:00	2013-12-13 00:00:00	0.05	125	39.58	办公后勤类资产	0
2	A02091001	A02091001-00002	电视机	康佳	台	2008-12-13 00:00:00	2,500	安全保卫部	尚甸	副经理	安保监控中心	正常使用	管理费用	5	2009-01-13 00:00:00	2013-12-13 00:00:00	0.05	125	39.58	办公后勤类资产	0
3	A02091001	A02091001-00003	电视机	康佳	台	2008-12-13 00:00:00	2,500	安全保卫部	尚甸	副经理	安保监控中心	正常使用	管理费用	5	2009-01-13 00:00:00	2013-12-13 00:00:00	0.05	125	39.58	办公后勤类资产	0
4	A02091001	A02091001-00004	电视机	康佳	台	2008-12-13 00:00:00	2,500	安全保卫部	尚甸	副经理	安保监控中心	正常使用	管理费用	5	2009-01-13 00:00:00	2013-12-13 00:00:00	0.05	125	39.58	办公后勤类资产	0
5	A02010601	A02010601-00001	机柜	无	个	2008-12-18 00:00:00	600	技术中心	黄俊棋	技术员岗	行政大楼机房	正常使用	管理费用	5	2009-01-18 00:00:00	2013-12-18 00:00:00	0.05	30	9.5	办公后勤类资产	0

从Python运行结果可以看到，本月珠江纸业各项固定资产折旧实现了自动化、批量化的处理，提高了财务核算的效率和准确度，为步骤2固定资产折旧分类汇总提供了数据支撑。

步骤2：依托groupby函数依据使用部门类型和类别对本月应计提折旧额进行分类汇总。

```
import pandas as pd
# 加载Excel文件
file_path = '3月份固定资产折旧计算表.xlsx'
df = pd.read_excel(file_path)
# 分类汇总本月应计提折旧额
summary_df = df.groupby(['使用部门类型', '类别'])['本月应计提折旧额'].sum().
reset_index()
# 保存汇总结果到新的Excel文件
summary_file_path = '3月份固定资产折旧汇总表.xlsx'
summary_df.to_excel(summary_file_path, index=False)
print(f"汇总表已保存至:{summary_file_path}")
```

运行结果如表3-28所示。

汇总表已保存至：3月份固定资产折旧汇总表.xlsx。

表 3-28　　3 月份固定资产折旧计算表（按部门）

使用部门类型	类别	本月应计提折旧额（元）
制造费用	其他设备	0
制造费用	办公后勤类资产	0
制造费用	厂房建筑	2,962,331.76
制造费用	生产设备	24,763,426.91
研发费用	其他设备	763,418.07
研发费用	办公后勤类资产	5,886.54
研发费用	厂房建筑	4,750
研发费用	运输设备	0
管理费用	其他设备	105,732.69
管理费用	办公后勤类资产	98,920.17
管理费用	厂房建筑	69,558.61
管理费用	运输设备	128,025.23
销售费用	办公后勤类资产	126.65
销售费用	厂房建筑	87,962.89

从Python运行结果来看，已经对固定资产折旧信息汇总进行了初步的汇总核算，为步骤3进一步分类汇总核算提供了数据基础。

步骤3：依托步骤2结果，定义函数，依据使用部门类型，进一步详细汇总本月应计提折旧额。

```
# 读取表格
df = pd.read_excel('3月份固定资产折旧汇总表.xlsx')
#  使用部门类型分类汇总计算本月应计提折旧额
# 按"使用部门类型"列进行分组,并计算每组的"本月应计提折旧额"的总和
summary = df.groupby('使用部门类型')['本月应计提折旧额'].sum().reset_index()
#  将计算结果追加到表格中
# 首先,需要创建一个新的DataFrame来存储汇总结果
summary_df = pd.DataFrame({
    '使用部门类型': summary['使用部门类型'],
    '本月应计提折旧额': summary['本月应计提折旧额']
})
# 接下来,将汇总的DataFrame追加到原始数据的后面
result_df = pd.concat([df, summary_df], ignore_index=True)
# 输出表格到新的Excel文件
result_df.to_excel('3月份固定资产折旧分类汇总.xlsx', index=False)
print(f"汇总表已保存至:3月份固定资产折旧分类汇总")
```

运行结果如表3-29所示。

汇总表已保存至：3月份固定资产折旧分类汇总。

表 3-29　3 月份固定资产折旧分类汇总

使用部门类型	类别	本月应计提折旧额（元）
制造费用	其他设备	0
制造费用	办公后勤类资产	0
制造费用	厂房建筑	2,962,331.76
制造费用	生产设备	24,763,426.91
研发费用	其他设备	763,418.07
研发费用	办公后勤类资产	5,886.54

续表

使用部门类型	类别	本月应计提折旧额（元）
研发费用	厂房建筑	4,750
研发费用	运输设备	0
管理费用	其他设备	105,732.69
管理费用	办公后勤类资产	98,920.17
管理费用	厂房建筑	69,558.61
管理费用	运输设备	128,025.23
销售费用	办公后勤类资产	126.65
销售费用	厂房建筑	87,962.89
制造费用		27,725,758.67
研发费用		774,054.61
管理费用		402,236.7
销售费用		88,089.54

从Python运行结果可以清晰看到，按照使用部门类型，固定资产折旧进行了准确的分类汇总，提高了工作效率，也为步骤4固定资产折旧分类汇总饼图绘制提供了数据支撑。

步骤4：matplotlib库绘制饼图。

```
import matplotlib.pyplot as plt
from matplotlib.font_manager import FontProperties
# 尝试使用matplotlib默认的中文字体设置
plt.rcParams['font.sans-serif'] = ['SimHei']  # 用来正常显示中文标签
plt.rcParams['axes.unicode_minus'] = False  # 用来正常显示负号
# 汇总按使用部门分类的本月应计提折旧额
summary = df.groupby('使用部门类型')['本月应计提折旧额'].sum()
# 绘制饼图
plt.figure(figsize=(12, 8))
plt.pie(summary, labels=summary.index, autopct='%1.1f%%', startangle=140,
wedgeprops=dict(width=0.3))
plt.title('3月份固定资产折旧分类汇总')  # 设置标题
plt.legend(loc='upper right', title='使用部门')  # 自定义图例位置
plt.show()
```

运行结果如图 3–2 所示。

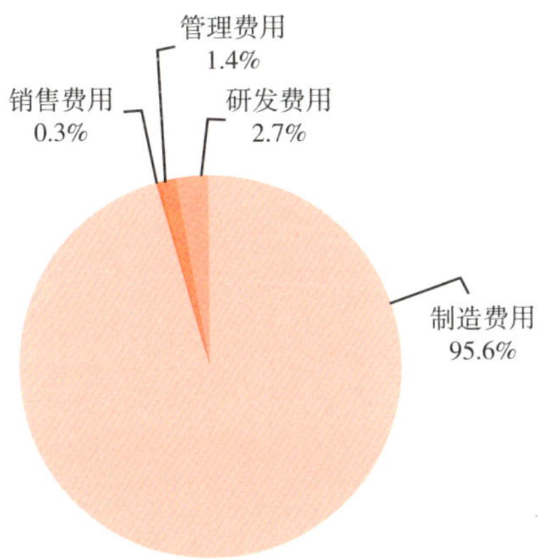

图 3–2　3 月份固定资产折旧分类汇总可视化图

通过 Python 运行结果，可以直观看到珠江纸业 3 月份固定资产折旧，制造费用占主导地位，其中生产设备折旧额高达 24,763,426.91 元，表明公司在生产设施上的资本投入巨大。研发部门的固定资产折旧也体现了公司对创新的重视。管理费用和销售费用相对较低，反映出办公及后勤类资产的折旧占比较少。整体上，固定资产折旧计提合理，反映出公司资产结构和运营重点，上述结果为后面财务核算提供数据基础。

风险控制

（1）for 循环的使用要确保循环条件能够最终变为假（false），以避免无限循环。

对策：在循环体内合理使用变量，避免作用域问题。对复杂的循环逻辑，保持代码的可读性。

（2）成本核算中数据错误风险。

对策：加强对员工的培训，提高数据统计准确性，降低 Python 程序设置错误风险。

任务小结

本任务聚焦于 Python 在生产核算中的应用，重点教授了如何利用 Python 自动化处理生产核算，并通过 matplotlib 库绘制饼图。珠江纸业通过 Python 工具优化了发出材料成本的自动计算，实现了四险一金和个人所得税的批量计算，并通过 group_by 函数快速分类汇总人工费用。同时，进行了批量化自动核算资产的折旧或摊销，并进行了分类汇总。通过本任务，珠江纸业提高了财务核算的效率和准确性，为后续产品成本的进一步核算提供了数据支撑。

任务3 Python在成本管控中的应用

【教学重点】Python在成本管控中的具体应用；函数定义与准确应用；条件语句的使用。
【教学难点】Python在作业成本法中成本分配的逻辑；循环内函数调用。

子任务1 标准成本控制

任务导入

【场景】

随着珠江纸业业务的持续扩展，成本控制成为提升企业竞争力的关键因素之一。为了进一步提高珠江纸业成本管控的效能，珠江纸业准备在整体业务智能化过程中，利用Python大数据工具启动智能化成本管控任务。

已知珠江纸业3月份胶版纸的直接材料、直接人工、变动制造费用和固定制造费用的成本数据（见表3-30至表3-33）。

请你帮助珠江纸业写出Python程序命令，实现：

（1）直接材料标准成本控制自动核算；

（2）直接人工标准成本控制自动核算；

（3）变动制造费用标准成本控制自动核算；

（4）固定制造费用标准成本控制自动核算。

表3-30 材料标准成本与实际成本对比（部分）

成本项目	材料名称	单位	标准数量（吨）	标准单价（元/吨）	标准金额（元）	实际数量（吨）	实际单价（元/吨）	实际金额（元）	价差对成本的影响	量差对成本的影响	合计
直接材料	化机浆	吨	10,469.97	3,000	31,409,910	10,533.17	3,084.38	32,488,308.13			
直接材料	阔叶浆	吨	6,980.82	6,590	46,003,603.8	7,022.96	6,243.71	43,849,311.36			
直接材料	针叶浆	吨	3,489.15	7,330	25,575,469.5	3,510.21	7,211.15	25,312,638.65			

续表

成本项目	材料名称	单位	标准数量（吨）	标准单价（元/吨）	标准金额（元）	实际数量（吨）	实际单价（元/吨）	实际金额（元）	价差对成本的影响	量差对成本的影响	合计
直接材料	清水	吨	470,299.26	2.52	1,185,154.14	473,138.08	2.52	1,193,580.73			
直接材料	轻钙	吨	6,094.49	412	2,510,929.88	6,131.28	411.82	2,524,980.29			

表 3-31　胶版纸标准工时资料

序号	成本项目	标准工时（小时）	实际工时（小时）	标准工资率	实际工资率	工资率差异	效率差异	合计
	胶版纸	25,174	26,288	47.86	46.96			

表 3-32　变动制造费用标准成本信息

序号	成本项目	标准工时（小时）	实际工时（小时）	标准分配率	实际分配率	价格差异	数量差异	合计
1	变动制造费用	13,648.88	13,195.5	13.969298	12.81987			

表 3-33　固定制造费用成本信息

序号	成本项目	预算产量下标准工时（小时）	实际产量下标准工时（小时）	实际工时（小时）	标准分配率	实际分配率	耗费差异	闲置能量差异	效审差异	合计
	固定制造费用	13,680	13,648.88	13,195.5	793.209064	824.228957				

认知识别

在成本会计和管理会计中，对成本差异的分析是关键的环节，它帮助企业了解成本控制的效果和需要改进的地方，以下是直接材料、直接人工、变动制造费用和固定制造费用的成本差异分析。

1. 直接材料成本差异分析

价格差异（材料价格差异）：实际材料价格与标准价格之间的差异。如果实际价格高于标准价格，表示价格差异不利。用量差异（材料用量差异）：实际材料使用量与标准用量之间的差异。如果实际用量超过标准用量，表示用量差异不利。总差异：价格差异和用量差异的总和，反映了材料成本控制的整体效果。

2. 直接人工成本差异分析

工资率差异：实际支付的小时工资率与标准工资率之间的差异。如果实际工资率高于标准工资率，表示工资率差异不利。效率差异（劳动效率差异）：实际工时与标准工时之间的差异。如果实际工时多于标准工时，表示效率差异不利。总差异：工资率差异和效率差异的总和，反映了人工成本控制的整体效果。

3. 变动制造费用成本差异分析

耗费差异：实际耗费的变动制造费用与标准耗费之间的差异。如果实际耗费高，表示耗费差异不利。效率差异：由于生产量或生产效率的变化导致的变动制造费用差异。总差异：反映了变动制造费用控制的整体效果。

4. 固定制造费用的三差异分析

耗费差异＝固定制造费用实际数－固定制造费用预算数；闲置能量差异＝固定制造费用预算－实际工时 × 固定制造费用标准分配率＝（生产能量－实际工时）× 固定制造费用标准分配率；效率差异＝（实际工时－实际产量标准工时）× 固定制造费用标准分配率。

知识拓展 Python中保留计算结果小数位的方法

在Python中，保留运算结果的小数位通常涉及到数值格式化，这里有几种常见的方法来控制小数位的保留。

（1）使用内置的round()函数：round()函数可以将数值四舍五入到指定的小数位数。

```
result = 3.1415926
rounded_result = round(result, 2) # 保留两位小数
print(rounded_result) # 输出: 3.14
```

（2）使用字符串格式化：Python提供了多种字符串格式化方法，包括老式的%操作符和较新的str.format()方法。

```
result = 3.1415926
formatted_result = "%.2f" % result # 保留两位小数
print(formatted_result) # 输出: '3.14'
```

分析研判

在本情景中，主要是Python在成本管控核算中的应用，所以需要完成以下操作：

（1）在Python打开基础成本管控Excel文件并对数据进行初步的清洗和处理；

（2）理解业务逻辑并将其转化为代码是最为重要的一步，需要通过定义函数并调用函数实现成本管控过程自动化、准确化处理；

（3）在Python运算中，成本差异计算数据为金额形式，所以一般该数据核算往往要保留两位小数，使用.round()，对DataFrame列的值进行四舍五入到指定的小数位数。

任务实施

1. 直接材料标准成本控制自动核算

```
import pandas as pd
# 读取Excel文件
file_path='直接成本差异_xlsx'df=pd.read_excel(file_path)
# 计算价差对成本的影响
df['价差对成本的影响'] = (df['实际单价'] - df['标准单价']) * df['实际数量']
# 计算量差对成本的影响
df['量差对成本的影响'] = (df['实际数量'] - df['标准数量']) * df['标准单价']
# 计算合计
df['合计'] = df['价差对成本的影响'] + df['量差对成本的影响']
# 对计算结果列保留两位小数
df[['价差对成本的影响', '量差对成本的影响', '合计']] = df[['价差对成本的影响', '量差对成本的影响', '合计']].round(2)
# 保存计算结果到新Excel文件
df.to_excel(r'D:\python教材\3月份胶版纸直接材料成本差异.xlsx', index=False)
df.head(5)
```

运行结果如表3-34所示。

表 3-34 直接材料成本差异表（部分）

成本项目	材料名称	单位	标准数量	标准单价（元/吨）	标准金额（元）	实际数量	实际单价（元/吨）	实际金额（元）	价差对成本的影响（元）	量差对成本的影响（元）	合计（元）
直接材料	化机浆	吨	10,469.97	3,000	31,409,910	10,533.17	3,084.38	32,488,308.13	888,788.88	189,600	1,078,388.88
直接材料	阔叶浆	吨	6,980.82	6,590	46,003,603.8	7,022.96	6,243.71	43,849,311.36	-2,431,980.82	277,702.6	-2,154,278.22
直接材料	针叶浆	吨	3,489.15	7,330	25,575,469.5	3,510.21	7,211.15	25,312,638.65	-417,188.46	154,369.8	-262,818.66
直接材料	清水	吨	470,299.26	2.52	1,185,154.14	473,138.08	2.52	1,193,580.73	0	7,153.83	7,153.83
直接材料	轻钙	吨	6,094.49	412	2,510,929.88	6,131.28	411.82	2,524,980.29	-1,103.63	15,157.48	14,053.85

通过分析可以看到，3月份胶版纸只有化机浆价格差异为超支差，其余皆为节约差，说明珠江纸业在与供应商价格谈判中存在较大的优势。从量差对成本的影响来看，本期所用的材料都为超支差，从结果来看，珠江纸业在胶版纸生产工艺流程中，可能存在材料质量差，废料过多；产品设计变更，胶版纸单耗未能及时调整；生产工人技术不熟练等造成较多的废品废料的原因。企业可以进一步查明原因，找到责任主体。价格差对成本的影响则是有正有负，这里负数较多，也就是节约差较多，说明珠江纸业可能由于市场价格下降，或是企业在采购时成功谈判到更低的供

应商价格，或是可能实施了有效的采购策略，从而降低了材料采购的实际成本。企业应当继续保持，并结合实际成本数据，持续更新标准成本制订数据，优化企业成本管控流程。

2. 直接人工标准成本控制自动核算

```
import pandas as pd
# 读取Excel文件
file_path = '直接人工成本差异分析.xlsx'
df = pd.read_excel(file_path)
# 计算工资率差异和效率差异
df['工资率差异'] = round((df['实际工资率'] - df['标准工资率']) * df['实际工时'], 2)
df['效率差异'] = round((df['实际工时'] - df['标准工时']) * df['标准工资率'], 2)
df['合计'] = df['工资率差异'] + df['效率差异']
# 保存到新Excel文件
new_file_path = '直接人工成本差异.xlsx'
df.to_excel(new_file_path, index=False)
print(f"计算完成,结果已保存至:{new_file_path}")
```

运行结果如表3-35所示。

计算完成，结果已保存至：直接人工成本差异.xlsx。

表3-35 胶版纸直接人工成本差异表

序号	成本项目	标准工时（小时）	实际工时（小时）	标准工资率	实际工资率	工资率差异	效率差异	合计
1	胶版纸	25,174	26,288	47.86	46.96	−23,659.2	53,316.04	29,656.84

在胶版纸成本项目中，标准工时为25,174小时，实际工时为26,288小时，超出标准工时1,054小时。标准工资率为47.86元/小时，实际工资率为46.96元/小时，工资率差异为−23,659.2元，显示工资率有所降低。然而，效率差异为53,316.04元，表明实际工时增加，工人效率降低导致了人工成本的超支差。综合来看，直接人工成本合计差异为29,656.84元。

3. 变动制造费用成本控制自动核算

```
import pandas as pd
# 读取Excel文件
file_path = '变动制造费用成本差异分析.xlsx'
df = pd.read_excel(file_path)
# 计算价格差异和数量差异,并保留两位小数
```

```
df['价格差异'] = round((df['实际分配率'] - df['标准分配率']) * df['实际工时'], 2)
df['数量差异'] = round((df['实际工时'] - df['标准工时']) * df['实际分配率'], 2)
df['合计'] = df['价格差异'] + df['数量差异']
# 保存到新Excel文件
new_file_path = '变动制造费用成本差异结果.xlsx'
df.to_excel(new_file_path, index=False)
print("计算完成,结果已保存至:", new_file_path)
```

运行结果如表3-36所示。

计算完成，结果已保存至：变动制造费用成本差异结果.xlsx。

表3-36 变动制造费用成本差异表

序号	成本项目	标准工时（小时）	实际工时（小时）	标准分配率	实际分配率	价格差异	数量差异	合计
1	变动制造费用	13,648.88	13,195.5	13.969298	12.81987	-15,167.28	-5,812.27	-20,979.55

根据变动制造费用成本差异结果，实际工时13,195.5小时低于标准工时13,648.88小时，反映出生产效率可能有所提升。而且，实际分配率12.81987低于标准分配率13.969298，表明单位工时成本下降，本期珠江纸业造纸事业七部生产管理部门支出控制得相对比较好，工时控制得也比较合理，可以继续保持。

4. 固定制造费用标准成本控制自动核算

```
import pandas as pd
# 读取Excel文件
file_path = '固定制造费用成本差异分析.xlsx'
df = pd.read_excel(file_path)
# 计算耗费差异、闲置能量差异和效率差异,并保留两位小数
df['耗费差异'] = round(df['实际工时']*df['实际分配率'] - df['预算产量下标准工时']*df['标准分配率'], 2)
df['闲置能量差异'] = round(df['预算产量下标准工时']*df['标准分配率'] - df['实际工时']*df['标准分配率'], 2)
df['效率差异'] = round(df['实际工时']*df['标准分配率'] - df['实际产量下标准工时']*df['标准分配率'], 2)
df['合计'] = round(df['耗费差异'] + df['闲置能量差异'] + df['效率差异'], 2)
# 保存计算结果到新的Excel文件
```

```
new_file_path = '固定制造费用成本差异_计算结果.xlsx'
df.to_excel(new_file_path, index=False)
print("计算完成,结果已保存至:", new_file_path)
```

运行结果如表3-37所示。

计算完成，结果已保存至：固定制造费用成本差异_计算结果.xlsx。

表 3-37 固定制造费用成本差异表

序号	成本项目	预算产量下标准工时（小时）	实际产量下标准工时（小时）	实际工时（小时）	标准分配率	实际分配率	耗费差异	闲置能量差异	效率差异	合计
1	固定制造费用	13,680	13,648.88	13,195.5	793.209064	824.228957	25,013.21	384,309.79	-359,625.13	49,697.87

根据固定制造费用成本差异分析结果显示，胶版纸生产中耗费差异、闲置能量差异为超支差，效率差异为节约差，表明实际生产中工时成本超出预期，可能是折旧方法的改变、管理人员工资的调整等因素造成的。闲置能量差异出现超支差，意味着生产安排不合理，存在产能未充分利用的问题，可能是生产调度不够灵活或市场需求预测不准确所致。而3月胶版纸效率差异出现节约差，说明造纸事业七部本期工时控制得相对较好，可以继续保持。

子任务 2　作业成本法应用

任务导入

【场景】

珠江纸业为了减少间接成本单一分配方式产生的分配结果不准确等弊端。2023年3月份对造纸事业七部的制造费用按照作业成本进行分配。

（1）胶版纸、办公用纸产量、销售单价及相关成本如表3-38所示。

表 3-38 胶版纸、办公用纸产量、销售单价、成本表

项目	胶版纸	办公用纸
产量（吨）	30,700	2,789
销售单价（元）	5,489.57	5,911.04
直接材料单位成本（元）	3,762.01	4,323.07
燃料和动力单位成本（元）	431.64	576.01
直接人工单位成本（元）	44.61	41.77
制造费用（元）	466.1	523.07

（2）胶版纸、办公用纸两种产品耗用质量管理事业部费用2,006,642元，作业项目包括材料接收、质量检验和机器调整准备。假设质量管理事业部员工的熟练程度、等级和工资均无差别，选择工时百分比作为分配资源耗费的资源动因，材料接收、质量检验和机器调整准备的工时百分比分别为30%、60%和10%（见表3-39）。

表 3-39 胶版纸、办公用纸作业量信息

作业项目	作业动因	胶版纸作业量	办公用纸作业量	合计作业量
材料接收	人工小时	1,043	95	1,138
质量检验	检验次数	1,347	930	2,277
机器调整准备	调整准备次数	225	155	380

现需利用Python工具计算胶版纸和办公用纸两种产品应分配核算的质量管理事业部费用。

认知识别

作业成本法（Activity-Based Costing, ABC）是一种现代成本核算方法，它通过识别和分配与生产作业相关的成本，来更准确地计算产品成本。

作业成本法基本步骤：

（1）识别作业，确定组织内的各种作业活动；

（2）归集成本，将成本归集到各个作业中心；

（3）选择成本驱动因素，为每个作业选择适当的成本驱动因素，如工时、材料使用量等；

（4）分配成本，将成本根据成本驱动因素分配到产品或服务；

（5）计算产品成本，累加分配到每个产品上的所有作业成本，得到产品的总成本。

知识拓展

.iloc的用法：在Python的pandas库中，.iloc是一个用于基于行和列的整数位置选择数据的方法。它允许你访问DataFrame或Series中的数据，就像使用传统的Python列表一样。

基本用法：

（1）选择单一元素。

```
import pandas as pd
# 创建一个DataFrame
df = pd.DataFrame({
    'Column1': [1, 2, 3],
    'Column2': ['A', 'B', 'C']
})
```

```
# 使用.iloc选择特定元素,索引从0开始
element = df.iloc[1, 1]  # 选择第二行第二列的元素
print(element)  # 输出: B
```

（2）选择一行。

```
# 使用.iloc选择第二行的所有元素
row = df.iloc[1]
print(row)  # 输出: Column1      2
            #      Column2     B
            # 名称: [1], dtype: int64
```

（3）选择多行。

```
# 使用.iloc选择前两行的所有元素
rows = df.iloc[0:2]
print(rows)
# 输出:
#    Column1 Column2
# 0        1       A
# 1        2       B
```

（4）选择一列。

```
# 使用.iloc选择第一列的所有元素
column = df.iloc[:, 0]
print(column)  # 输出: 0     1
               # 1     2
               # 2     3
               # 名称: Column1, dtype: int64
```

（5）选择多列。

```
# 使用.iloc选择第一行和第二列的元素
columns = df.iloc[:, [0, 1]]
print(columns)
# 输出:
```

```
#    Column1 Column2
# 0        1       A
# 1        2       B
# 2        3       C
```

分析研判

利用Python工具进行作业成本法自动化核算需要进行以下2个操作。

（1）定义作业函数调用。根据珠江纸业的作业活动分类，其存在不同的作业类型、作业动因，为准确进行成本归集与分配。需要精准分析，定义作业函数，并在运行过程中同时准确调用。例如：在分配每项作业总费用时，可以使用for来遍历percentages字典的项，并为每个作业项目调用calculate_cost函数，将结果存储在列表results中，最后这个列表被转换成DataFrameresults_df。

（2）场景中，作业成本法核算逻辑相对比较复杂，需要定位到DataFrame的具体行列，这时.iloc[]函数可以轻松实现该功能。

任务实施

步骤1：导入pandas数据库，根据题面定义总成本、公式百分比，并读取“作业成本数据.xlsx”。

```
import pandas as pd
# 定义总成本
total_cost = 2006642
# 工时百分比
percentages = {
    '材料接收': 30,
    '质量检验': 60,
    '机器调整准备': 10
}
# 读取Excel文件
file_path = '作业成本数据.xlsx'  # 请确保文件路径正确
df = pd.read_excel(file_path, header=0)  # 假设第一行是作业项目标题total_
cost_machine_adjustment = total_cost * (percentages['机器调整准备'] / 100)
```

步骤2：定义函数计算分配费用，并根据人工小时、检验次数和机器调整次数分配计算所有作业项目的费用。

```
# 定义一个函数来计算分配费用
def calculate_cost(allocation, percentage, df, jiaoban_col='胶 版 纸', bangong_col='办公用纸'):
    jiaoban_value = df[df['作业项目'] == allocation][jiaoban_col].values[0]
    bangong_value = df[df['作业项目'] == allocation][bangong_col].values[0]
    total_allocation = total_cost * (percentage / 100)
    jiaoban_cost = round(total_allocation * (jiaoban_value / (jiaoban_value + bangong_value)), 2)
    bangong_cost = round(total_allocation * (bangong_value / (jiaoban_value + bangong_value)), 2)
    return jiaoban_cost, bangong_cost
# 计算所有作业项目的分配费用
results = []
for allocation, percentage in percentages.items():
    jiaoban_cost, bangong_cost = calculate_cost(allocation + '_人工小时' if allocation == '材料接收' else allocation + '_检验次数' if allocation == '质量检验' else allocation + '_调整准备次数', percentage, df)
    results.append({'作业项目': allocation, '纸品类型': '胶版纸', '分配费用': jiaoban_cost})
    results.append({'作业项目': allocation, '纸品类型': '办公用纸', '分配费用': bangong_cost})
```

步骤3：存储数据。

```
# 创建一个新的DataFrame来存储结果
results_df = pd.DataFrame(results)

# 打印结果
print(results_df)
results_df.to_excel('作业成本法计算结果.xlsx')
```

运行结果如表3–40所示。

表 3–40 胶版纸、办公用纸作业分配费用表

	作业项目	纸品类型	分配费用（元）
0	材料接收	胶版纸	551,738.38
1	材料接收	办公用纸	50,254.22
2	质量检验	胶版纸	712,238.94
3	质量检验	办公用纸	491,746.26
4	机器调整准备	胶版纸	118,814.33
5	机器调整准备	办公用纸	81,849.87

风险控制

标准成本法和作业成本法虽然为成本核算提供了有效工具，但在实际应用中各有挑战。

标准成本法可能因市场价格波动和简化假设而受限，需要频繁更新以保持准确性。而作业成本法虽然提供了更细致的成本分配，却面临数据收集难度大、系统复杂性高和可能的过度细分风险。

对策：加强对企业员工的信息化能力的培训，同时，加大对企业信息系统建设投入力度，使企业具备强大的信息系统和灵活的管理策略，以确保在变化的市场环境中保持成本控制的有效性。

任务小结

本任务聚焦于Python在成本管控中的应用，涵盖了标准成本控制自动核算以及作业成本法分析。在珠江纸业任务情景中，学习了如何利用Python工具对直接材料、直接人工、变动制造费用和固定制造费用进行自动核算和差异分析，以及对作业成本分析，提高了成本管控的智能化水平，为进一步的成本管控决策提供数据依据。

项目总结

本项目主要学习了Python在生产决策分析、成本性态分析、生产核算自动化以及作业成本法中的应用。通过这些学习，掌握了如何使用Pandas进行高效的数据处理，以及如何运用统计模型进行成本预测和分析（见图3–3）。了解到了自动化在提高工作效率方面的重要性，并认识到了成本控制对企业决策的指导作用。下一步，需要更深入理解成本核算背后的财务逻辑，加强对Python数据分析工具的掌握，以及提高解决实际问题的能力。同时，应该关注如何将理论知识应用到实践中，不断提升数据分析的深度和广度，以适应不断变化的商业环境和技术发展。

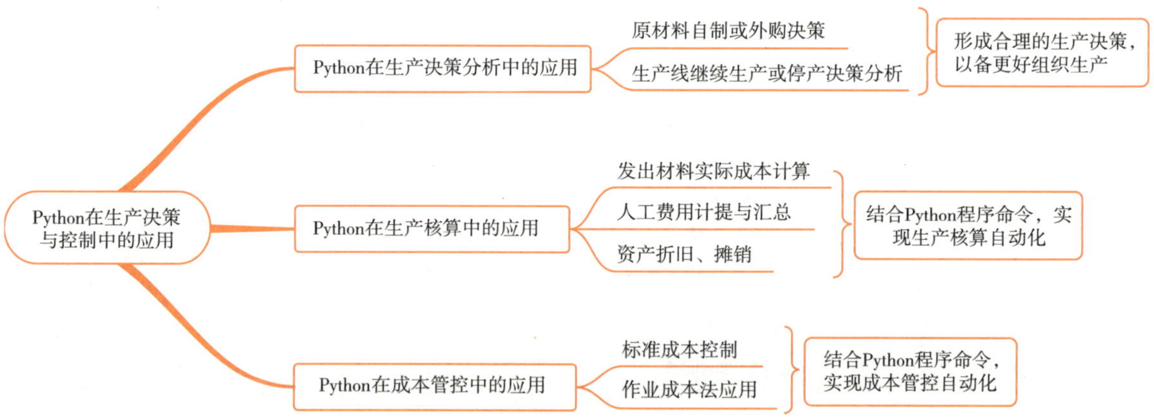

图 3-3 Python 在生产决策与控制中的应用思维导图

课后练习

练习 1：

2023年3月珠江纸业在纸品生产过程中需要轻钙材料12,284.86吨，轻钙作为一种重要的辅料，珠江纸业既可以自制，也可以外购。如果选择外购，轻钙原料实时抓取的价格为790.75元/吨。如果选择化学事业部自制，那么轻钙生产线负担的生产费用有固定费用和变动费用两部分。固定制造费用为189,689.11元，变动费用由直接材料、直接人工、燃料动力和变动制造费用四部分组成，其中，单位直接人工7.35元，单位燃料动力45.48元，单位变动制造费用18.78元。生产轻钙的直接材料包括清水、碳酸钙、重钙、二氧化碳，其中，清水由供排水事业部提供，单位轻钙耗用清水成本6.74元；二氧化碳由珠江纸业的定向供应商提供，单位轻钙耗用二氧化碳成本7.67元；碳酸钙、重钙两种材料，单耗相对稳定，分别为0.184657吨、0.419281吨，碳酸钙的实时价格为717.91元/吨，重钙的实时价格为347.41元/吨。同时，若本年度轻钙自制还需要租入有关专用设备，年租金为12,000元。要求：请做出自制还是外购的决策（见表3-4）。

表 3-41 轻钙成本数据

成本项目	单位成本	成本总额
变动成本_直接材料清水	6.74	82,799.96
变动成本_直接材料碳酸钙		
变动成本_直接材料重钙		
变动成本_直接材料二氧化钙	7.67	94,224.88
变动成本_燃料动力	45.48	558,715.43
变动成本_直接人工	7.35	90,293.72
变动成本_变动制造费用	18.78	230,709.67

续表

成本项目	单位成本	成本总额
变动成本合计		
固定制造费用	–	189,689.11
租金成本	–	12,000
自制轻钙成本总计	–	
外购轻钙成本总计	–	

练习 2：

已知珠江纸业3月胶版纸的固定制造费用成本数据如下：预算产量下的标准工时为13,680小时，实际产量下的标准工时为13,648.88小时，实际工时为13,195.5小时，标准分配率为793.209064元/小时，实际分配率为824.228957元/小时。要求：请你帮助珠江纸业写出Python程序命令，实现固定制造费用两差异分析自动核算（见表3–42）。

表 3–42　固定制造费用两差异分析

序号	成本项目	预算产量下标准工时	实际产量下标准工时	实际工时	标准分配率	实际分配率	耗费差异	能量差异	合计
1	固定制造费用	13,680	13,648.88	13,195.5	793.209064	824.228957			

习题答案

项目4　Python 在销售业务中的应用

学习目标

知识目标

1. 掌握销售流程的关键环节和策略；
2. 理解 Python 在处理销售数据和自动化销售任务中的应用；
3. 了解市场分析的基本原理和常用方法；
4. 学习财务数据的分析技巧和解读方法。

技能目标

1. 运用数据分析能力来识别销售趋势和机会；
2. 应用批判性思维来评估市场策略和销售效果；
3. 利用技术应用能力来提高销售流程的效率和准确性；
4. 运用问题解决能力来应对销售过程中的挑战。

素质目标

1. 培养细致入微的工作态度，确保数据的准确性和完整性；
2. 培养创新思维，不断探索新的销售方法和市场机会；
3. 培养团队合作精神，与团队成员协作以实现共同目标；
4. 培养持续学习的习惯，跟上行业动态和技能更新。

项目情境

根据珠江纸业股份有限公司 2023 年销售策略，开展全面的市场分析，针对具体的市场需求和竞争环境制订有效的销售策略。在这一过程中，公司将深入分析客户反馈，评估产品特性，运用情感分析工具来优化产品定位，并通过数据分析来预测市场趋势，确保销售计划与市场动态同步，实现销售目标的持续增长和市场份额的稳步提升。

任务 1　销售市场分析——产品价格

【教学重点】产品定价的分类和计算；DataFrame 的运用。

【教学难点】预测结果的业务转化与应用；预测风险的识别与防范。

任务导入

【场景】

珠江纸业开始了2023年度的销售预测，公司从宏观经济环境、销售渠道、目标市场、行业趋势四个方面进行了销售市场分析，评估宏观经济环境对纸产品需求和价格的潜在影响，识别了不同渠道的销售量和销售效率，分析了不同产品目标市场的定位和竞争情况。了解了中国造纸行业的多元化发展的趋势，以及环保需求的增加、技术创新的推动、市场结构的变化和全球供应链的挑战。通过一系列的分析，销售部门更好地了解了产品的市场动态。

在2023年的销售预测中，销售部门已经完成了销售量的预测。在对销售价格的预测中，企业根据成本、市场需求、竞争状况、品牌定位和利润目标等因素，确定产品价格。公司产品价格确定采用公司内部测算和外部市场价格相结合的方式综合确定。

在计算产品价格时是采用了成本加成定价、目标利润定价、线性回归定价相结合的方式。印刷用纸和包装用纸，权重分别为45%、25%、30%。办公用纸权重分别为79%、1%、20%。通过计算，公司获得了内部计算出来的纸质产品价格的预测值如表4–1所示。

表 4–1　内部计算价格预测（部分）　单位：元 / 吨

年月	颜B纸价格	轻型纸价格	颜A无价格	轻涂纸价格	胶版纸价格	热敏原纸价格	牛皮包装纸价格	淋膜原纸价格	办公用纸价格
2023年1月	5,543.76	6,076.1	5,748.71	5,765.01	5,458.66	5,778.65	5,285.89	5,044.63	5,572.98
2023年2月	5,543.76	6,076.1	5,748.71	5,765.01	5,458.66	5,778.65	5,255.89	5,044.63	5,572.98
2023年3月	5,722.74	6,076.1	5,748.71	5,765.01	5,458.66	5,778.65	5,285.89	5,064.75	5,572.98

根据产品供需情况，产品价格的确定也需要参考目前的市场价格。依据市场价格数据，企业可以制订或调整自己的定价策略，确保价格竞争力。同时也可以监控竞争对手的定价，了解他们的市场策略和可能的促销活动。市场部决定利用Python技术爬取市场上牛皮纸、办公用纸、颜B纸等产品的市场价格，用来判断内部计算价格的合理性。由于电商和物流行业的发展推动了牛皮纸的需求飞速增长，本次任务决定以牛皮纸为数据爬取对象。

认知识别

产品定价策略包括以下5种定价方式。

1. 线性回归定价

线性回归定价是一种基于统计学原理的定价方法，它通过分析产品价格与销售量之间的关系来确定最优价格点。企业首先收集历史数据或市场数据，运用线性回归模型来预测不同价格水平下的销售量变化，进而计算出预期收益。通过这种方式，企业可以识别出销售量和利润最大化的价格区间，从而制订定价策略。

2. 成本加成定价

这是一种传统的定价方法，企业首先计算生产和运营成本，然后在此基础上加上预期利润率来设定价格。

3. 目标利润定价

是一种以实现企业预定利润为目标的定价策略，企业首先设定一个利润目标，然后基于产品的总成本和预期销售量，通过计算确定必须达到的售价。这种策略要求企业对成本结构有清晰的了解，并且能够准确预测市场需求和消费者的支付意愿。

4. 渗透定价策略

这种策略适用于市场对价格较为敏感的产品，企业通过低价吸引消费者，希望随着规模经济的实现降低成本，并最终获得市场主导地位。

5. 撇脂定价策略

适用于创新产品或高端市场，其中消费者对价格不太敏感，更注重产品的独特价值或品牌声誉。企业可以通过这种策略快速获得高额利润。

这些策略的选择应基于对市场、消费者行为、产品生命周期、竞争对手分析和成本结构的深入理解。企业可能还会结合其他因素，如品牌定位、市场趋势、法规限制等，来决定最终的定价策略。

知识拓展

1. f-string（格式化字符串）

f-string 是 Python 中一种方便的字符串格式化方式，它允许在字符串中直接嵌入表达式和变量值。在 f-string 中，以 f 或 F 开头的字符串会被解释器特殊处理，其中花括号 {} 内可以包含任何有效的 Python 表达式。

示例 使用Python的格式化字符串功能来输出含有变量的文本。

```
name = '芳华'
age = 30
```

```
print(f"我的名字是 {name} ,我今年 {age} 岁了。")
# 输出： 我的名字是 芳华 ,我今年30岁了。
```

计算表达式：

```
a = 10
b = 5
print(f"{a} 和 {b} 之和是 {a + b}。")
# 输出：10 和 5 之和是 15。
```

2. len() 函数

len() 是 Python 中的一个内置函数，用于返回对象的长度或项目数。它适用于许多数据类型，包括列表、元组、字符串、字典和其他可迭代对象。

示例

（1）列表和元组。

```
my_list = [1, 2, 3, 4, 5]
print(len(my_list))  # 输出 5,因为列表中有 5 个元素

my_tuple = ('apple', 'banana', 'cherry')
print(len(my_tuple))  # 输出 3,因为元组中有 3 个元素
```

（2）字符串。

```
my_string = "Hello, World!"
print(len(my_string))  # 输出 13,因为字符串有 13 个字符（包括空格和标点符号）
```

（3）字典。

```
my_dict = {'name': 'John', 'age': 30, 'city': 'New York'}
print(len(my_dict))  # 输出 3,因为字典有 3 个键值对
```

3. value_counts()

value_counts() 是 pandas 库中用于计算指定列中各唯一值出现频率的方法。它返回一个包含唯一值和对应计数的 Series。

示例　使用 DataFrame 对象的 value_counts() 方法对“商品名”列进行操作，计算每个商品名出现的次数。这个方法返回一个 Series 对象，其中索引是唯一的商品名，数据是每个商品名出现的次数。

```
import pandas as pd
data = {
    '商品名': ['牛皮纸A4纸', 'A4纸', '牛皮纸B4纸', '普通纸', '牛皮纸C5纸', '牛皮纸A4纸', 'A4纸'],
    '价格': [10, 15, 20, 5, 25, 10, 15],
    '价格单位': ['元', '元', '元', '元', '元', '元', '元'],
    '单位': ['包', '包', '包', '包', '包', '包', '包'],
    '地址': ['地址1', '地址2', '地址3', '地址4', '地址5', '地址6', '地址7']
}
df = pd.DataFrame(data)
# 计算 '商品名' 列中每个值出现的次数
value_counts = df['商品名'].value_counts()
print(value_counts)
```

输出：

```
牛皮纸A4纸      2
A4纸         2
牛皮纸B4纸      1
普通纸         1
牛皮纸C5纸      1
Name: 商品名, dtype: int64
```

分析研判

珠江纸业销售中心利用Python编程实现自动化数据采集，并对全年物料采购成本进行精确预算。在此过程中，主要完成了以下3项工作。

1. 明确项目目的

运用Python技术收集牛皮纸的市场价格信息，为销售定价和销售决策提供支持。

2. 制订严格的项目流程

确定了数据收集–数据清洗–数据存储–数据分析的业务流程。

通过在原材料采购网站检索牛皮纸数据信息，将收集到的数据进行清洗，以便提高数据质量；对数据进行数据存储，形成数据累计，对数据进行描述性统计分析，计算出牛皮纸价格平均值。

3. 确保目标实现

在珠江纸业的销售市场分析项目中，通过Python爬虫自动搜集了牛皮纸的市场价格数据，包括商品名、价格、价格单位等关键信息，并将其存储与导出为Excel文件。数据预处理过程中，筛选了含有特定关键词的商品，清除了不完整或不一致的数据，统一转换了单位和价格单位，将所有价格标准化为吨为单位的数值形式。通过数据清洗技术去除空数据和异常值，最终计算出牛皮纸的市场平均价格，为产品价格的确定提供了数据支持。

任务实施

步骤 1：数据爬取。

爬取牛皮纸的数据，并将其保存到 Excel 文件中。

```
# 导入必要的库
import requests
import time
import random
import pandas as pd
# A4 纸,牛皮纸
search_name = '牛皮纸' # 此处的搜索词可以更改成所需的商品名,如:A4 纸,牛皮纸
page_num = 100  # 此处为页数,无需更改

# 列标签列表
columns = ['搜索词','商品名','价格','价格单位','单位','地址','类别','公司名称','跳转链接',
'来源']
# 创建一个空的 DataFrame
df = pd.DataFrame(columns=columns)
keyname = []
fullName = []
price = []
jumpUrl = []
unit = []
pCurrency = []
location = []
category = []
fullProviderName = []
fromsource = []
.......(此处省略了具体函数部分,详情见案例代码)
# 运行爬虫程序
main()
# 将列表转换为 DataFrame,每列的数据分别来自对应的变量或字符串
```

```
df['搜索词'] = keyname
df['商品名'] = fullName
df['价格'] = price
df['价格单位'] = pCurrency
df['单位'] = unit
df['地址'] = location
df['类别'] = category
df['公司名称'] = fullProviderName
df['跳转链接'] = jumpUrl
df['来源'] = fromsource
# 用to_excel()写入到指定路径下的 Excel 文件中
df.to_excel(f'{search_name}列表.xlsx')
```

结果如图4–1所示。

```
https://b2b.baidu.com/s/a?ajax=1&csrf_token=41df759e58ad17df389cd94e900a8401&logid=5021914193082486096&fid=0%2C1715909477185&_=1715910571680&q=牛
皮纸&from=search&pi=b2b.s.search...5440980814110092&o=0&p=1&mk=%E5%85%A8%E9%83%A8%E7%BB%93%E6%9E%9C&f=[]&s=30&adn=0&resType=product&fn=%7B
%22brand_name%22:%22%E5%93%81%E7%89%8C%22,%22select_param6%22:%22%E5%B7%A5%E8%89%BA%22,%22select_param5%22:%22%E7%94%A8%E9%80%94%22,
%22select_param1%22:%22%E7%B1%BB%E5%9E%8B%22,%22select_param4%22:%22%E8%AE%A1%E9%87%8F%E5%8D%95%E4%BD%8D%22,
%22select_param2%22:%22%E7%99%BD%E5%BA%A6%22,%22select_param3%22:%22%E5%B9%B3%E6%9D%BF%E8%A7%84%E6%A0%BC%22%7D
https://b2b.baidu.com/s/a?ajax=1&csrf_token=41df759e58ad17df389cd94e900a8401&logid=5021914193082486096&fid=0%2C1715909477185&_=1715910571680&q=牛
皮纸&from=search&pi=b2b.s.search...5440980814110092&o=0&p=2&mk=%E5%85%A8%E9%83%A8%E7%BB%93%E6%9E%9C&f=[]&s=30&adn=0&resType=product&fn=%7B
%22brand_name%22:%22%E5%93%81%E7%89%8C%22,%22select_param6%22:%22%E5%B7%A5%E8%89%BA%22,%22select_param5%22:%22%E7%94%A8%E9%80%94%22,
%22select_param1%22:%22%E7%B1%BB%E5%9E%8B%22,%22select_param4%22:%22%E8%AE%A1%E9%87%8F%E5%8D%95%E4%BD%8D%22,
%22select_param2%22:%22%E7%99%BD%E5%BA%A6%22,%22select_param3%22:%22%E5%B9%B3%E6%9D%BF%E8%A7%84%E6%A0%BC%22%7D
```

图 4–1 爬取数据时输出的网址

步骤2：数据读取。

读取文件，输出时间长度。

```
import pandas as pd
cop_df = pd.read_excel("牛皮纸列表.xlsx")
# 输出长度
print(len(cop_df))
```

结果预览：

524

步骤3：数据清洗。

选取商品名、价格、价格单位、单位、地址、并初步筛选。

```
# 选取商品名、价格、价格单位、单位、地址
cop_df = cop_df[['商品名','价格','价格单位','单位','地址']]
```

```
# 选取含有A4纸或a4纸的行
cop_df = cop_df[cop_df['商品名'].str.contains('牛皮纸', case=False)]
'''
str.contains('牛皮纸', case=False)用于检查'商品名'列中的每个值是否包含 "牛皮纸"字符串。
case=False 表示忽略大小写。
'''
```

结果如表4–2（只展示部分）所示。

表 4–2　数据清洗结果部分展示

商品名	价格	价格单位	单位	地址
铭方纸业　拉力好木浆包装牛皮纸　平装正大度　放心选购	6.00	元	千克	广东东莞
精制黄色牛皮纸　服装打版　一站式供应省心　放心选购	0.50	元	张	广东东莞
利嘉　冲压纸护角专业厂家　牛皮纸　材质优选　支持定制加工	0.44	元	米	山东临沂
成品缓冲牛皮纸售价可议　货源充足口碑良好　品质可靠	3.00	元	米	上海
白牛皮纸淋膜　牛皮纸袋纸　包装纸盒纸　欢迎来电洽谈	1.26	万	吨	江苏苏州
涂布加工厂　支持涂胶　牛皮纸　提高黏接性　适用于装饰厚片　菱科	2.00	元	平方米	江苏连云港
海翔之星定制款　牛黄色卷状牛皮纸　橡胶材质　可定制厚度与宽度	8.80	元	个	广东东莞
防水编织布复合牛皮纸　纸塑拉力强包装膜　PP防潮米黄色编织膜包装纸	10.00	元	千克	广东佛山
牛皮纸定制加工生产　资质齐全　全国可售　优质厚度0.5mm	20.00	元	件	上海
白色礼品盒包装纸　信封纸制作　80g–250g特规改裁白牛皮纸批发	7.40	元	千克	天津
……				

步骤4：数据输出。

查看单位有多少种。

```
# 查看单位有多少种
print(cop_df['单位'].value_counts())
```

结果预览：

```
单位
吨      246
千克    78
令      67
个      30
件      24
```

张　　18
卷　　17
平方米　13
台　　8
米　　3
箱　　3
PCS　2
本　　2
次　　2
根　　1
套　　1

步骤5：数据转化。

将价格转化为数值，不能转化的用NaN填充。

```
# 将价格转化为数值,不能转化的用NaN填充
cop_df['价格'] = pd.to_numeric(cop_df['价格'], errors='coerce')
# 去除价格为NaN的行
cop_df = cop_df.dropna(subset=['价格'])
```

步骤6：数据清洗。

只保留单位合理且数量排行前二的数据。

```
# 只保留单位合理且数量排行前二的数据
cop_df = cop_df[cop_df['单位'].isin(['吨','千克'])]
```

结果如表4-3（只展示部分）所示。

表 4-3　　数据清洗结果部分展示

商品名	价格	价格单位	单位	地址
铭方纸业　拉力好木浆包装牛皮纸　平装正大度　放心选购	6.00	元	千克	广东东莞
白牛皮纸淋膜　牛皮纸袋纸　包装纸盒纸　欢迎来电洽谈	1.26	万	吨	江苏苏州
防水编织布复合牛皮纸　纸塑拉力强包装膜　PP防潮米黄色编织膜包装纸	10.00	元	千克	广东佛山
白色礼品盒包装纸　信封纸制作　80g–250g特规改裁白牛皮纸批发	7.40	元	千克	天津
纯木浆伸性牛皮纸70g、80g、90g、100g阀口袋蜂窝包装缓冲包装	6,300.00	元	吨	广东东莞
35克双光单光白牛皮纸　玻璃衬纸　平张单　光白牛　皮纸	7.42	元	千克	广东东莞
领蓝　抗拉伸抗撕裂　按需定制　多种尺寸　淋膜牛皮纸　食品级	9.80	元	千克	江苏苏州
美国GP牛皮纸　高强纸袋　纯木浆　防水防潮　65g–100g	4,900.00	元	吨	广东东莞

续表

商品名	价格	价格单位	单位	地址
淋膜防油纸袋纸　支持定制　多行业适用　防黏纸　欢迎来电	10.00	元	千克	山东潍坊
覆黑膜牛皮纸　用于PS版的遮光包装和纸袋等　全国发货	9.50	元	千克	河南南阳
牛皮纸牛卡纸卷筒60g-450g　规格齐全耐破度高，能承受较大拉力	4,000.00	元	吨	广东东莞
工业防潮牛皮纸　食品包装用淋膜纸　长度颜色均可定制	6,000.00	元	吨	山东潍坊
无塑环保包装纸　防水牛皮纸　购物纸袋原纸厂家	6,500.00	元	吨	广东东莞

步骤7：数据处理。

单位和价格单位统一。

```
def unit_transform(df):
    # 获取单位为千克的数据转化为吨
    df.loc[df['单位'] == '千克', '价格'] = df['价格'] * 1,000
        # 将单位统一为吨
    df['单位'] = '吨'
        # 获取单位为千克的数据转化为吨
    df.loc[df['价格单位'] == '万', '价格'] = df['价格'] * 10,000
        # 将单位统一为吨
    df['价格单位'] = '元'
    return df
cop_df = unit_transform(cop_df)
```

步骤8：数据清洗。

去除空数据，并将价格转化为数值类型。

```
# 去除空数据,并将价格转化为数值类型
def cop_data(df):

    #去除价格单位为空的数据,notnull()用于检查值是否为非空（非NaN或非None）
    df = df[df['价格单位'].notnull()]
    #去除单位为空的数据
    df = df[df['单位'].notnull()]

    return df
cop_df = cop_data(cop_df)
```

步骤9：数据清洗。

去除价格异常值。

```
# 去除价格异常值
def clean_price_data(df):
    """使用孤立森林算法去除价格异常的行"""
    from sklearn.ensemble import IsolationForest # IsolationForest 是一种无监督学习算法,主要用于异常检测。
    # 定义特征,从输入的 DataFrame 中提取'价格'列,作为特征数据
    X = df[['价格']]

    # 创建孤立森林模型
    model = IsolationForest(contamination=0.1, random_state=42)
    model.fit(X)
    '''
    创建一个孤立森林模型,contamination 参数设置为0.1,表示数据中有10%的异常值。
    random_state 参数确保每次运行结果一致。然后使用 fit 方法训练模型。
    '''
    # 预测异常值,返回1表示正常值,-1表示异常值
    df['anomaly'] = model.predict(X)

    # 去除异常值，过滤掉 anomaly 列中值为 -1 的行,只保留正常值的行
    df_cleaned = df[df['anomaly'] == 1].drop(columns=['anomaly'])
    # 重置索引
    df_cleaned.reset_index(drop=True, inplace=True)
    # 返回去除了异常值的 DataFrame
    return df_cleaned
cop_df = clean_price_data(cop_df)
```

步骤10：数据处理。

计算牛皮纸均价。

```
# 计算均价
mean = round(cop_df['价格'].mean(),2)
print('牛皮纸的均价为:',mean,'元/吨')
```

结果预览：

牛皮纸的均价为：8,861.82 元/吨。

通过分析计算，获得了牛皮纸价格平均值，管理层根据企业内部测算的价格和市场获取的平均价格进行比较，综合考虑成本、需求、品牌等因素，合理确定牛皮纸的销售定价。

风险控制

1. 依赖单一数据源风险

如果爬取的数据只来自单一渠道，可能无法全面反映市场情况。企业需要多元化数据来源，结合多个电商平台、行业报告和市场调研数据。

对策：企业在进行市场分析时，应采取多元化的数据采集策略，以避免过度依赖单一渠道可能带来的片面性。这包括整合来自不同电商平台、社交媒体平台、行业报告和市场调研的数据。此外，建立数据融合机制，将不同来源的数据进行综合分析，以获得更全面的市场视角。定期审查和更新数据源，确保数据的时效性和准确性，同时利用API集成技术，实现数据的自动化采集和更新，以降低对单一数据源的依赖。

2. 数据解读风险

对爬取的数据解读不准确，可能导致错误的市场判断和决策。这要由专业人员进行数据分析，并结合市场经验和其他信息源进行综合判断。

对策：为了减少数据解读不准确带来的风险，企业需要建立一个由专业人员组成的数据分析团队，他们将使用先进的分析工具和算法来深入解读数据。通过交叉验证不同来源的数据，可以减少单一数据源可能带来的偏差。同时，定期对团队进行市场趋势和分析方法的培训，确保他们的知识与技能能够跟上市场的发展。此外，建立有效的反馈机制，根据市场的实际反馈来调整数据分析方法和策略，以提高决策的准确性和可靠性。

任务小结

在珠江纸业的销售市场分析项目中，设计了一系列连贯的步骤，确保了从数据的收集到最终的数据预处理的每个环节都紧密相扣。第一，通过Python在各相关网站上进行了市场数据收集，确保了可靠的数据来源。第二，数据清洗过程移除了异常值和填补了缺失值，这一关键步骤显著提升了数据的准确性。数据存储也极大地方便了数据的检索和访问，为数据分析提供了便捷的通道。第三，在数据预处理环节，通过描述性统计分析，获得了牛皮纸价格平均值这一关键指标，结合企业内部的成本结构、市场需求分析、品牌定位等多重因素，为管理层提供了决策参考，帮助他们合理地确定了牛皮纸的销售定价。第四，通过这一系列缜密的分析和预处理步骤，珠江纸业能够更加精准地把握市场动态，制订出更具竞争力的定价策略，从而在激烈的市场竞争中保持优势。

任务2 销售市场分析——客户评价

【教学重点】市场洞察与数据分析；产品特性与情感分析。

【教学难点】文本处理与模型选择。

任务导入

【场景】

基于2023年度销售预测的深入分析，珠江纸业股份有限公司进一步认识到了电子商务浪潮中消费者在线反馈的重要性。珠江纸业股份有限公司，作为国内造纸行业的佼佼者，正站在市场多样化和消费者个性化需求的十字路口。为了深入理解目标市场，提升产品品质，优化客户服务，公司决心运用尖端的数据分析技术，细致挖掘电商平台上的客户之声。

牛皮纸在包装行业中增速迅猛，而且当前国内市场存在供需缺口，技术水平与高端产品相比存在差距，同时珠江纸业在该领域的市场份额正面临下滑挑战，需要通过市场分析来制订有效的策略以稳定并提升其市场地位。

本次任务决定开展一项创新的市场分析项目，核心目标是深度分析客户对牛皮纸的在线评价。项目旨在实现四项关键洞察：

（1）精确衡量客户对牛皮纸的满意度，筛选出普遍的正面或负面声音；

（2）识别客户评价中特别关注的产品特性，例如纸张的厚度、强度、环保属性等；

（3）运用情感分析工具，评估每条评价的情感倾向，区分积极、消极或中立情绪；

（4）根据客户的直接反馈，预测市场趋势，为未来的产品创新和市场定位策略提供数据支撑。

认知识别

客户行为分析是企业深入理解目标市场并制订有效市场策略的关键。

1. 购买动机分析

企业需要识别和理解客户购买行为背后的内在驱动力，包括对产品功能、品质、价格或品牌价值的需求，以及客户的情感和心理因素。

2. 品牌忠诚度评估

评估客户对品牌的忠诚度，了解他们对品牌的信任和重复购买的意愿。高忠诚度通常意味着客户对品牌有较高的满意度和情感连接。

3. 心理因素考量

考虑客户购买决策中的心理因素，如个人态度、感知、情感和文化背景，这些因素可以显著影响客户对产品的选择和偏好。

4. 客户行为的量化分析

应用数据分析工具和技术，如客户行为分析软件和市场调研，对客户的购买行为进行量化研究，以预测市场趋势和客户需求。

通过对客户行为进行分析，企业能够更精准地把握客户的行为模式，从而设计出更具吸引力的产品特性和营销策略，提高市场竞争力和客户满意度。

知识拓展

strip() 函数：strip() 是 Python 字符串方法之一，用于移除字符串开头和结尾的指定字符（默认为空白字符，包括空格、换行符、制表符等），它不修改原字符串，而是返回一个新的字符串。

```
str.strip([chars])
```

str：要处理的字符串。

chars（可选）：指定要移除的字符集合。如果不提供，则默认为移除空白字符。

示例　使用字符串的 strip() 方法来移除字符串两端的字符。

```
#移除空白字符
text = "   Hello, World!   "
stripped_text = text.strip()
print(f"'{stripped_text}'")  # 输出：'Hello, World!'

#移除特定字符
text = "###Hello, World!###"
stripped_text = text.strip("#")
print(f"'{stripped_text}'")  # 输出：'Hello, World!'

#移除多个字符
text = "abcHello, World!cba"
stripped_text = text.strip("abc")
print(f"'{stripped_text}'")  # 输出：'Hello, World!'
```

分析研判

本场景旨在通过Python的强大数据分析能力，深入挖掘和理解客户评价数据，以获得市场趋势的洞察力，可以通过以下5种方式来实现。

1. 市场分析

市场分析涉及对目标市场的需求、消费者行为、市场趋势、竞争环境和潜在机会的系统性研究。珠江纸业需要运用市场调研方法来收集一手数据。此外，还需进行竞争分析，评估竞争对手的市场表现和策略。

2. 客户反馈分析

客户反馈分析是通过对客户评价和反馈的收集、分类和量化分析来理解消费者对产品的看法和需求。珠江纸业应使用文本分析技术，如关键词提取和主题建模，来识别客户评价中的常见主题和情感倾向。同时，应用数据挖掘技术，如聚类分析，来发现客户反馈中的模式和趋势。

3. 情感分析

情感分析是一种文本分析方法，用于识别和分类文本数据中的情感倾向，如积极、消极或中立的情绪。珠江纸业可以应用自然语言处理（NLP）技术，如情感词典、机器学习模型，来自动分析客户评价的情感色彩。这有助于公司快速识别消费者对产品的情感反馈，从而做出相应的产品改进和服务优化。

4. 营销策略

营销策略的制订需要基于深入的市场分析和客户反馈。珠江纸业应考虑市场定位、产品差异化、促销活动和渠道策略，运用市场细分方法来识别不同的消费者群体，并根据他们的需求和偏好订制营销信息。

5. 财务数据分析

财务数据分析包括对成本、收益、投资回报率和其他财务指标的评估。珠江纸业需要运用财务模型来预测市场分析和产品创新的经济效益，这涉及到成本效益分析，计算项目成本与预期收益之间的关系；以及投资回报率（ROI）的计算，评估投资的盈利能力。此外，还需进行风险评估，以识别和量化潜在的财务风险。

任务实施

步骤1：数据读取。

从Excel文件中读取数据并将其存储到pandas库中的DataFrame对象。

```
import pandas as pd
import datetime
# 从Excel文件中读取数据
df = pd.read_excel("E:/中转站/词云文本.xlsx") #"E:/中转站/词云文本.xlsx":
```

这是Excel文件的完整路径,包括文件名和扩展名。注意,这里的路径是示例,实际使用时应根据文件的实际存储位置进行相应的修改。

结果如图4-2所示。

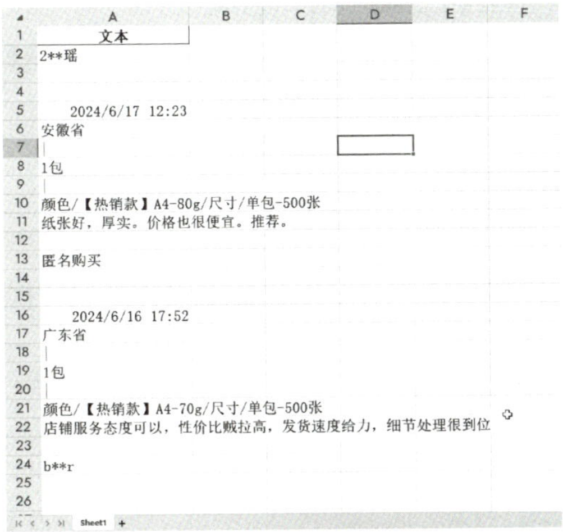

图 4-2　数据读取结果展示

步骤2：数据处理。

从数据集中移除不相关的、错误的或不完整的信息，从而为后续的数据分析打下坚实的基础。

```
# 假如值为"|"/"匿名购买"就删除,包含"卷","规格"等,还有检测为时间类型数值也删除
def delete_symbol(x):
    try:# 条件判断:函数内部使用 try 块来捕获并处理可能出现的异常,确保函数的健壮性
        if x == "|" or x == "匿名购买":
            return None
        elif type(x) == datetime.datetime:
            return None
        elif "包" in x or "颜色" in x or "*" in x or "省" in x or "市" in x:
            return None
        else:
            return x
    except:
        print(x)
        return None
```

```
'''
这段代码定义了一个名为 delete_symbol 的函数,用于对文本数据进行清洗。具体操作如下:
如果值为 "|" 或 "匿名购买",返回 None。
如果值的类型为 datetime.datetime,返回 None。
如果值中包含特定的关键词(如 "包","颜色","*","省","市"),返回 None。
否则,返回原值。
'''
```

步骤3：数据清洗。

数据清洗过程的实现部分，目的是进一步净化数据集，确保数据的质量和一致性。

```
#去除空行
df = df.dropna()
# 删除值为"|"的行
df["文本"] = df["文本"].apply(delete_symbol)
#去除空行
df = df.dropna()
# 去除值中的空格
df["文本"] = df["文本"].apply(lambda x: x.replace(" ",""))
df.to_excel("E:/中转站/词云文本_已处理.xlsx")
```

步骤4：数据处理。

这是文本处理流程中的一个关键环节，它涉及到使用中文分词库 jieba 对文本进行分词处理，以及加载和应用停用词列表来过滤掉文本中的常见但对分析意义不大的词汇。

```
# jieba 是一个用于中文分词的第三方库。它支持三种分词模式:精确模式、全模式和搜索引擎模式,能够有效地处理中文文本。
import jieba
# 加载停用词
stopwords = [line.strip() for line in open("E:/中转站/hit_stopwords.txt", 'r', encoding='utf-8').readlines()]
'''
停用词 是在文本处理中经常需要过滤掉的词,比如"的""了""在"等。这段代码的作用是从指定路径 E:/中转站/hit_stopwords.txt 中加载停用词,并将它们存储到一个列表 stopwords 中。
具体步骤如下:
```

```
打开文件:使用open函数打开文件hit_stopwords.txt,以读取模式('r')和utf-8编码。
读取行:使用 readlines() 方法将文件中的所有行读入列表。
去除空白字符:使用列表推导式和 strip()方法去除每一行两端的空白字符(包括换行符)。
'''
# 读取cy_text.txt文件
cy_text = open("E:/中转站/cy_text.txt", "r", encoding="utf-8").read()
```

步骤5：数据清洗。

在这个步骤中，首先使用 jieba 库对文本进行分词处理，然后将分词结果中的停用词去除，以净化文本数据，为后续的文本分析或词云生成等操作提供更有价值的信息。

```
# 使用 jieba.cut 对文本进行分词,并用空格连接所有分词结果。
cy_text = " ".join(jieba.cut(cy_text))
#去除停用词
# 根据实际情况增加停用词
add_stopwords = ["湖南省","浙江省","满意","给出","五星","好评","觉得","赞","很",
"用户","商品","非常" ,"真", "特别", "真的", "不错", "好", "太", "这个", "就", "还
", "很多", "比较", "已经", "很", "很快", "感觉", "客服", "卖家", "西", "发货", "质
量", "买", "使用", "纸", "评价", "价格", "不错", "效果", "合适", "满意", "图", "纸张",
"A4"]
stopwords = stopwords + add_stopwords
text = " ".join([word for word in cy_text.split() if word not in stopwords])
'''
cy_text.split():
cy_text 是已经分词并用空格连接的字符串。
split() 方法将 cy_text 按照空格分割成一个单词列表。
[word for word in cy_text.split() if word not in stopwords]:
遍历 cy_text.split() 生成的单词列表,对于每个 word:
检查 word 是否在 stopwords 列表中。
如果 word 不在 stopwords 列表中,则保留该 word。
如果 word 在 stopwords 列表中,则去除该 word。
" ".join([...]):
将列表推导式生成的新单词列表用空格 " " 重新连接成一个字符串。
这样就得到了一个不包含停用词的字符串 text。
'''
```

步骤6：数据可视化。

词云图是一种可视化文本数据中单词频率的方法，单词的字体大小通常与其在文本中出现的频率成正比。

```
#绘制词云图,WordCloud 是 wordcloud 库中的一个类,用于生成词云图。
from wordcloud import WordCloud
import matplotlib.pyplot as plt
# 设置词云参数
wc = WordCloud(
    font_path="C:/Windows/Fonts/simhei.ttf",
    background_color="white",
    width=800,
    height=600,
    max_font_size=50,
    min_font_size=10
).generate(text)
'''
font_path:指定字体路径,这里使用的是黑体字体 (simhei.ttf),以确保中文字符能够正
确显示。
background_color:设置词云的背景颜色为白色。
width 和 height:设置词云图的宽度和高度。
max_font_size:设置词云中最大字体的大小。
min_font_size:设置词云中最小字体的大小。
generate(text):使用预处理后的文本 text 生成词云图。
'''
# 绘制词云图
plt.figure(figsize=(10, 8))
# interpolation='bilinear':插值方法,用于平滑图像。bilinear 插值是一种在图像缩
放或显示时使用的常用方法,它通过在最近的四个像素之间进行双线性插值来计算新像素的值,
从而使图像看起来更加平滑。
plt.imshow(wc, interpolation='bilinear')
plt.axis("off")
plt.show()
```

运行结果如图 4–3 所示。

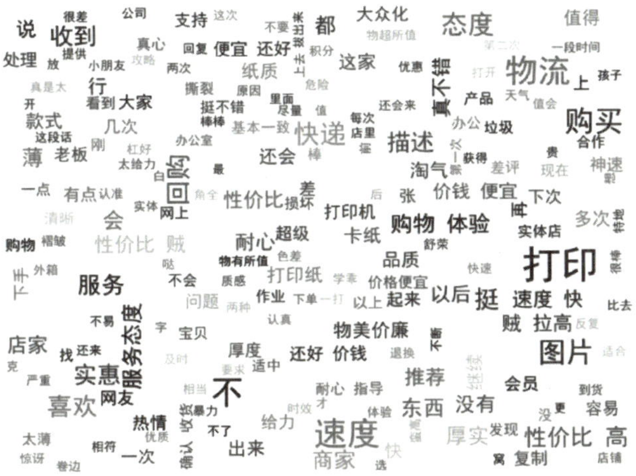

图 4–3　客户评价词云图

词云图分析揭示了消费者对产品的正面评价，尤其是对性价比、打印质量和服务态度的认可。频繁出现的词汇如“优质”“真心”“物美价廉”显示了产品的吸引力，而“服务态度”和“耐心指导”则体现了服务的高标准。但是仍然存在一些负面词汇，如“差评”等，这要求关注并解决消费者的具体问题。

针对上述的词云图分析，本企业的销售决策应该包括深入分析这些评价以识别自身产品与服务的相对优势和不足，然后制订针对性的市场策略来强化优势如性价比和打印质量，同时改善服务流程以提升客户体验；此外，企业应积极利用社交媒体和其他营销渠道来传播正面评价，提高品牌知名度，并通过会员计划和促销活动来增加客户黏性；对于负面评价，企业需要建立有效的反馈机制，快速响应并解决消费者的具体问题，以维护品牌形象并提升客户满意度。

风险控制

负面评价的放大效应：在客户评价中，负面评价可能因为情感色彩强烈而被过度放大，这可能导致客户对产品或服务的负面看法过于偏重，影响品牌形象和客户信任度。

对策：首先，通过运用情感分析工具对客户评价进行细致的情感倾向性分类，以实现对正面和负面反馈的客观平衡分析；其次，对负面评价进行深入的上下文分析，考量其具体情况，避免因断章取义而导致分析偏差，确保评价分析的全面性和真实性；最后，企业应主动与提出负面评价的客户进行沟通，深入了解并解决他们的问题和需求，不仅能够及时化解不满，还可以根据客户的反馈对产品和服务进行持续的优化和改进。通过这些措施，企业可以更好地维护客户满意度和忠诚度，同时促进品牌形象和市场地位的稳固提升。

通过对客户评价分析中潜在风险点的识别和管控，企业可以更准确地把握客户需求和市场动态，制订有效的营销策略和产品改进措施。同时，通过积极应对和解决负面评价，企业能够维护良好的品牌形象和客户关系，促进业务增长和提高市场竞争力。

任务小结

通过本任务的实施，珠江纸业股份有限公司得到了实质性的市场洞察和数据分析支持。首先，利用Python技术对电商平台上的客户评价进行了深入挖掘，精确衡量了客户满意度，识别了客户特别关注的产品特性，并运用情感分析工具区分了评价的情感倾向。这些分析结果帮助企业预测市场趋势，为产品创新和市场定位策略提供了有力的数据支撑。其次，通过客户行为分析，企业更深入地理解了客户的购买动机和品牌忠诚度，为制订更具吸引力的营销策略打下了坚实基础。最后，技术的应用提升了数据处理的效率和准确性，财务数据分析则为企业的经济效益评估和风险管理提供了重要参考。总而言之，本任务的完成显著增强了企业在市场中的竞争力，确保了客户满意度和忠诚度的持续提升。

任务3　竞争对手分析

【教学重点】市场分析与策略制订。

【教学难点】行业比较分析；风险管理与策略优化。

任务导入

【场景】

在电子商务市场分析项目的基础上，珠江纸业股份有限公司进一步认识到了竞争对手分析的重要性。珠江纸业作为一家在华南地区具有一定市场份额的造纸企业，近年来随着国内外市场需求的增长和变化，以及环保法规的日益严格，正站在转型升级的十字路口。为了在未来的市场竞争中保持优势，珠江纸业需要深入分析其竞争对手，尤其是行业内的优秀企业如玖龙纸业、理文造纸、晨鸣纸业、太阳纸业、景兴纸业等，它们凭借规模经济和先进的生产技术占据市场主导地位。

本任务决定以景兴纸业作为竞争对手分析对象。珠江纸业在进行竞争对手分析后，财务部门需要综合考虑各种因素，评估自身的竞争地位，探索差异化的竞争优势，并制订相应的市场策略来应对挑战，把握行业发展的新机遇。

认知识别

竞争对手分析是企业战略的核心，它不仅帮助企业精确定位市场、制订策略、创新产品，还能洞察趋势、评估风险、优化客户体验，并在必要时寻求合作以应对市场挑战。竞争对手分析可以从以下3个维度进行计算分析：偿债能力、盈利能力以及营运能力。

1. 偿债能力分析

（1）流动比率：计算流动资产与流动负债的比值，通常大于2表示公司有足够的流动资产来覆盖短期债务。

（2）速动比率：计算速动资产与流动负债的比值，排除存货等资产的影响，更严格地衡量短期偿债能力，通常大于1表示公司有足够的速动资产来覆盖短期债务。

（3）资产负债率：计算总负债与总资产的比值，是一个重要的财务指标，用来衡量公司资产中有多少是通过债务融资的，它反映了公司的资本结构和财务杠杆水平。

（4）产权比率：产权比率是负债总额与所有者权益总额的比率，是衡量公司财务结构的一个重要指标，它反映了公司的资本结构中股东权益所占的比重。

2. 盈利能力分析

（1）毛利率：是衡量公司销售收入中毛利润所占比例的财务指标，毛利润是指销售收入减去销售成本（不包括其他营业费用和税费）后的余额，它反映了公司产品或服务的盈利空间。

（2）销售净利率：也称为净利润率，是衡量公司盈利能力的一个重要财务指标，它表示公司每单位销售收入中能够转化为净利润的比例。

（3）营业利润率：是衡量公司主营业务盈利能力的财务指标，它反映了公司在扣除了营业成本和营业费用（但不包括利息和税收）后，从其主营业务中获得的利润占销售收入的比例。

（4）净资产收益率（ROE）：是衡量公司利用股东资本获得利润的能力的财务指标，它表示公司每单位股东权益能够创造的净利润。ROE是投资者和分析师非常关注的指标，因为它直接关系到股东的投资回报。

3. 营运能力分析

（1）存货周转率：计算销售成本与平均存货的比值，反映公司存货的周转速度。

（2）应收账款周转率：计算营业收入与平均应收账款的比值，反映公司收账的速度。

（3）流动资产周转率：计算营业收入与平均应收账款的比值，是一个衡量公司使用流动资产产生销售收入的效率的财务指标，它反映了公司在一定时期内流动资产的周转速度。

（4）总资产周转率：计算营业收入与平均总资产的比值，反映公司资产的利用效率。

通过Python爬取出来竞争对手相关财务指标之后，珠江纸业可以通过对其指标与自身进行对比分析，评估珠江纸业自身的竞争地位。

知识拓展

sns.lineplot 函数：sns.lineplot 是seaborn 库中用于绘制折线图的函数。它可以简化matplotlib 的使用，并提供了一些额外的美化选项。

示例　使用seaborn和matplotlib库来创建并显示一个折线图，该图展示了从2015年到2019年的销售额变化趋势。

```
import seaborn as sns
import matplotlib.pyplot as plt
import pandas as pd

plt.rcParams['font.sans-serif'] = ['SimHei']
# 创建一个包含年份和销售额的数据框(DataFrame),其中'年份'和'销售额'是列名,对应的数据是列表中的数值
data = pd.DataFrame({
    '年份': ['2015', '2016', '2017', '2018', '2019'],
    '销售额': [200, 300, 400, 350, 500]
})
#使用sns.lineplot绘制折线图,x轴的数据为'年份'列,y轴的数据为'销售额'列,数据来源是data数据框
sns.lineplot(x='年份', y='销售额', data=data)
# 显示图形
plt.show()
```

输出如图4–4所示。

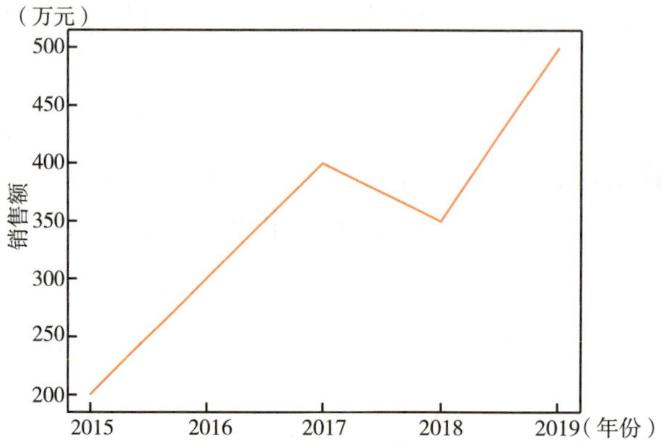

图 4–4 销售额变化折线图

分析研判

选择东方财富网和新浪财经等权威且更新频繁的数据源，利用Python语言，通过requests和BeautifulSoup等工具提取景兴纸业的财务数据，包括营运能力、盈利能力和偿债能力等关键指标。数据经过pandas库清洗，包括去除重复项、填补或删除缺失值，并进行标准化处理。清洗后的数据存储于CSV或Excel文件中，便于分析和复用。最后，使用matplotlib、seaborn或plotly等库将数据转化为直观的时间序列图、柱状图等可视化图表，清晰展现景兴纸业的财务状况。

在对景兴纸业的财务指标进行数据爬取、清洗与可视化分析的基础上，公司应超越单一企业视角，通过收集和分析其他上市纸业公司的财务数据，扩展至行业层面的比较研究。此举将使珠江纸业股份有限公司能够通过横向对比，深入剖析自身在偿债、营运和盈利能力方面的行业地位，识别并量化其优势与劣势。

进一步地，财务指标分析需要深入挖掘潜在风险，例如评估高负债率或流动性不足等问题，为公司提供制订风险缓解策略的依据。基于综合分析结果，为珠江纸业股份有限公司提出策略建议，涵盖提高成本效率、优化产品结构、加强市场推广等方面的建议，以强化其市场竞争力。

任务实施

通过Python爬取珠江纸业竞争对手景兴纸业连续5年的偿债能力指标、盈利能力指标和营运能力指标，用于做后期的对比分析。

步骤1：数据准备。

导入库并初始化。

```
import pandas as pd
import tushare as ts
pro = ts.pro_api('token')  #此处的token需从别处获取
```

步骤2：数据爬取。

获取五年数据。

```
# 获取财务指标数据
fina_df=pro.fina_indicator(ts_code='002067.SZ',start_date='20180101',end_
date='20231231',fields='ts_code,end_date,roe,grossprofit_margin,netprofit_
margin,profit_to_gr,current_ratio,quick_ratio,debt_to_assets,debt_to_
eqt,inv_turn,ar_turn,assets_turn,ca_turn')
'''
pro.fina_indicator: 这是 Tushare 提供的用于获取上市公司财务指标数据的接口。
t s_code 是股票代码
start_date 和 end_date 分别表示获取数据的起始和结束日期，日期格式为 'YYYYMMDD'
fields 指定需要获取的字段。
执行这行代码后,fina_df 将包含 002067.SZ 股票在 2018 年 1 月 1 日到 2023 年
12 月 31 日期间的财务指标数据。
'''
```

步骤3：数据处理。

更改列名并根据日期给数据排序。

```
# 更改列名
name_dict = {
    "ts_code": "TS代码",
    "end_date":"报告期",
    "roe": "净资产收益率",
    "grossprofit_margin": "销售毛利率",
    "netprofit_margin": "销售净利率",
    "profit_to_gr": "净利润/营业总收入",
    "current_ratio": "流动比率",
    "quick_ratio": "速动比率",
    "debt_to_assets": "资产负债率",
    "debt_to_eqt": "产权比率",
    "inv_turn": "存货周转率",
    "ar_turn": "应收账款周转率",
    "assets_turn": "总资产周转率",
    "ca_turn": "流动资产周转率"
}
fina_df.rename(columns=name_dict, inplace=True)
'''
rename() 方法用于重命名 DataFrame 的列名。
inplace 参数表示是否在原始数据框上直接进行修改。设置为 True 表示在原数据上进行修改。
'''
# 按照日期排序
fina_df.sort_values('报告期', inplace=True)
```

步骤4：数据可视化。

绘制盈利能力指标折线图。

```
# 绘制净资产收益率,销售毛利率,销售净利率,净利润/营业总收入的折线图
import matplotlib.pyplot as plt
import seaborn as sns
```

```
# 设置中文字体
plt.rcParams['font.sans-serif'] = ['SimHei']
plt.rcParams['axes.unicode_minus'] = False
# 设置图片大小
plt.figure(figsize=(12, 6))
# 绘制净资产收益率,销售毛利率,销售净利率,净利润/营业总收入的折线图
sns.lineplot(x='报告期', y='净资产收益率', data=fina_df, label='净资产收益率')
sns.lineplot(x='报告期', y='销售净利率', data=fina_df, label='销售净利率')
sns.lineplot(x='报告期', y='销售毛利率', data=fina_df, label='销售毛利率')
plt.xticks(rotation=45)
plt.title('盈利能力指标')
# 手动设置 y 轴标题
plt.ylabel('指标值')
plt.show()
```

结果预览如图4–5所示：

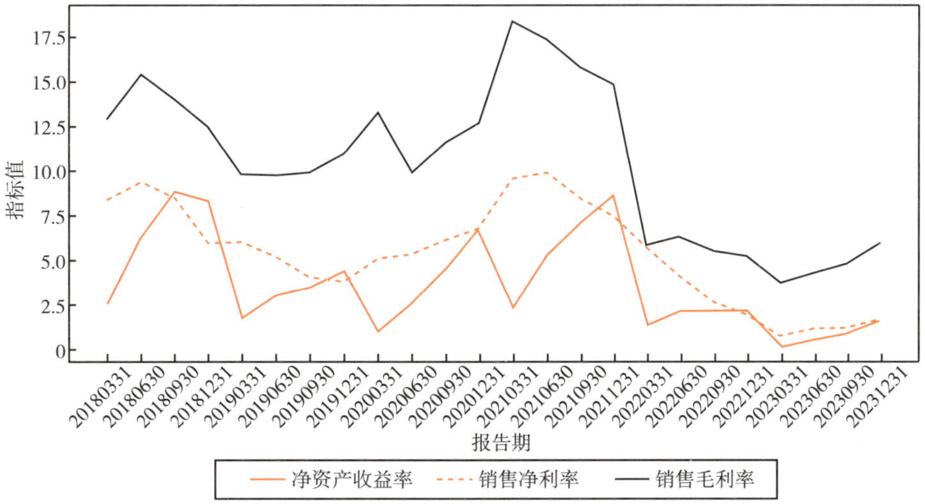

图 4–5　盈利能力指标折线图

图4–5展示了净资产收益率、销售毛利率、销售净利率和营业利润率随时间的变化，显示了这些指标在不同时间点的数值，可以帮助分析者观察和比较不同时间段内公司的盈利能力。

步骤5：数据可视化。

绘制偿债能力指标折线图。

```
# 绘制流动比率,速动比率,资产负债率,产权比率的折线图
# 设置图片大小
plt.figure(figsize=(12, 6))
# 绘制流动比率,速动比率,资产负债率,产权比率的折线图
sns.lineplot(x='报告期', y='流动比率', data=fina_df, label='流动比率')
sns.lineplot(x='报告期', y='速动比率', data=fina_df, label='速动比率')
sns.lineplot(x='报告期', y='资产负债率', data=fina_df, label='资产负债率')
sns.lineplot(x='报告期', y='产权比率', data=fina_df, label='产权比率')
plt.xticks(rotation=45)
plt.title('偿债能力指标')
# 手动设置 y 轴标题
plt.ylabel('指标值')
plt.show()
```

结果预览如图4–6所示：

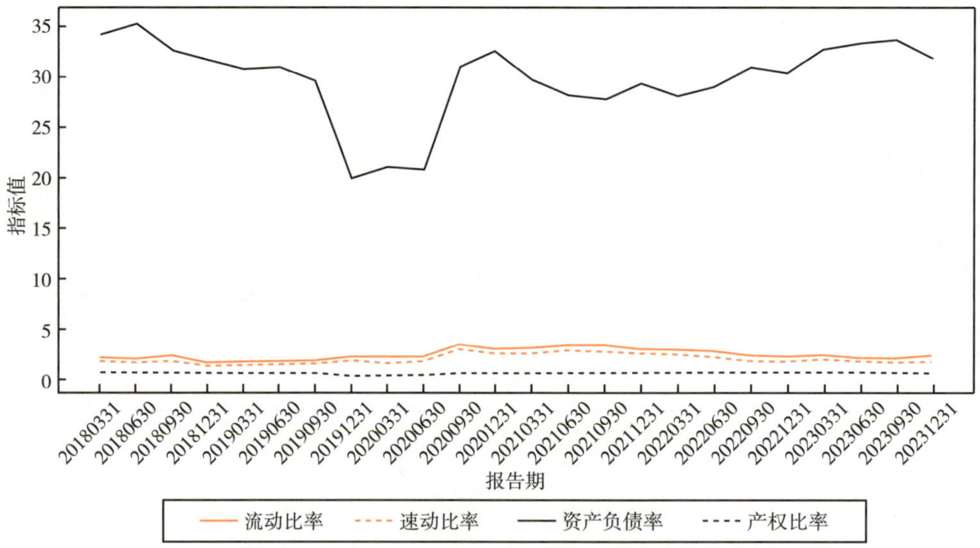

图 4–6 偿债能力指标折线图

图4–6展示了流动比率、速动比率、资产负债率和产权比率随时间的变化，显示了这些指标在不同时间点的数值，可以帮助分析者观察和比较不同时间段内公司的偿债能力。图中Y轴的数值范围从0到35，显示了这些比率在一定时期内的波动情况。通过这些图，企业决策者可以更好地理解公司的财务健康状况和偿债风险。

步骤6：数据可视化。

绘制营运能力指标折线图。

```
# 绘制存货周转率,应收账款周转率,总资产周转率,流动资产周转率的折线图
# 设置图片大小
plt.figure(figsize=(12, 6))
# 绘制存货周转率,应收账款周转率,总资产周转率,流动资产周转率的折线图
sns.lineplot(x='报告期', y='存货周转率', data=fina_df, label='存货周转率')
sns.lineplot(x='报告期', y='应收账款周转率', data=fina_df, label='应收账款周
转率')
sns.lineplot(x='报告期', y='总资产周转率', data=fina_df, label='总资产周转率')
sns.lineplot(x='报告期', y='流动资产周转率', data=fina_df, label='流动资产周
转率')
plt.xticks(rotation=45)
plt.title('营运能力指标')
# 手动设置 y 轴标题
plt.ylabel('指标值')
plt.show()
```

结果预览如图4-7所示。

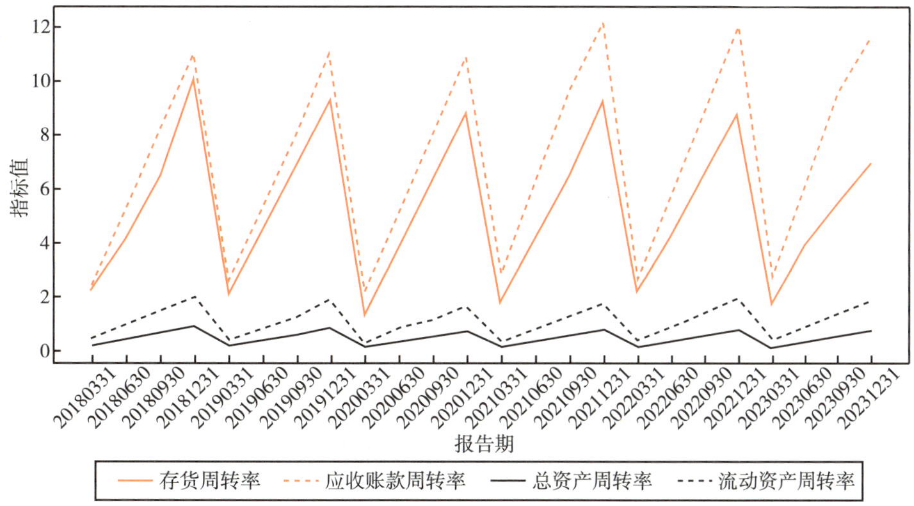

图 4-7　营运能力指标折线图

图4-7展示了存货周转率、应收账款周转率、总资产周转率和流动资产周转率随时间的变化，

显示了这些指标在不同时间点的数值，可以帮助分析者观察和比较不同时间段内公司的营运效率。图中Y轴的数值范围从0到12，显示了这些周转率在一定时期内的波动情况。通过图，企业决策者可以更好地理解公司的资产和存货管理效率，评估公司的营运能力。

企业可以对可视化的竞争对手指标进行分析，完成对竞争对手的盈利能力、偿债能力和营运能力的分析，了解竞争对手的相关情况。后续珠江纸业要结合自身的发展情况，采取一系列策略来巩固自身市场地位并寻求增长。首先，企业需要识别自身与竞争对手相比的优势和不足，然后制订针对性的改进措施，如优化成本结构、提高产品或服务质量、加强品牌建设等。同时，企业应密切关注市场动态和消费者需求，灵活调整经营策略，以快速响应市场变化。其次，企业还应加强创新能力，通过技术研发和产品创新来提升竞争力。在发展能力方面，企业应考虑多元化发展，探索新的市场机会和业务模式，以实现可持续发展。最后，建立有效的风险管理体系，确保企业在面对市场波动和不确定性时能够稳健运营。

风险控制

对竞争对手进行财务数据分析，但是这些数据只是历史数据，它揭示了企业过往的业绩和趋势，存在过时性、策略变化、市场适应性、外部因素影响、数据本身的局限性，以及竞争对手可能隐藏的战略计划等风险，这些因素都可能削弱其在预测当前和未来计划时的有效性。

对策：增强实时监控，通过社交媒体分析捕捉最新动态；运用SWOT和PEST分析等定性工具评估宏观和微观环境的影响；建立风险管理机制，对市场变化和竞争对手行为进行预警。这些综合措施有助于企业更全面地理解竞争对手，为企业战略规划和决策提供坚实的支持。

任务小结

通过本次任务的深入实施，珠江纸业得以全面审视并分析了其竞争对手景兴纸业连续五年的财务表现，为公司决策提供了实质性的数据支持。利用Python和tushare库，不仅成功爬取了关键的财务指标数据，还通过精心设计的折线图直观地展现了偿债能力、盈利能力和营运能力等指标随时间的动态变化。这些分析结果帮助珠江纸业评估了自身与竞争对手的财务状况，识别了潜在的财务风险，优化了资产和存货管理的效率，并为制订市场策略提供了数据驱动的见解。此外，通过长期跟踪这些指标，珠江纸业能够及时把握行业发展的新趋势和机遇，从而在激烈的市场竞争中保持优势，有效应对挑战，实现可持续发展。

任务4 销售分析与考核

【教学重点】财务数据的读取与处理；财务指标的计算与可视化。

【教学难点】多维度数据分析；图表的生成与解读。

任务导入

【场景】

在深入分析竞争对手的基础上，珠江纸业股份有限公司进一步审视了自身的财务状况，并于2023年1月开展了对2022年度财务状况的全面审视，目标是准确评估公司的盈利能力和成本控制效率。分析过程涵盖了对2022年度每月收入和成本结构的分析，进而根据2022年度财务报表计算毛利率、营业净利率、股东权益净利率（ROE）和总资产净利率（ROA）等关键财务指标。这些指标的计算结果能够帮助管理层深入洞察公司的财务健康程度，并识别出潜在的改进空间。

此外，公司运用先进的数据可视化技术，将复杂的财务数据转化为易于理解的图表和报告，极大地提高了管理层对公司财务状况的认知效率。这些直观的展示不仅便于快速识别趋势和问题，也为制订基于数据的决策提供了有力支持。通过这一分析流程，珠江纸业股份有限公司能够确保其战略规划和业务决策建立在坚实的财务数据基础之上。

本任务决定从收入、成本和相关盈利指标方面进行分析，为销售绩效的分析和考核提供数据支持。

认知识别

1. 销售分析与考核

销售分析与考核是企业对销售团队或个人业绩的评估过程，它通过收集和分析销售数据，包括销售额、市场份额、客户满意度、销售成本和利润等关键指标，来衡量销售绩效。考核结果用于识别销售策略的有效性、市场趋势、客户需求变化以及销售团队的表现。这有助于企业调整销售目标、优化销售策略、提高团队效率，并激励销售人员达成更好的业绩。

知识拓展

date.strftime（）函数：date.strftime 是 Python 中 datetime 模块的一个方法，用于将 datetime 对象转换为字符串表示，格式由用户指定。strftime 方法的全称是“string format time”。这个方法通常用来格式化日期和时间，以满足各种显示和存储的需求。

```
date.strftime(format)
```

date：一个 datetime 对象。

format：一个字符串，用于指定输出的格式。

常用的格式化代码：

%Y：四位数的年份（例如：202（3）

%m：两位数的月份（01 到 1（2）

%d：两位数的日期（01 到 3（1）

%H：两位数的小时（00 到 2（3）

%M：两位数的分钟（00 到 5（9）

%S：两位数的秒（00 到 5（9）

基本用法：

```
import seaborn as sns
from datetime import datetime

# 创建一个 datetime 对象
now = datetime.now()
# 将 datetime 对象格式化为字符串
formatted_date = now.strftime("%Y-%m-%d %H:%M:%S")
print(formatted_date)
'''
# 按照日期排序
fina_df.sort_values('end_date', inplace=True)
# 输出：
2024-06-28 12:34:56
```

分析研判

珠江纸业股份有限公司在审视2022年度财务状况时，首先需要导入并整理数据。使用Python的pandas库来实现这一步骤，从公司的财务系统中导入详细的年度数据。这样做的原因是确保拥有准确和全面的数据集，作为分析的基础。

接下来，将对这些数据进行分月的整理和分析。这一步至关重要，因为它可以帮助识别每月的收入和成本变化情况。通过这种分析，管理层能够及时发现和响应收入和成本的波动，从而更有效地进行成本控制和收入优化。

在数据整理的基础上，将计算一系列关键的财务指标，包括毛利率、营业净利率、股东权益净利率（ROE）和总资产净利率（ROA）。这些指标对评估公司的盈利能力和资本效率至关重要。计算这些指标的目的是深入洞察公司的财务健康程度，并识别潜在的改进空间。

为了使管理层能够更直观地理解这些复杂的财务数据，将运用数据可视化技术。通过Python中的matplotlib和seaborn库，将财务数据转化为图表和图形。数据可视化的目的是提高信息的可读性，使得管理层能够快速识别趋势和问题，为基于数据的决策提供支持。

任务实施

1. 收入与成本对比

matplotlib作为一个Python库，使得生成统计图表变得简单快捷。在珠江纸业股份有限公司的业务场景中，可以利用matplotlib轻松实现对2021—2023年收入与成本数据的可视化。通过编写简洁的Python代码，不仅可以完成数据的导入和处理，还可以绘制出直观的柱形图，清晰地展示了每个月的收入和成本情况。这种图表的生成过程不仅提高了分析效率，也使复杂的财务数据变得易于理解和分析，从而帮助管理层快速把握企业的财务状况和趋势。

步骤1：数据读取。

读取企业历史数据文件。

```
import pandas as pd
import matplotlib.pyplot as plt

# 设置中文显示
plt.rcParams['font.sans-serif'] = ['SimHei']
plt.rcParams['axes.unicode_minus'] = False
df = pd.read_excel('内部财务指标数据数据源.xlsx')
```

步骤2：数据可视化。

销售收入和销售成本对比。

```
# 设置绘图网格背景
plt.grid(True)
# 创建带有自定义设置的柱状图
plt.figure(figsize=(12, 6))
width = 0.3

# 定义柱子的颜色
colors = ['lightblue', 'blue']

# 定义柱子的位置
ind = range(len(df['日期']))
# range() 函数生成一个整数序列,从 0 开始,到 len(df['日期']) - 1 结束。例如,如果日期列有10个条目,range(len(df['日期'])) 将生成从 0 到 9 的整数序列。
df['日期'] = pd.to_datetime(df['日期'])
```

```
dates_str_list = df['日期'].to_list()
# 将列表里的日期转化为年月日字符串
dates_str_list = [date.strftime('%Y-%m-%d') for date in dates_str_
list]
'''
将 dates_str_list 列表中的每个日期对象转化为字符串,并将这些字符串转化为"年-月-
日"('%Y-%m-%d')的形式。
'''

# 绘制带有颜色的柱状图
plt.bar(ind, df['销售收入'], width, label='销售收入', color=colors[0])
plt.bar([i + width for i in ind], df['销售成本'], width, label='销售成本',
color=colors[1])
'''
柱状图上绘制"销售成本"数据系列,并对其进行位置调整,以避免与"销售收入"数据系列
重叠。
[i + width for i in ind]:
ind 是一个整数范围(range(len(df['日期']))),代表每个柱子在 x 轴上的原始位置。
width 是柱子的宽度。
i + width 将每个原始位置 i 向右移动一个柱子的宽度,使"销售成本"的柱子在"销售收
入"柱子的右侧。
'''
# 添加带有自定义字体的标签和标题
plt.xlabel('日期', fontsize=14, fontweight='bold')
plt.ylabel('金额', fontsize=14, fontweight='bold')
plt.title('2021-2023年销售收入和销售成本', fontsize=16, fontweight='bold')
plt.xticks([i + width / 2 for i in ind], dates_str_list, rotation=45,
fontsize=12)
plt.yticks(fontsize=12)
plt.legend(fontsize=12)

# 使用紧凑布局显示图表
plt.tight_layout()
plt.show()
```

结果预览如图 4–8 所示：

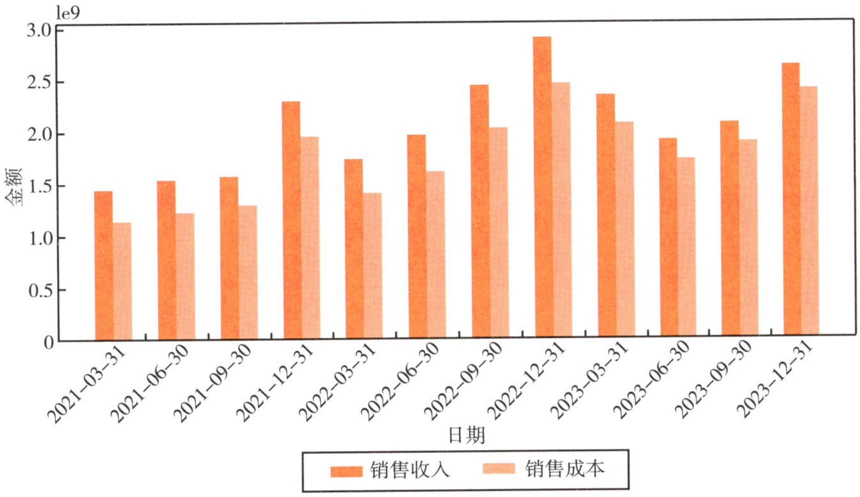

图 4–8　2021–2023 年销售收入和销售成本对比图

图 4–8 展示了 2021—2023 年销售收入和销售成本的对比，每个柱子代表一个月份，颜色区分了销售收入和销售成本。通过这种直观的可视化，可以清晰地观察到不同月份的销售收入和成本的变化情况，以及它们之间的对比关系。图表的布局紧凑，标签和标题清晰，便于分析者快速把握数据趋势。

步骤 3：数据处理。

计算财务指标。

```
df['销售毛利率(%)'] = (df['销售收入'] - df['销售成本'])/df['销售收入'] *100
df['营业净利率(%)'] = df['净利润']/df['营业收入'] *100
df['权益净利率(%)'] = df['净利润']/df['平均所有者权益合计'] *100
df['总资产净利率(%)'] = df['净利润']/df['平均资产总计'] *100
```

步骤 4：数据可视化。

销售毛利率和营业净利率对比。

```
df['日期'] = pd.to_datetime(df['日期']

# Plotting 毛利率 and 营业净利率
plt.figure(figsize=(12, 6))
plt.plot(df['日期'], df['销售毛利率(%)'], marker='o', label='销售毛利率(%)',
linestyle='-', linewidth=2, color='#17becf')
```

```
plt.plot(df['日期'], df['营业净利率(%)'], marker='o', label='营业净利率(%)',
linestyle='-', linewidth=2, color='#ff7f0e')
'''
marker='o':marker 参数指定数据点的标记样式,这里使用圆圈标记('o')
linestyle='-':linestyle 参数指定线条样式,这里使用实线('-')。
linewidth=2:linewidth 参数指定线条的宽度,这里设置为 2。
'''
# 添加标题和标签
plt.title('2021-2023年毛利率和营业净利率')
plt.xlabel('月份')
plt.ylabel('比率(%)')
plt.xticks(rotation=45)
plt.legend()
plt.grid(True)
plt.tight_layout()
plt.show()
```

结果预览如图4–9所示。

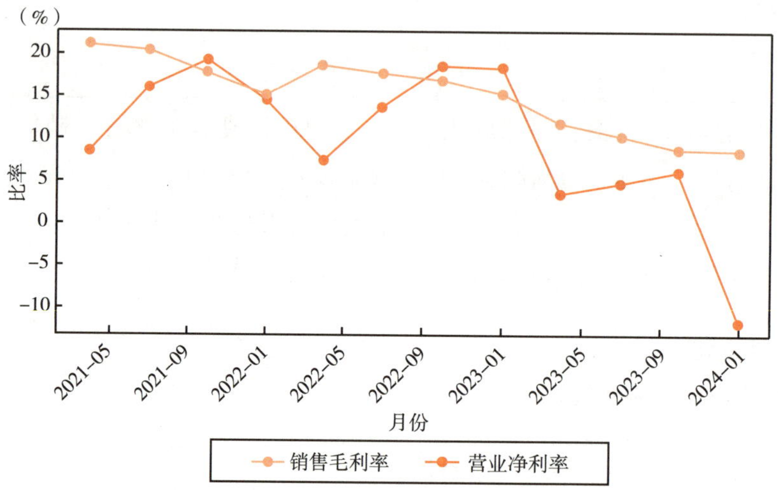

图 4–9 2021–2023 年销售毛利率和营业净利率对比折线图

图4–9展示了2021—2023年销售毛利率和营业净利率随月份变化的情况，每条线代表一个指标，不同颜色区分了销售毛利率和营业净利率。通过这种直观的可视化，可以清晰地观察到不同时间段内两个指标的对比和趋势变化。

管理层可以根据指标趋势，同时结合国家政策、经济发展情况、市场行情等多方面角度来判断销售部门的绩效考核。

风险控制

短期业绩导向导致的长期价值创造能力受损：过度关注短期销售指标的做法可能会导致销售策略以牺牲客户关系和品牌声誉为代价，忽视市场趋势和消费者需求的长期变化，最终影响公司的持续增长和市场竞争力。

对策：为确保销售团队的业绩考核体系既能反映短期业绩，又能培育长期价值，珠江纸业股份有限公司应实施一个综合考核体系，该体系将结合短期销售指标和长期发展指标，如客户满意度、市场份额增长、客户留存率和品牌忠诚度。公司应采用平衡计分卡方法，将财务成果与客户、内部流程、学习与成长等维度的目标相结合，以确保销售目标与公司长期战略一致。此外，公司需要鼓励销售团队深化客户关系，通过定期回访、定制服务和增值销售提高客户生命周期价值。同时，公司应设计长期激励机制，如股权激励或长期业绩奖金，以激发销售团队对公司长期发展的贡献。通过数据分析工具提供实时的市场和客户反馈，支持基于数据的决策，并建立有效的内部沟通渠道，促进销售团队与其他部门的紧密协作，共同推动公司战略目标的实现。

任务小结

通过本次任务的实施，珠江纸业股份有限公司对2022年度的财务状况进行了全面审视，本任务为企业决策提供了多方面的支持。首先，利用Python和pandas库高效地处理和分析了收入与成本数据，通过matplotlib库绘制的柱状图直观地展示了月度销售收入和成本的变化，帮助管理层迅速把握财务状况和趋势。其次，本任务通过计算和可视化毛利率、营业净利率等关键财务指标，揭示了公司的盈利能力和成本控制效率，为管理层提供了深入洞察财务健康程度的视角。图表的直观展示不仅便于快速识别趋势和问题，也为制订基于数据的决策提供了有力支持。最后，这些分析结果和可视化报告为珠江纸业股份有限公司的战略规划和业务决策提供了坚实的数据基础，确保了决策的准确性和前瞻性。

项目总结

通过本项目，珠江纸业股份有限公司成功地将Python技术应用于销售业务的多个关键环节，实现了销售流程的自动化和智能化。项目团队利用Python的数据分析、可视化和机器学习库，如pandas、matplotlib和seaborn，对销售数据进行了深入分析，优化了销量预测模型，提高了产品定价的策略性，加强了合同管理的规范性，提升了产品发货的效率，确保了发票和货款管理的准确性。此外，项目还深入进行了市场和竞争对手分析，通过情感分析和财务数据可视化，为公司提供了市场趋势的洞察和策略制订的数据支持。在风险管理方面，项目建立了严格的数据验证和审计流程，确保了分析结果的准确性和数据的安全性。通过本项目，珠江纸业不仅提升了销售业绩和市场竞争力，还增强了团队的技术能力和问题解决能力，为公司的持续发展和争取行业领导地位奠定了坚实的基础（见图4-10）。

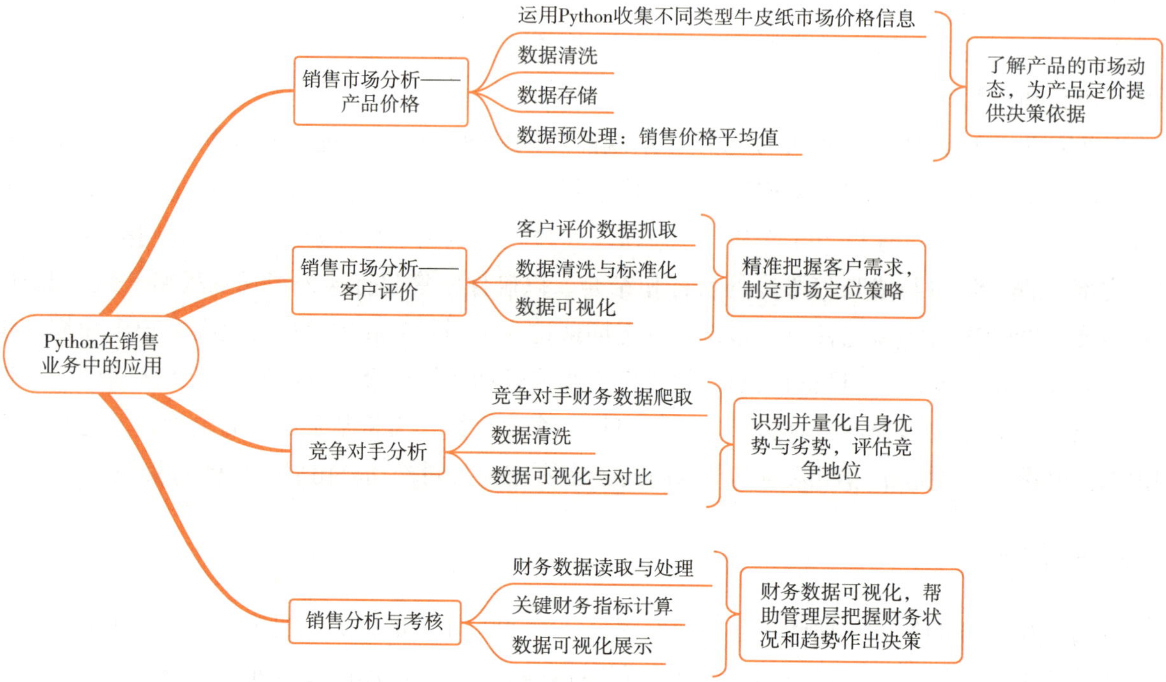

图 4-10　Python 在销售业务中的应用思维导图

课后练习

练习 1：

以下是包含客户评价的文本列表，请编写Python代码，使用strip()函数移除每个评价两端的空白字符，并打印结果。

```
reviews = ["   I love this product!   ", "Great service!   ", "Not good at all.   "]
```

练习 2：

下面给定了一个包含日期和销售额的data，使用matplotlib绘制销售收入和销售成本的对比图柱状图。

```
data = {
    '日期': ['2023-01-10', '2023-01-15', '2023-02-05', '2023-02-20'],
    '销售收入': [200, 300, 400, 500],
    '销售成本': [150, 200, 300, 350]}
```

练习 3：

下面给定了一个包含销售收入、销售成本和净利润的data，请计算销售毛利率、营业净利率、股东权益净利率（ROE）和总资产净利率（ROA），并打印结果。

```
data = {
    '销售收入': [1000, 1200, 1500],
    '销售成本': [600, 800, 900],
    '净利润': [200, 300, 400],
    '营业收入': [1000, 1200, 1500],
    '平均所有者权益合计': [500, 600, 700],
    '平均资产总计': [2000, 2400, 2800]}
```

习题答案

项目 5　Python 在投资业务中的应用

学习目标

知识目标

1. 了解 Python 语言在投资中的应用；
2. 熟悉 Python 进行金融数据的读取、清洗、转换和分析；
3. 掌握 Python 语言的相关函数定义和调用；
4. 掌握 Python 语言 matplotlib 或 plotly 等数据可视化库的操作；
5. 掌握 Python 语言关于投资组合风险价值 VaR 的计算。

技能目标

1. 能够爬取相关网站数据，提取关键信息；
2. 能够利用 Python 语言，进行金融数据的抓取、清理；
3. 能够利用 Python 语言，根据实际所需，定义函数和调用；
4. 能够利用 Python 语言，进行结果的可视化操作；
5. 能够利用 Python 语言，进行投资组合风险价值 VaR 的计算。

素质目标

1. 树立利用工具替代人力解决问题的理念；
2. 具备良好的沟通能力和团队合作意识；
3. 具备高效处理大量数据文件的思维；
4. 具有法律意识、伦理道德和社会责任感；
5. 具有财务人员的职业道德，坚持客观公正，为企业保守秘密。

项目情境

根据珠江纸业股份有限公司 2023 年的投资计划，对相关投资项目进行分析，帮助公司作出是否进行投资的决策。

任务 1　证券投资分析

【教学重点】技术工具的综合应用；使用pandas库采集上市公司相关财务指标数据；使用matplotlib库绘制股票K线图。

【教学难点】使用pandas库采集上市公司相关财务指标数据；使用matplotlib库绘制股票K线图。

任务导入

【场景】

珠江纸业是国内大型文化纸研发和生产企业之一，公司投资主要聚焦于造纸业务的产能扩张、技术升级和产品质量提升，确保公司在文化纸、包装用纸、工业用纸等领域的核心竞争力。

目前珠江纸业在对外投资方面，主要考虑战略并购项目、合资企业项目、市场扩展项目、绿色环保项目、证券投资、生产线投资等。通过这些投资项目，公司能够在提升内部管理和生产效率的同时，也能够扩大其市场覆盖范围和品牌影响力，实现可持续发展和长期增长。

珠江纸业目前根据董事会会议的决定，将2023年的战略投资方向，确定为助力实现国家“双碳”目标，着力发展节能服务产业，公司2023年的投资计划如表5-1所示。

表 5-1　2023 年度投资计划表

序号	投资类型	项目名称	项目性质	建设时间	建设内容	总投资（万元）	资金来源	2023年度投资计划（万元）	责任部门	责任人
1	财务性投资	投资性房地产	新建	2023年1月	投资厂房，能够产生固定的现金流入，最终实现资产增值	500	自有资金	500	战略发展部	伍子龙
2		证券投资	滚动	2023年1月-12月	月度滚动投资，让闲置资金创造更多的价值	280	自有资金	200	证券部	王红仁
	……									

在此背景下，结合已经公开发布的政策文件，从中选择具有发展潜力的行业，并针对性地投资这些行业内的相关股票。

认知识别

1. 证券投资的财务指标数据分析

证券投资的财务指标数据分析，是投资者在进行决策时，评估被投资股票公司的财务状况和预测未来表现的重要方法。相关财务指标有：每股收益（EPS）、每股净资产（Book Value per Share）、净资产收益率（ROE）、资产负债率、营业总收入同比增长率、净利润同比增长率、存货周转率、股息率、市盈率（PE）、市净率（PB）、市销率（PS）等。珠江纸业需要结合相关财务指标，对股票进行分析和评估。其中净资产收益率，主要衡量公司利用股东资本产生利润的能力，通常来说，较高的净资产收益率，意味着公司有较好的盈利效率。每股收益，反映的是公司每股股票的盈利能力，是衡量公司盈利水平的基本指标。每股净资产，是评估股票内在价值的重要指标。

2. K 线图

K线图是股票交易中常用的一种图表，用于展示股票在特定时间内的开盘价、收盘价、最高价和最低价。往往结合tushare库进行使用，这种图表的形式能够直观地帮助珠江纸业分析股票的走势和趋势，辅助证券投资的决策。

知识拓展

互联网有很多业务或者说网页，是不需要用户进行登录的，这些不需要登录的页面，往往会包含大量的聚合信息，比如新闻门户网站、视频门户网站、搜索引擎，这些信息是公开的，是可以被爬虫抓取的。

1. 网站为什么要反爬虫？

（1）爬虫占总PV比例较高，浪费服务器资源。通过程序进行 URL 请求去获得数据的成本是很低的，这就造成大量低质量网页爬虫在网络横行，对目标网站产生大量的访问，导致目标网站的服务器资源大量消耗，轻则影响正常用户的访问速度，重则导致网站服务不可用。

（2）公司可免费查询的资源被批量抓走，丧失竞争力。很多软件的价格可以在非登录状态下直接被查询，如果没有反爬虫，竞争对手就可以批量复制网页信息，抓取到软件的价格、资源等各种信息，时间长了企业的竞争力就会大大减少。

2. 在反什么样的爬虫？

（1）黄牛恶意竞争。黄牛党利用恶意爬虫遍历航空公司的低价票，同时批量发起机器请求进行占座，导致航班座位资源被持续占用产生浪费，最终引发航班空座率高，对航空公司造成业务损失，并且损害正常用户的利益。

（2）没人去停止的失控爬虫。互联网将近60%的访问量都是爬虫带来的，网站已经对这些爬虫程序进行了限制，阻止它们爬取数据，但是这些爬虫依然孜孜不倦地运行着，即使抓取不到任何数据。这是因为一些托管在某些服务器上的爬虫，已经是无人认领的状态了，没有人停止。

（3）同行竞争对手。企业需要数据来分析用户行为、自己产品的不足之处以及竞争对手的信息等，此时就会爬取网站上竞争对手的信息，像电商类网站、招聘类网站就会爬取竞争对手的产品信息，为保证自己的产品竞争力，企业往往会针对此类爬虫进行限制。

（4）网站点击欺诈。投放广告通常是为了触达符合网站定位的潜在消费者，而恶意爬虫造成的点击欺诈使得广告的点击率虚高，网站承担了本不应承担的点击费用，给网站造成实实在在的利益损失。

分析研判

（1）珠江纸业可以基于人工智能技术的数据采集软件（如后羿采集器），或者使用Python的requests库，结合BeautifulSoup或lxml等网页解析工具，来爬取中国工业和信息化部的政策文件库，获取已经公开发布的政策文件。

（2）珠江纸业可以利用人工智能化软件（如Kimi），自动合并提取政策文件中的关键信息，帮助公司识别和选取具有发展潜力的行业，进行投资。

（3）珠江纸业可以借助Python的tushare库，获取相关个股近几年的历史数据，结合相关财务指标，如净资产收益率、每股净资产、基本每股收益等，进行对比分析；使用matplotlib、seaborn或plotly等数据可视化库，将数据结果进行直观地展示，从而帮助珠江纸业选出证券投资的候选股票。

（4）绘制投资候选股票的K线图，以图形的方式直观地揭示股价随时间的波动情况。结合股价走势的可视化分析，帮助珠江纸业科学地选择买入时机，以期达到最优的投资效果。

任务实施

步骤1：相关政策信息收集。

通过后羿采集器，爬取近一年来中国工业和信息化部的政策文件库，抓取2023年的公开发布的政策文件。

打开后羿采集器，选择智能模式，输入中国工业和信息化部的政策文件库网址：https://www.miit.gov.cn/search/wjfb.html?websiteid=110000000000000&pg=&p=&tpl=14&category=51&q= ，点击“开始采集”（见图5-1和图5-2）。

图 5-1 后羿采集器选择智能模式

图 5-2 输入网址

设置字段，因部分政策文件关于文件编号、时间段、文件类型等字段不齐全，有些政策文件可能没有文件编号等，所以会导致采集后的Excel文件，出现字段发生错位的情况，所以需要先将文件编号、时间段、文件类型，即第3、4、5、6这三个字段删除。操作为：选中第3、4、5、6这三个字段，点击右键，选择删除（见图5-3和图5-4）。

图 5-3 默认文件编号、时间段、文件类型的三个字段

图 5–4　删除文件编号、时间段、文件类型这三个字段

点击“添加字段”，右击选择“在页面中选择”，将每一条政策文件下方的发布时间、文件类型、文件编号这三个数据，放置于同一个字段中，便于后期进行时间筛选（见图5–5和图5–6）。

图 5–5　添加字段——点击右键选择“在页面中选择”

图 5–6　添加字段——将文件下方的信息选作同一字段

点击“开始采集”，后羿采集器会自动翻页、识别跳转，将采集到的政策文件放入Excel表格中（见图5–7）。

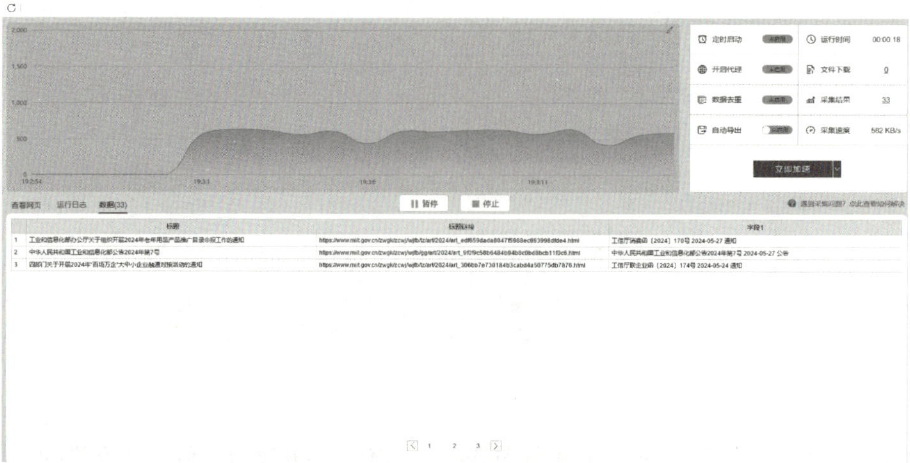

图 5-7 自动识别、采集网页内容

步骤2：使用Python筛选2023年的政策文件。

```
import pandas as pd
# 读取文件
df = pd.read_excel(r"E:\中转站\工业和信息化部政策文件库.xlsx")
#筛选出字段1中包含"2023-"的数据
df = df[df['字段1'].str.contains('2023-')]
# 保存数据
df.to_excel(r"E:\中转站\2023年工业和信息化部政策文件库.xlsx", index=False)
```

结果预览如表5-2所示。

表 5-2 政策文件筛选结果

标题	标题链接	字段 1
中华人民共和国工业和信息化部公告2023年第38号	https://www.miit.gov.cn/zwgk/zcwj/wjfb/gg/art/2023/art_c4c0347f34114488a657cb2a1636a0fe.html	中华人民共和国工业和信息化部公告2023年第38号 2023-12-29 公告
两部门关于印发《工业领域数据安全标准体系建设指南（2023版）》的通知	https://www.miit.gov.cn/zwgk/zcwj/wjfb/tz/art/2023/art_4558f6132b1e4ef1be564522350906d9.html	工信部联科〔2023〕250号 2023-12-29 通知
中华人民共和国工业和信息化部公告2023年第41号	https://www.miit.gov.cn/zwgk/zcwj/wjfb/gg/art/2023/art_f646dfe4d6c9468c96648a3311437724.html	中华人民共和国工业和信息化部公告2023年第41号 2023-12-29 公告
工业和信息化部等五部门关于开展国家产融合作试点城市评估和第三批试点城市申报的通知	https://www.miit.gov.cn/zwgk/zcwj/wjfb/tz/art/2023/art_6e58237e8ff54506a8b76613055f747b.html	工信部联财函〔2023〕381号 2023-12-29 通知

步骤3：提取政策文件中的关键信息。

利用人工智能软件Kimi，自动合并提取政策文件中的关键信息，帮助珠江纸业识别和选取具有发展潜力的行业，进行投资。

登录Kimi网站，并上传采集到的2023年中国工业和信息化部的政策文件（见图5–8）。

图 5–8　登录 Kimi 网站

发布指令，Kimi自动提取政策文件中的关键信息，并作出分析（见图5–9和图5–10）。

关键词提取：从政策文件中提取关键字，并统计每个关键字的出现频率。

文字频率展示：整理文件时展示每个词汇（工业和信息化部、通知、公告、政策解读等常规词可不用统计）的频率分布，以识别重要主题和内容。

政策分析重点：根据关键字频率和文字频率的分析，识别政策文件的重点和主要内容。

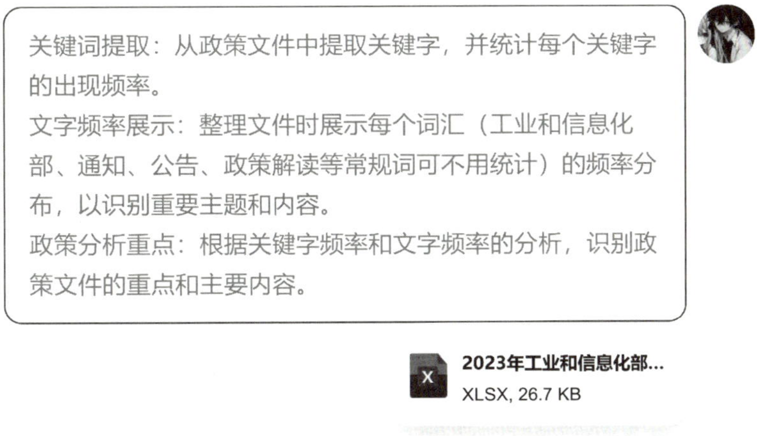

图 5–9　上传文件并输入指令

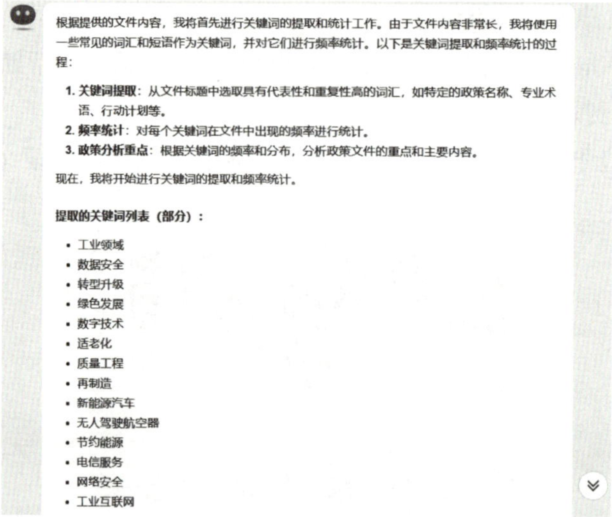

根据提供的文件内容，我将首先进行关键词的提取和统计工作。由于文件内容非常长，我将使用一些常见的词汇和短语作为关键词，并对它们进行频率统计。以下是关键词提取和频率统计的过程：

1. **关键词提取**：从文件标题中选取具有代表性和重复性高的词汇，如特定的政策名称、专业术语、行动计划等。
2. **频率统计**：对每个关键词在文件中出现的频率进行统计。
3. **政策分析重点**：根据关键词的频率和分布，分析政策文件的重点和主要内容。

现在，我将开始进行关键词的提取和频率统计。

提取的关键词列表（部分）：

- 工业领域
- 数据安全
- 转型升级
- 绿色发展
- 数字技术
- 适老化
- 质量工程
- 再制造
- 新能源汽车
- 无人驾驶航空器
- 节约能源
- 电信服务
- 网络安全
- 工业互联网

图 5-10　大模型回复内容（部分）

步骤3：导入tushare库、pandas库。

```
import tushare as ts
import pandas as pd
# 初始化pro接口
pro = ts.pro_api('token')
```

步骤4：数据抓取。

基于步骤2提取政策文件中的关键信息，选择数据通信行业，作为证券投资的切入点，获取相关以下股票近几年的财务数据：净资产收益率roe、基本每股收益eps、每股净资产bps。

000586.SZ 汇源通信　　300555.SZ ST路通　　300736.SZ 百邦科技

872374.BJ 云里物里　　838924.BJ 广脉科技　　000063.SZ 中兴通讯

```
code_list = ['000586.SZ','300555.SZ','300736.SZ','872374.BJ','838924.BJ','000063.SZ']
# fina_indicator
# roe 净资产收益率
# eps 基本每股收益
# bps 每股净资产
all_financial_data = pd.DataFrame()
for code in code_list:
    df = pro.fina_indicator(ts_code=code, start_date='20170101', end_date='20221231',fields='ts_code,end_date,roe,eps,bps')
```

```
    # 使用concat函数将数据拼接在一起
     all_financial_data = pd.concat([all_financial_data, df], ignore_
index=True)
```

步骤5：数据清理。

```
# 根据日期和股票代码去除重复值
all_financial_data = all_financial_data.drop_duplicates(subset=['ts_
code', 'end_date'])
# 转换日期格式
all_financial_data['end_date'] = pd.to_datetime(all_financial_
data['end_date'])
```

步骤6：可视化结果。

结合清理后的数据，绘制折线图，对比分析相关股票的财务数据情况。结合图片分析，最终考虑投资000063.SZ中兴通讯（见图5-11）。

```
import pandas as pd
import matplotlib.pyplot as plt
# 设置字体和颜色自定义
plt.rcParams['font.sans-serif'] = ['SimHei']  # 使用SimHei字体显示中文字符
plt.rcParams['axes.unicode_minus'] = False  # 确保可以显示负号
# 绘制五个指标的折线图
plt.figure(figsize=(14, 10))
indicators = ['roe', 'eps', 'bps']
titles = ['净资产收益率', '基本每股收益', '每股净资产']
colors = ['b', 'g', 'r', 'c', 'm']
for i, indicator in enumerate(indicators):
    plt.subplot(3, 2, i+1)
    for code in code_list:
          company_data = all_financial_data[all_financial_data['ts_
code'] == code]
          plt.plot(company_data['end_date'], company_data[indicator],
label=code)
    plt.title(titles[i])
```

```
    plt.xlabel('日期')
    plt.ylabel(titles[i])
    plt.legend(loc='best')
plt.tight_layout()
plt.show()
```

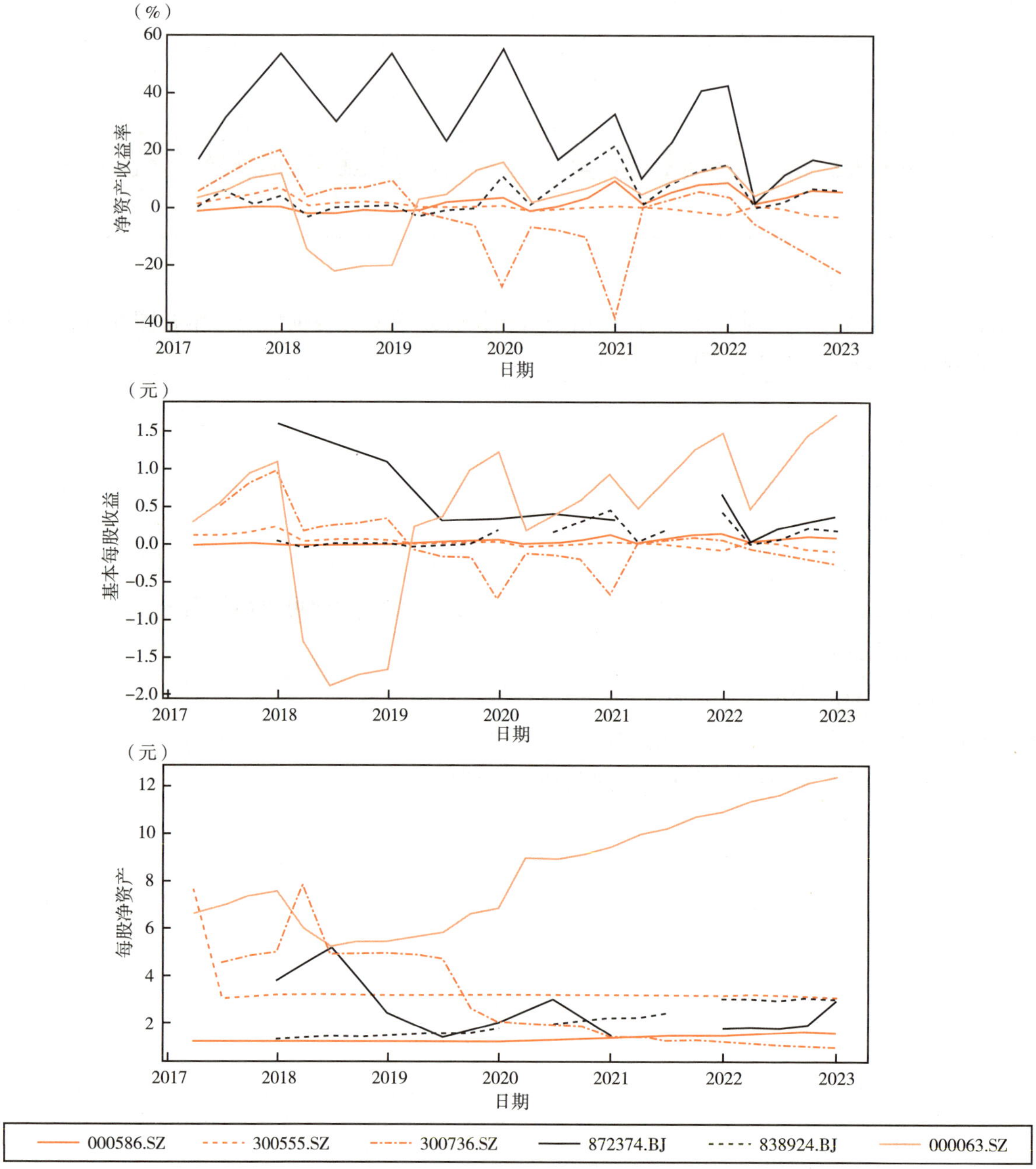

图 5-11 个股财务数据对比分析折线图

步骤7：获取中兴通讯在2022年6月–12月股价数据。

```
zx_df=pro.daily(ts_code='000063.SZ',start_date='20220601',end_
date='20221231',fields='ts_code,trade_date,open,high,low,close,pre_
close,change,pct_chg,vol,amount')
zx_df['trade_date'] = pd.to_datetime(zx_df['trade_date'])
zx_df.set_index('trade_date', inplace=True)
# 根据日期排序
zx_df.sort_index(ascending=True, inplace=True)
```

步骤8：绘制中兴通讯2022年6月–12月K线图（结果见图5–12）。

```
import mplfinance as mpf
import matplotlib.pyplot as plt
from matplotlib import font_manager

# 设置中文字体路径
font_path = 'C:/Windows/Fonts/simhei.ttf'  # 根据实际字体路径修改
font_prop = font_manager.FontProperties(fname=font_path)

# 重新排列顺序以符合 mplfinance 的要求
zx_df = zx_df[['open', 'high', 'low', 'close']]

# 设置图表样式
mc = mpf.make_marketcolors(up='g', down='r', edge='i', wick='i', volume='in',
ohlc='i')
s = mpf.make_mpf_style(marketcolors=mc, gridstyle='-', gridcolor='0.75',
facecolor='white')

# 添加均线
addplot = [
    mpf.make_addplot(zx_df['close'].rolling(window=20).mean(), color='b',
label='MA20'),
```

```
    mpf.make_addplot(zx_df['close'].rolling(window=50).mean(), color='orange', label='MA50')
]

# 绘制K线图并保存
fig, axlist = mpf.plot(zx_df, type='candle', style=s,addplot=addplot, volume=False, mav=(5, 10, 20), show_nontrading=True, returnfig=True)

# 设置标题和轴标签的字体
axlist[0].set_title('2022.06-2022.12 中兴股价K线图', fontproperties=font_prop)
axlist[0].set_ylabel('股价', fontproperties=font_prop)

# 显示图片
plt.show()
```

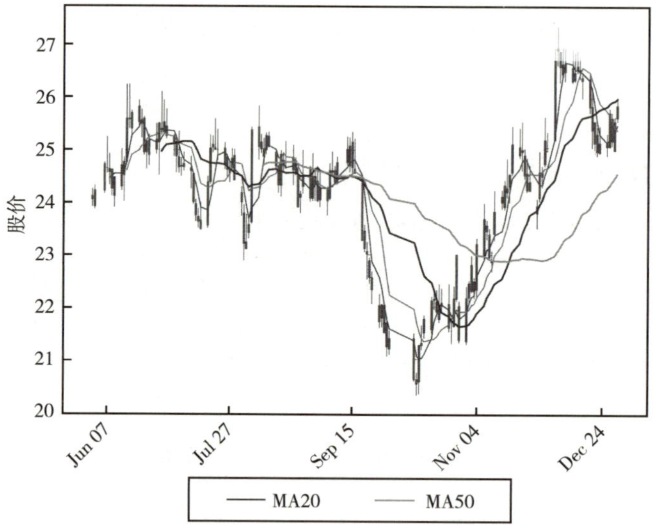

图 5-12 中兴通讯 2022 年 6 月 -2022 年 12 月 K 线图

通过获取中兴通讯2022年6月—2022年12月的股价数据，并绘制K线图，来帮助珠江纸业公司分析中兴通讯的市场趋势，从而更好地预测价格走势，帮助公司在合适的价格点，入手购买投资该股票。

在珠江纸业的证券投资分析中，首先，通过收集相关政策信息，利用人工智能提炼和确定相关关键词，从而帮助珠江纸业公司快速了解到目前有发展潜力的行业或公司，从中选择了数据通信行业，作为证券投资的切入点。

其次，利用Python语言基于pandas库，进行相关个股财务数据的抓取、清理，并利用matplotlib将财务数据可视化，帮助珠江纸业公司的管理层能够清晰、直观地看到相关股票的对比分析，最终考虑投资股票000063.SZ中兴通讯。

最后，进一步获取了股票000063.SZ中兴通讯2022年6月–2022年12月的股价数据，并绘制了中兴通讯2022年6月–2022年12月的K线图，从而帮助珠江纸业公司分析其市场的趋势，来预测价格走势，帮助珠江纸业公司在合适的价格区间，进行该股票的投资。

风险控制

提取关键词存在差异性风险：在利用人工智能提取关键词方面，可能存在差异，因为在提取关键词时，可能会受到多种因素的影响，包括文本内容的复杂性、关键词提取算法的工作原理以及可能的随机性等。

对策：首先，确保文本质量，提供清晰、结构化的文本，避免使用模糊或含义不明确的表达。其次，使用专业的人工智能工具，从而可以依据更先进的算法，确保有更高的准确性。最后，进行多次关键词提取，然后比较结果，找出出现频率较高的关键词，从而降低提取关键词存在的差异性。

任务小结

本任务利用Python工具帮助珠江纸业公司进行证券投资分析，第一，基于人工智能技术后羿采集器，来爬取中国工业和信息化部的政策文件库，获取已经公开发布的政策文件。

第二，利用人工智能软件Kimi，自动合并提取政策文件中的关键信息，帮助珠江纸业公司识别和选取具有发展潜力的行业或公司，进行证券投资。

第三，借助Python的tushare库，获取相关个股近几年的历史数据，结合相关财务指标，进行对比分析，并使用matplotlib库，将相关个股的财务数据结果进行直观地展示，从而帮助珠江纸业选出证券投资的候选股票。

第四，绘制投资候选股票的K线图，以图形的方式直观地揭示股价随时间的波动情况。结合股价走势的可视化分析，帮助珠江纸业科学地选择买入时机，以达到最优的投资效果。

在证券投资分析过程中，发现提取关键词存在差异性风险，可通过确保文本质量、使用专业工具、多次提取并比较，来降低该风险，提高提取关键词的准确性和一致性。

业务场景拓展

任务2 生产线投资分析

【教学重点】生产线投资分析折现率的确定；结合财务分析指标，定义函数进行项目投资分析。

【教学难点】自定义财务分析指标函数，并结合任务实际情况进行函数的调用和投资分析。

任务导入

【场景】

目前珠江纸业股份有限公司有一个生产线投资项目——APMP生产线节能提质技术新建项目，计划新建年产12万吨化机浆生产线一条，并引进奥地利安德里兹APMP制浆生产工艺及设备。

该生产线投资项目预计营业收入、税金附加和增值税估算表如表5-3所示：

表5-3 营业收入估算表 单位：万元

时期	建设期	投产期		达到设计能力生产期								
项目	0	1	2	3	4	5	6	7	8	9	10	合计
现金流入	0	24,827.40	58,760.00	70,512.00	70,512.00	70,512.00	70,512.00	70,512.00	70,512.00	70,512.00	77,965.51	655,136.91
产品销售收入		23,504.00	58.760.00	70,512.00	70,512.00	70,512.00	70,512.00	70,512.00	70,512.00	70,512.00	70,512.00	646,360.00

认知识别

1. 项目投资折现率的确定

分析珠江纸业的生产线投资项目，应采用加权平均资本成本，作为项目投资的折现率。这样既充分考虑了债务的资本成本和股权的资本成本，又全面考虑了公司的资本结构，可以确保项目投资决策的合理性，以及项目风险，有助于珠江纸业评估项目的财务可行性，确定项目是否值得投资。

2. 项目投资决策评价指标

对生产线投资进行分析，基于Python工具，重点是需要结合项目投资决策评价指标，对项目进行财务计算和分析。项目投资决策评价指标可以分为两大类：贴现指标和非贴现指标。

贴现指标：考虑了资金的时间价值，即一笔钱在不同时间点的价值是不同的。

主要的贴现指标包括：净现值（Net Present Value, NPV），未来现金流的折现值减去初始投资成本；内部收益率（Internal Rate of Return, IRR），又称内含报酬率，是使项目的净现值等于零的折现率；获利指数（Profitability Index, PI），也称为现值指数，是项目现金流入的现值与现金流出的现值之比；净现值率（NPVR），净现值与投资现值之比，表示单位投资所得的净现值。

非贴现指标：不考虑资金的时间价值，主要关注项目的绝对数值。

主要的非贴现指标包括：静态投资回收期（Payback Period，PP），投资成本通过项目现金流回收所需的时间；投资利润率（Return on Investment, ROI），投资收益与投资成本的比率；平均投资报酬率，项目生命周期内平均每年的收益与投资额的比率。

在实际应用中，投资者可能会同时使用这两类指标来全面评估项目的财务可行性和风险。贴现指标通常被认为能更准确反映项目的真实价值，因为它们考虑了资金的时间价值，而非贴现指标则提供了项目盈利能力和回收速度的直观信息。

本节知识点，考虑珠江纸业生产线投资，金额较大，故采用了贴现指标中的内部收益率、净现值，以及非贴现指标中的静态投资回收期进行生产线投资的分析。

分析研判

一方面，珠江纸业需要确定生产线投资项目分析的折现率，可以通过大数据抓取最近的一年期贷款基础利率（LPR）作为税前债务资本成本，结合公司的股权资本成本，以及资本结构，分析计算加权平均资本成本作为折现率。

另一方面，珠江纸业可以利用Python的numpy库，定义内含报酬率IRR、净现值NPV的函数，来计算分析该生产线投资的内含报酬率以及该项目的净现值，从而判断该生产线投资是否值得投资，并通过定义静态投资回收期的函数，来辅助公司管理层直观了解该项目投资成本的预计回收时间，更加清晰地进行生产线投资项目的分析。

任务实施

步骤1：导入tushare库，初始化接口。

利用Python大数据抓取2023年1月的一年期贷款基础利率（LPR），将该贷款基础利率（LPR）利率上浮119%作为税前债务资本成本，股权资本成本为10%，公司负债与权益的比重为1/1，采用加权平均资本成本为项目投资的折现率。

```
import tushare as ts
# 设置 token
ts.set_token('token')        #此处的token需要替换成真实token
# 初始化 pro 接口
pro = ts.pro_api()
```

步骤2：数据抓取。

```
# 调用接口获取数据
df = pro.shibor_lpr(start_date= 20230101 , end_date= 20230131 ,
fields='date,1y')
# 表格重命名
df = df.rename(columns={'date': '日期', '1y': '1 年贷款利率'})
# 打印输出
print(df)
```

结果预览如表5-4所示。

表 5-4 抓取一年期贷款基础利率（LPR）的结果

日期	1 年贷款利率
20230120	3.65%

该项目投资的折现率为=3.65%×（1+119%）×（1-25%）×50%+10%×50%=8%。

步骤3：导入numpy库，定义函数。

```
import numpy as np
from scipy.optimize import fsolve
```

步骤4：结合表5-5现金流量表，定义IRR函数，进行IRR的数据计算分析。

表 5-5 净现金流量估算表 单位：万元

年份	建设期	投产期		达到设计能力生产期								
项目	0	1	2	3	4	5	6	7	8	9	10	合计
净现金流量	-12,459.38	143.75	-33.12	3,212.83	4,453.91	4,453.91	4,818.91	4,818.91	4,818.91	4,818.91	12,272.42	31,319.95

结合表5-5，计算内部收益率IRR。

```
# 定义现金流,其中负值代表投资支出,正值代表收益
cash_flows = np.array([-12459.38, 143.74, -33.12, 3212.83, 4453.91,
4453.91, 4818.91, 4818.91, 4818.91, 4818.91, 12272.42])
# 定义IRR的计算函数,fsolve需要一个目标函数,这里的目标函数是使得净现值等于0的函数
def npv(rate, cashflows):
    return np.sum(cashflows / (1 + rate) ** np.arange(len(cashflows)))
# 使用fsolve求解IRR,fsolve需要一个初始猜测值,这里使用0.1作为初始猜测
```

```
irr = fsolve(lambda rate: npv(rate, cash_flows), 0.1)
print(f"内部收益率(IRR)为: {irr[0]}")
```

结果预览：

内部收益率(IRR)为:0.20663770378933624%。

根据自定义函数IRR，可知该生产线投资项目的税前内部收益率=20.66%。因生产线投资项目的内部收益率20.66%>折现率8%，所以该项目投资可行。

步骤5：定义折现率以及NPV的计算函数，进行NPV的数据计算分析。

生产线投资现金流量表如表5-3所示，结合步骤1的折现率，利用Python软件，进行项目投资分析。

```
import numpy as np

# 定义现金流,cash_flows0代表初始投资(通常是负数,因为是资金流出)
cash_flows0 = -12459.38
# cash_flows代表随后各年的预计现金流入
cash_flows = [143.74, -33.12, 3212.83, 4453.91, 4453.94, 4818.91,
4818.91, 4818.91, 12272.42]

# 定义折现率(通常表示为小数形式)
discount_rate = 0.08  # 即8%

# 计算净现值(NPV)
# 使用numpy的cumprod函数在这里并不适用,因为需要计算每年现金流的折现值,而不是累
计乘积。
# 正确的计算方式是使用(1+折现率)^年数 来计算每年的折现因子,然后将每一年的现金流
除以相应的折现因子得到现值。
present_values = cash_flows / ((1 + discount_rate) ** np.arange(1,
len(cash_flows) + 1))

# 将所有现值相加,并加上初始投资(由于是负数,实际上是在减去初始投资的绝对值)
npv = cash_flows0 + np.sum(present_values)

# 打印净现值(NPV)
print(f"净现值(NPV)为: {npv}")
```

结果预览：

净现值（NPV）为：13,047.964013321305。

根据自定义函数，可知该生产线投资项目的净现值约为20,546.3684万元。因生产线投资项目的净现值13,047.9640万元>0，所以该项目投资可行。

步骤6：定义静态投资回收期的计算函数，进行数据计算分析。

静态投资回收期是指项目投资成本通过项目产生的净收益回收所需的时间，不考虑资金的时间价值。计算步骤如下：

（1）计算每年的净现金流量（收入减去支出）；

（2）累计每年的净现金流量，直到累计值首次超过或等于初始投资成本；

（3）如果累计净现金流量在某个年份首次超过初始投资成本，则该年份为回收期的整数部分；如果还有剩余未回收的投资成本，则需要加上剩余成本除以该年份的净现金流量的比例，以确定回收期的小数部分。

```
def calculate_static_payback_period(cash_flows, initial_investment):
# cumulative_cash_flow代表累计净现金流量,初始为0
    cumulative_cash_flow = 0
# payback_period代表投资回收期,初始为0
    payback_period = 0
# 遍历提供的现金流量列表cash_flows,使用enumerate函数获取现金流和索引（年份）,
索引从1开始
    for i, cash_flow in enumerate(cash_flows, start=1):
# 将每年的净现金流量加到累计现金流量上
        cumulative_cash_flow += cash_flow
# 检查累计现金流量是否首次达到或超过初始投资额initial_investment
#如果达到或超过,计算投资回收期
#如果最后一年的累计现金流量没有完全覆盖初始投资,将剩余未回收的成本除以当年的净现金
流量,以确定回收期的小数部分
        if cumulative_cash_flow >= initial_investment:
            payback_period = i - 1 + (initial_investment - cumulative_
cash_flow + cash_flow) / cash_flow
            break
#返回计算出的静态投资回收期
    return payback_period
cash_flows = [143.74, -33.12, 3212.83, 4453.91, 4453.91, 4818.91,
4818.91, 4818.91, 4818.91, 12272.42]
```

```
initial_investment = 12459.38
payback_period = calculate_static_payback_period(cash_flows, initial_investment)
print(f"静态投资回收期为:{payback_period:.2f} 年")
```

结果预览：

静态投资回收期为：5.05年。

根据自定义函数，可知该生产线投资项目的静态投资回收期约为5.05年。结合静态投资回收期，可以帮助珠江纸业公司管理人员，直观地了解到该项目的投资成本预计回收所需的时间为5.05年。

在珠江纸业公司的生产线投资分析中，通过大数据抓取了最近的一年期贷款基础利率（LPR）为3.65%，作为税前债务资本成本，再结合公司的股权资本成本以及资本结构，分析计算加权平均资本成本为8%，作为该生产线投资分析的折现率。

之后，利用Python的numpy库，定义了内含报酬率IRR、净现值NPV的函数，通过计算分析，可知该生产线投资项目的内含报酬率为20.66%>折现率8%，该项目的净现值约为13,047.9640万元>0，所以该项目投资可行，并通过定义静态投资回收期的函数，可知该项目的投资成本预计回收所需时间为5.05年，从而帮助珠江纸业公司管理层进行生产线投资项目的分析。

风险控制

风险：风险识别不当。生产线投资往往投资金额较大，涉及的寿命周期较长，影响生产性投资的风险较多，如市场风险、技术风险、操作风险、法律合规风险等。如果在投资过程中，风险识别不当，不仅将会影响到该项目的执行，可能出现项目延误、成本超支等问题，还会直接影响到公司整体的资金流，陷入资金周转困难的局面。

对策：在项目初期，需要进行充分的可行性分析，全面收集信息，包括市场分析、技术评估、法律审查等，以便能够更准确地识别潜在风险。同时还应提高项目团队对风险管理的认识，确保每个成员都了解风险管理的重要性。

业务场景拓展

任务小结

本任务帮助珠江纸业公司进行生产线投资分析，第一，通过大数据从外部抓取最近的一年期贷款基础利率（LPR），作为税前债务资本成本，再结合公司的股权资本成本以及资本结构，分析计算加权平均资本成本，并把加权平均资本成本作为生产线投资分析的折现率。

第二，利用Python的numpy库，定义内含报酬率IRR的函数，来计算分析该生产线投资的内含报酬率，判断该生产线投资是否值得投资。

第三，利用Python的numpy库，定义净现值NPV的函数，来计算分析该生产线投资的净现值，判断该生产线投资是否值得投资。

第四，利用Python的numpy库，定义静态投资回收期的函数，来计算分析该生产线投资的静态投资回收期，从而帮助珠江纸业公司的管理层，了解该项目投资成本的回收时间。

在生产线投资分析中，存在风险识别不当的风险，可以通过充分进行可行性分析、全面收集信息、提高风险管理意识等措施，来降低该风险。

任务3 计算投资组合的风险价值

【教学重点】使用Python工具，计算投资组合的收益率和风险价值VaR。

【教学难点】使用Python工具，计算投资组合的风险价值VaR。

任务导入

【场景】

珠江纸业需要对中国工商银行（证券代码：601398.SH）和中国建设银行（证券代码：601939.SH）的股票投资组合，进行风险价值分析，两个股票的投资额分别占3/4和1/4，目前两种股票的市值共计50万元人民币，置信度为99%。为了充分了解未来风险情况，本任务计划获取2022年10月1日至2023年3月31日期间每个交易日的收盘价格数据，计算该投资组合持有期为1天的VaR。

认知识别

1. 风险价值（VaR）

风险价值(VaR)是金融领域广泛使用的风险度量，它可以量化在特定时间范围内和给定置信度水平下投资或投资组合的潜在损失。它提供的一个单一的数字，代表投资者在正常市场条件下可能经历的最大损失。VaR是风险管理、投资组合优化和法规遵从的重要工具。

VaR通常以负的金额表示，代表投资者在一定程度的信心下可以预期经历的最大损失。例如，在95%的置信水平下，值为100万美元意味着在指定的时间范围内有5%的可能性损失超过100万美元。

2. 三种常用的 VaR 计算方法

三种常用的VaR计算方法：历史模拟法、参数化法、蒙特卡罗模拟法，每种方法都有自己的假设和局限性。需要注意的是：VaR并不提供关于损失超过这个值的情况下可能面临的实际损失的信息。因此，在使用VaR时还需要结合其他风险度量指标和情景分析，来更全面地了解潜在风险。

（1）历史模拟法是一种非参数方法，它使用历史价格数据来估计投资或投资组合的潜在损失。它假设未来收益将遵循与过去收益相同的分布，并根据收益的历史分布计算VaR。VaR提供了对潜在损失的估计，这种损失在一定程度上是可信的。

（2）参数化法是一种假设资产或投资组合的收益遵循特定分布(如正态分布)的方法，它使用统计技术估计分布的参数，并根据这些参数计算VaR。为了计算参数VaR，需要对收益的分布做出一定的假设，最常见的假设是收益服从正态分布。在这个假设下，可以估计收益的均值和标准差，并用它们来计算VaR。

（3）蒙特卡罗模拟法是一种基于模拟的方法，它生成未来收益的多个场景，并根据这些场景计算VaR。它不做任何关于收益分布的假设，可以捕捉非线性关系和复杂的风险因素。为了计算蒙特卡罗VaR，需要根据历史数据模拟未来的回报，可以使用历史收益的均值和标准差来生成未来收益的随机情景。考虑到非线性关系和复杂的风险因素，蒙特卡罗VaR提供了对具有一定置信度的预期潜在损失的估计。

使用不同方法计算的VaR值略有不同，这是因为每种方法都有不同的假设和近似。在解释VaR结果时，理解每种方法的局限性和假设是很重要的。

知识拓展

1. norm 函数

from scipy.stats import norm 是Python中使用SciPy库的一个常见语句，用于从scipy.stats模块导入norm函数。norm函数是SciPy库提供的一个工具，用于处理标准正态分布（均值为0，标准差为1）的计算。norm函数的主要用途如表5-6所示。

表 5-6　norm 函数常用情况表

序号	名称	用途
1	累积分布函数（CDF）	norm.cdf(x) 计算正态分布的累积概率，即随机变量小于或等于x的概率
2	概率密度函数（PDF）	norm.pdf(x) 计算正态分布的概率密度，即在x处的函数值
3	分位数函数	norm.ppf(q) 是累积分布函数的逆函数，用于计算给定累积概率q对应的分位数
4	随机数生成	norm.rvs() 生成服从标准正态分布的随机数
5	正态分布拟合	norm.fit(data) 根据给定的数据集拟合正态分布的参数
6	正态分布区间	norm.interval(alpha) 计算正态分布的置信区间

2. cumprod() 函数

在Python的pandas库中，cumprod()函数用于计算一系列值的累积乘积，这意味着它会返回一个新的序列，其中每个元素是原始序列中从第一个元素到当前元素的乘积。

cumprod() 函数的特性：它逐元素地计算累积乘积；默认情况下，累积乘积是沿着索引排序的顺序计算的；如果传入的序列是空的，或者只包含一个元素，返回的序列将与输入序列相同。

示例 计算累计乘积：

```
import pandas as pd
# 创建一个简单的Series
s = pd.Series([1, 2, 3, 4, 5])
# 计算累积乘积
cumprod_series = s.cumprod()
print(cumprod_series)
```

执行结果如图 5-13 所示。

```
0    1
1    2
2    6
3    24
4    120
dtype: int64
```

图 5-13 累积乘积结果图

3. NumPy 库的 np.sqrt() 函数

np.sqrt() 是 NumPy 库中的一个函数，用于计算数组中每个元素的平方根。np 是 NumPy 的常用别名，因此首先需要确保已经通过 import numpy as np 导入了 NumPy 库。

（1）基本语法：numpy.sqrt(x)。其中 x 是一个数组或者一个数值，np.sqrt() 将计算 x 的每个元素的平方根。

（2）参数说明：x 是输入的数组或数值，要求元素为非负数，因为负数没有实数平方根。

（3）返回值：返回一个新的数组，其中包含原始数组中每个元素的平方根。

示例

1. 计算单个数值的平方根

```
import numpy as np
# 计算单个数值的平方根
print(np.sqrt(16))
# 输出： 4.0
```

2. 计算数组中每个元素的平方根

```
import numpy as np
numbers = np.array([4, 9, 16, 25])
square_roots = np.sqrt(numbers)
print(square_roots)
# 输出：[2.3.4.5.]
```

分析研判

结合三种常用的VaR计算方法，珠江纸业计划采用历史模拟法进行风险价值VaR的计算。

首先，珠江纸业需要获取股票数据并需要处理数据。获取中国工商银行和中国建设银行，它们在2022年10月1日至2023年3月31日期间每个交易日的收盘价格数据。

其次，需要计算每个股票的收益率，并将两个股票的收益率组合成投资组合的收益率。

最后，计算投资组合的每日价值、每日收益率，以及计算VaR。

二、任务实施

步骤1：导入相关库以及设置tushare接口。

```
import pandas as pd
import numpy as np
import tushare as ts
from scipy.stats import norm
# Tushare设置
pro = ts.pro_api('token')        #此处的token需要替换成真实token
```

步骤2：定义日期和股票代码。

```
start_date = '20221001'
end_date = '20230331'
code_list = ['601398.SH', '601939.SH']
```

步骤3：获取并处理数据。

```
stock_data = {}
for code in code_list:
    df = pro.daily(ts_code=code, start_date=start_date, end_date=end_date)
    df = df[['ts_code', 'trade_date', 'close']]
```

```
    df.to_csv(f'{code}.csv', encoding='utf-8') # 使用utf-8编码
    stock_data[code] = df.set_index('trade_date').sort_index()
```

步骤4：计算收益率。

```
returns_dict = {code: data['close'].pct_change().dropna() for code,
data in stock_data.items()}
```

步骤5：组合投资收益率。

```
portfolio_returns = 0.75 * returns_dict['601398.SH'] + 0.25 * returns_
dict[601939.SH']
```

步骤6：计算投资组合价值和VaR。

```
initial_value = 500000
values = (1 + portfolio_returns).cumprod() * initial_value
daily_volatility = values.pct_change().std()
confidence_level = 0.99
holding_period = 1 # 一日持有期
alpha = norm.ppf(1 - confidence_level)
VaR = initial_value * daily_volatility * alpha *
np.sqrt(holding_period / 252)
```

步骤7：输出结果。

```
print(f'置信度99%的一日VaR为:{VaR:.2f} RMB')
```

结果预览：

置信度99%的一日VaR为：-523.36 RMB。

通过Python采用历史模拟法，计算中国工商银行和中国建设银行投资组合风险价值VaR，帮助珠江纸业了解该投资组合在正常市场条件下可能面临的最大损失，这里的负号表示损失，结合执行结果，可知在99%的置信水平下，预计该投资组合在未来一天内的最大损失不会超过523.36元人民币，从而帮助珠江纸业公司了解该投资组合的风险，做出明智的投资选择。

风险控制

（1）统计量选取不当的风险：尽管VaR模型是国际上近几年发展起来的一种卓有成效的风险

量化技术，可以给风险投资者提供风险的定量数值，但它还是有一定的局限性。珠江纸业在计算投资组合的风险时，应充分考虑VaR模型与其他模型一样存在模型风险，如果统计量选取不当，将导致预测误差的增大。

对策：在估算风险时要选取合适的统计量，并选择合适的置信水平，根据风险承受能力和业务需求，选择一个合适的置信水平，常见的有95%、99%等，这可以反映风险管理者愿意接受的最大损失发生的概率，还可以对模型统计根进行检验。

（2）VaR模型没有考虑极端情况的风险：从技术角度来讲，VaR值表明的是一定置信度内的最大损失，但是并不能绝对排除高于VaR值的损失发生的可能性。VaR只是市场处于正常变动下风险的有效测量，对金融市场价格的极端变动造成的损失无法进行度量。

对策：可以通过压力测试，来评估在极端市场情况下投资组合的表现，还可以使用极值理论，来估计那些超出常规统计分布范围的极端事件的概率和潜在损失。

任务小结

本任务帮助珠江纸业公司计算中国工商银行和中国建设银行投资组合的风险价值，首先，珠江纸业需要获取股票数据并需要处理数据。获取中国工商银行和中国建设银行，它们在2022年10月1日至2023年3月31日期间每个交易日的收盘价格数据。

其次，计算了中国工商银行和中国建设银行，每个股票的收益率，并将两个股票的收益率组合成投资组合的收益率。

最后，计算了投资组合的每日价值、每日收益率，结合历史模拟法，计算投资组合的风险价值VaR，帮助珠江纸业了解在正常市场条件下，该投资组合可能面临的最大损失。

项目总结

本项目主要围绕珠江纸业股份有限公司的投资需求，学习了Python在企业投资业务中的应用，主要应用于证券投资分析、生产线投资分析，以及计算投资组合的风险价值。通过学习，掌握了Python基于tushare、pandas库等，进行金融数据的读取、清洗、转换和分析，掌握了函数的定义和调用，掌握了matplotlib或plotly等数据可视化库的操作，掌握了投资组合风险价值VaR的计算。通过后羿编辑器、Python语言，实现了对相关网站的数据爬取，并借助人工智能技术自动识别关键信息，借助Python工具，简化了财务人员的数据处理和分析流程，极大地提高了财务工作效率，使得财务人员能够更加专注于投资决策的分析和规划上，帮助公司能够更准确地预测市场趋势，评估投资风险，进而实现投资效益的最大化（见图5–14）。

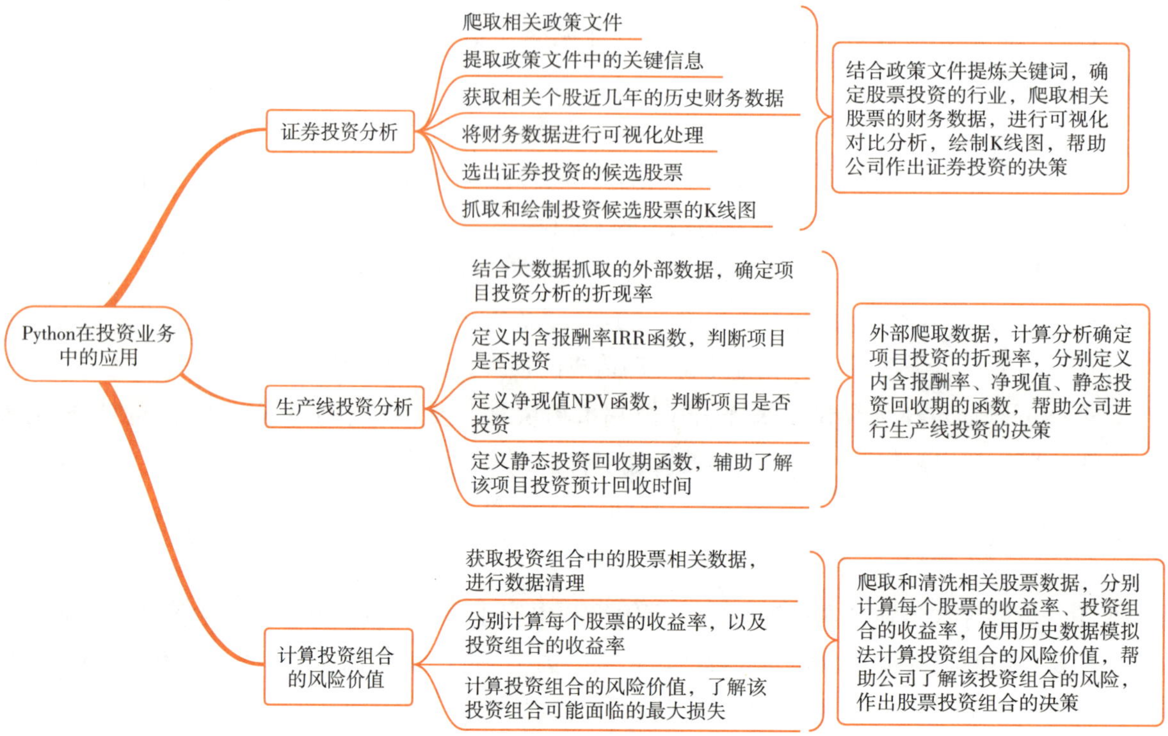

图 5-14 Python 在投资业务中的应用思维导图

课后练习

练习 1：

请运用tushare包收集深证成指（399001.SZ）2005—2023年年末收盘指数（即20050101-20231231）。

练习 2：

运用tushare包收集海信家电（000921.SZ）2023年全年的月度收盘价（接口：monthly）。

练习 3：

运用tushare包收集2005年初到2023年末上证综指（000001.SH）的年度收盘指数（接口：pro_bar）。

练习 4：

运用tushare包收集五洋自控公司（股票代码为300420.SZ），2023年年末的每股收益。

练习 5：

绘制折线图，其中要求包含两条折线，一条代表 yMax，另一条代表 yMin，其中x 轴的范围是4到18。

yMax的值分别为：32,33,34,34,33,31,30,29,30,29,26,23,21,25,31。

yMin的值分别为：19,19,20,22,22,21,22,16,18,18,17,14,15,16,16。

练习 6：

运用tushare包收集2024年1月31日的贷款基础利率数据（接口：shibor_lpr）。

练习 7：

自定义现值指数函数，目前项目的净现值为1,500万元，初始投资成本为1,000万元，计算现值指数。

练习 8：

采用历史模拟法，通过Python工具计算投资组合的风险价值，其中：

假定日收益率：

returns1 = np.random.normal(loc=0.0005, scale=0.02, size=252)

returns2 = np.random.normal(loc=0.0005, scale=0.025, size=252)

置信水平为0.95，持有期为1天，投资组合权重为3/1。

习题答案

项目6 Python在筹资业务中的应用

学习目标

知识目标

1. 理解Python在资金需求预测中的基本理论和方法；
2. 掌握Python编程语言在筹资方式选择、债务筹资、权益筹资和混合筹资中的应用原理；
3. 学习并掌握使用Python进行数据分析、模型构建和预测的基本技能。

技能目标

1. 能够运用Python编程解决资金需求预测问题；
2. 能够根据实际业务需求，使用Python选择合适的筹资方式；
3. 能够独立编写Python代码，实现债务筹资和权益筹资的计算与分析；
4. 能够综合运用Python工具，对混合筹资方案进行设计和优化。

素养目标

1. 培养严谨的逻辑思维和科学的态度，以数据和事实为依据进行决策；
2. 鼓励学以致用，培养解决实际问题的能力；
3. 激发学生积极学习和掌握新兴技术、新方法，培养学生的快速适应能力；
4. 培养终身学习的习惯，不断更新知识，以提升个人的竞争力和适应力。

项目情境

根据珠江纸业2023年的具体情况和筹资环境，进行资金需求量预测；再根据珠江纸业的具体情况，选择恰当的筹资方式；然后分别创设情境，用Python工具解决珠江纸业在债务筹资、权益筹资和混合筹资中所面临的具体问题。

任务 1 资金需求量预测

【教学重点】使用 pandas 库读取 Excel 文件；使用 statsmodels 库进行一元线性回归分析；使用 tushare 工具获取宏观经济数据；建立并应用线性回归模型进行预测。

【教学难点】运用 Python 构建线性回归模型，返回斜率和截距；设置 token，并利用 pro 接口获取数据；运用 Python 工具找到高低点，建立模型并运用高低点法进行资金预测。

任务导入

在珠江纸业的年度战略会议上，财务总监钟准敏提出了一个创新的分析方案。他建议通过深入分析历史数据，结合当前市场趋势，预测未来一年的纸品销售价格和销售量，进而预测公司的资金需求量。

【场景】

财务总监钟准敏和他的团队将使用 Python 软件打开并分析“历史价格.xlsx”，这份文件记录了 2022 年纸浆及纸品的历史价格。通过这项分析，他们希望了解不同纸品价格与原材料价格之间的关系，为后续的价格预测打下基础。

财务总监钟准敏将运用 Python 进行回归分析，特别是针对印刷用纸和办公用纸与针叶浆价格之间的关系，建立一元线性回归模型。这将帮助团队理解价格变动的规律，并预测 2023 年的市场趋势。

为了更全面地评估市场潜力，财务总监钟准敏计划利用 Python 中的 tushare 工具，抓取 2022 年的 GDP 增长率数据。他相信，通过分析经济增长与纸品销售之间的关系，可以更准确地预测 2023 年的销售量。

在掌握了销售量预测后，财务总监钟准敏将采用高低点法，结合 2019 年至 2022 年的历史销售量和资金总需求量数据，来预测 2023 年的资金需求量。这种方法将帮助公司在不同市场情况下做出灵活的资金规划。

为了验证高低点法的预测结果，财务总监钟准敏还将使用线性回归分析法，再次预测 2023 年的资金需求量。通过比较两种方法的结果，团队可以更有信心地制订资金筹集和分配策略。

通过这一系列的分析，珠江纸业将能够更精准地把握市场脉搏，合理规划资金使用，从而在激烈的市场竞争中占据有利地位。

认知识别

资金需求量预测是企业财务管理中的一项关键活动，它帮助企业规划和调整资金流动性，确保企业运营的顺畅和财务的稳健。高低点法、线性回归分析法和销售百分比法是三种常用的资金需求量预测方法。

1. 高低点法

高低点法是一种简单的预测方法，通过分析历史数据中的最高点和最低点来确定资金需求的变化趋势，该方法的具体应用步骤有4步。

（1）数据收集：收集并整理企业在不同销售水平下的资金需求量数据。

（2）确定高低点：从历史数据中找出销售量最高和最低的两个点，并记录这两个点的资金需求量。

（3）计算资金需求变动率：用最高点的资金需求量减去最低点的资金需求量，然后除以相应的销售量差额，得到每单位销售量变化所需的资金变动额。

（4）预测：根据预测的销售量，利用计算出的变动率估算所需的资金量。

2. 线性回归分析法

线性回归分析法是一种统计学方法，用于建立一个或多个自变量与因变量之间的线性关系模型，线性回归预测资金需求量的具体步骤有5步。

（1）数据收集：收集历史数据，包括销售量和相应的资金需求量。

（2）建立模型：使用统计软件建立销售量与资金需求量之间的线性回归模型。

（3）参数估计：通过最小二乘法等技术估计模型的斜率（资金需求对销售量的敏感度）和截距。

（4）模型检验：检验模型的拟合优度和统计显著性。

（5）预测：使用建立的模型，根据预测的销售量计算资金需求量。

3. 销售百分比法

销售百分比法是一种基于销售收入的百分比来预测资金需求量的方法，销售百分比法预测资金需求量的具体步骤有4步。

（1）确定比例：根据历史数据，确定资产、负债和费用等项目与销售收入的比例关系。

（2）计算资金缺口：预测销售收入，然后根据确定的比例计算各项资金需求。

（3）汇总资金需求：将所有项目的资金需求汇总，得到总的资金需求量。

（4）调整和预测：根据企业的具体情况和市场变化，对预测结果进行调整。

分析研判

1. 在 Python 中打开 Excel 文件并查看数据

编写此Python代码需要对pandas库有深入的了解，以及对数据清洗、探索和可视化的基本认识。此外，理解业务逻辑并将其转化为代码也是非常重要的。通过上述步骤，可以构建一个基本的数据分析流程，以支持业务场景中的价格预测需求。

2. 用 Python 进行一元线性回归，建立价格联动模型

编写此Python代码需要对一元线性回归的统计学原理有基本的理解，熟悉pandas、statsmodels和Numpy库的使用，以及能够进行异常处理和结果输出。通过上述步骤，可以构建一个完整的回归分析流程，以支持业务场景中的数据分析需求。

3. 用 tushare 库抓取 GPD 数据，预测销售增长率

需要对tushare库、pandas数据处理、API使用，以及Python基本语法有良好的掌握。通过上述步骤，可以构建一个基于GDP增长率的纸品销售量预测流程。此流程可以帮助企业更好地理解市场趋势，为未来的生产和销售计划提供数据支持。

4. 运用 Python 工具建立高低点模型，预测资金需求量

需要具备基本的Python编程能力，特别是对数组操作和数学计算的理解。通过上述步骤，可以构建一个简单的模型来预测资金需求量，这有助于企业进行财务规划和决策。

5. 运用 Python 工具建立线性回归模型，预测资金需求量

使用Python和numpy库应用线性回归分析法进行预测，建立资金需求量预测模型。基于这个模型对2023年的资金需求量进行预测，为珠江纸业的财务规划提供数据支持。

任务实施

步骤1：珠江纸业采用浆纸联动方法预测各类纸品2023年1月至12月的销售价格。

在测算浆纸联动预测市场价格时，由于印刷用纸及办公用纸的市场价格与针叶浆的关联度最高，而包装用纸的市场价与化机浆关联度最高，故在价格预测时，印刷用纸与办公用纸选用以针叶浆为基础的预测价进行计算，包装用纸选用以化机浆为基础的预测价进行计算。

要求：请使用Python软件打开并查看2022年纸浆及纸品历史价格，文件名为”历史价格.xlsx”。

```
#导入pandas库
import pandas as pd

#读取excel文件
df=pd.read_excel('历史价格.xlsx')

#打印显示文件
print(df)
```

运行结果(部分)如表6-1所示。

表6-1 历史价格

日期	针叶浆	化机浆	颜B纸	轻型纸	颜A纸	轻涂纸	胶版纸	热敏原纸	牛皮包装纸	淋膜原纸	办公用纸
2022年1月	6,750	5,300	6,973.80	7,463.50	7,050.50	7,050.50	6,759.04	7,080.00	6,258.00	5,960.00	6,785.00
2022年2月	6,800	5,400	6,855.60	7,337.00	6,931.00	6,931.00	6,644.48	6,960.00	6,300.00	6,000.00	6,670.00
2022年3月	6,850	5,500	6,973.80	7,463.50	7,050.50	7,050.50	6,759.04	7,080.00	6,342.00	6,040.00	6,785.00
……											

结果应用：依据Python程序运行结果，我们可以读取调用Excel文件，直观查看纸浆历史价格数据，为纸浆价格联动模型构建做好数据准备工作。

步骤2：建立一元线性回归分析模型。

根据历史价格信息，运用Python进行回归分析，建立针叶浆价格和颜B纸价格的一元线性回归分析模型，并返回相应的斜率和截距。

```
#导入必要的库
import pandas as pd
import statsmodels.api as sm
import numpy as np

#读取历史价格数据文件
df=pd.read_excel('历史价格.xlsx')

#选中自变量与因变量的数据,X自变量为针叶浆历史价格,y因变量为颜B纸历史价格
X=df[['针叶浆']]
y=df[['颜B纸']]

# 添加一个常数列作为截距
X = sm.add_constant(X)

# 创建一个OLS模型并拟合它
model = sm.OLS(y, X).fit()

# 打印模型的参数,即斜率和截距
print('斜率:',model.params[1],'截距:',model.params[0])
```

运行结果如表6-2所示。

表6-2 模型斜率与截距

斜率	截距
0.493493	3,566.344234

结果应用：利用Python程序，依据历史数据构建了颜B纸价格和针叶浆价格之间的OLS模型，根据Python运行结果得出的斜率和截距数据，颜B纸价格（y）与针叶浆价格（X）之间的数量关系，可以用一个一次函数表示：y=0.493493X+3,566.344234。这样就建立了颜B纸价格和针叶浆价格之间的价格联动模型，如果2023年1月针叶浆价格的价格为7,300元/吨，那么我们就可以用

这个模型预测出1月颜B纸价格为7,168.84元/吨。依次类推，可以采用类似的方法构建其他各种纸品的价格与纸浆价格之间的数量关系，构建价格联动模型，再根据价格联动模型预测各种纸品2023年各月的销售价。

步骤3：预测销售量。

2023年各纸品的销售量，需要在2022年历史销售量的基础上，运用Python中的tushare工具，抓取2022年第1季度到第4季度的GDP增长率，并以GDP平均增长率，预测2023年纸品销售量。

```
#导入tushare库
import tushare as ts

#设置token
pro = ts.pro_api( 'token' )       #此处的token需替换成公共token

# 使用pro接口获取数据
df = pro.cn_gdp(start_q='2022Q1', end_q='2022Q4',fields='quarter,gdp,gdp_
yoy')

#打印获取的GDP数据
print(df)
```

运行结果如表6–3所示。

表 6–3 GDP 增长率

	quarter	gdp（亿元）	gdp_yoy（%）
0	2022Q4	1,210,207	3
1	2022Q3	870,269	3
2	2022Q2	562,642	2.5
3	2022Q1	270,178	4.8

结果应用：利用Python程序，抓取到了2022年度第1季度到第4季度的GDP总量数据（gdp）及GDP增长率数据（gdp_yoy），从而可以算出2022年GDP的平均增长率为3.33%。利用这个结果作为2023年各种纸品销售量的同比增长率，从而可以根据历史销售量预测2023年各纸品的销售数量。如果2022年1月颜B纸的销售量为7,782.91吨，则2023年1月颜B纸的销售量为8,042.08吨。

步骤4：高低点法预测资金总需求量。

根据珠江纸业2019年至2022年的历史销售量数据和2019年至2022年的资金总需求量数据，采用高低点法，用Python工具预测2023年的资金总需求量。

```
# 导入pandas库,用于读取和处理Excel文件
import pandas as pd

# 指定Excel文件的路径
# 请确保将'高低点法数据.xlsx'替换为实际文件的路径
file_path = '高低点法数据.xlsx'

# 使用pandas的read_excel函数读取Excel文件
# 这将文件中的数据加载到一个DataFrame对象中,DataFrame是一个二维表格型数据结构
data = pd.read_excel(file_path)

# 从DataFrame中提取销售量和资金占用量的数据
# '.values'将列转换为一维数组,便于后续的数值计算
sales = data['销售量'].values   # 提取销售量数据
funds = data['资金占用量'].values   # 提取资金占用量数据

# 使用Python内置的max和min函数找出销售量和资金占用量的最高点和最低点
high_point = max(sales)   # 销售量的最高点
low_point = min(sales)    # 销售量的最低点
high_fund = max(funds)   # 资金占用量的最高点
low_fund = min(funds)    # 资金占用量的最低点

# 根据高低点法计算斜率,斜率表示资金占用量对销售量的敏感度
# 斜率公式为:(最高点资金占用量 - 最低点资金占用量) / (最高点销售量 - 最低点销售量)
slope = (high_fund - low_fund) / (high_point - low_point)

# 计算截距,截距是当销售量为0时资金占用量的值
# 截距公式为:最低点资金占用量 - 斜率 * 最低点销售量
intercept = low_fund - slope * low_point

# 使用round函数将斜率和截距四舍五入到四位小数,以满足精度要求
slope = round(slope, 4)
```

```
intercept = round(intercept, 4)

# 打印斜率和截距的值,这里使用了格式化字符串来清晰地展示结果
print(f"斜率(Slope): {slope}")
print(f"截距(Intercept): {intercept}")

# 定义一个函数model_sales,它接受销售量作为参数,并根据模型计算对应的资金占用量
# 函数内部使用了之前计算得到的斜率和截距
def model_sales(sales_volume):
    return slope * sales_volume + intercept

# 打印模型函数的表达式,这里同样使用了格式化字符串
print("模型函数: 资金占用量 =", slope, "* 销售量", intercept)
```

运行结果：

```
斜率(Slope):17,482.0944
截距(Intercept):-12,323,772,072.873
模型函数：资金占用量=17,482.0944*销售量-12,323,772,072.873
```

结果应用：Python程序首先用max和min函数找到了最高点和最低点，然后运用最高点和最低点数据得到了模型的斜率和截距，从而建立了资金占用量与销售量之间的函数：资金占用量=17,482.0944*销售量-12,323,772,072.873。利用这个模型可以预测2023年的资金占用量，如果2023年的销售量为980,598.76吨，则预测的2023年的资金占用量为4,819,148,017.97元。

步骤5：线性回归分析法预测资金总需求量。

根据珠江纸业2019年至2022年的历史销售量数据，以及2019年至2022年的资金总需求量数据，采用线性回归分析法，用Python工具预测2023年的资金总需求量。

```
# 导入所需的库
import pandas as pd
import statsmodels.api as sm

# 读取Excel文件,假设文件名为'线性回归法数据.xlsx'
# 这里使用pd.read_excel函数,它需要一个文件路径作为参数
df = pd.read_excel('线性回归法数据.xlsx')
```

```
# 准备数据,将销售量作为自变量X,资金占用量作为因变量y
# 使用values属性将DataFrame中的列转换为NumPy数组
# 这里我们只选取'销售量'列作为X,'资金占用量'作为y
X = df[['销售量']].values  # X是一个二维数组,因为statsmodels需要这样的格式
y = df['资金占用量'].values  # y是一个一维数组

# 使用statsmodels的add_constant函数为X添加常数项
# 因为statsmodels的OLS模型不会自动添加截距项
# 这将允许模型拟合一个包含截距的线性方程
X = sm.add_constant(X)

# 创建一个OLS回归模型对象,传入因变量y和自变量X
model = sm.OLS(y, X)

# 使用fit方法拟合模型,这将计算回归系数
# 拟合完成后,模型的参数将存储在results对象中
results = model.fit()

# 从拟合结果中获取截距(intercept)和斜率(slope)
# params是一个包含模型参数的字典,索引0是截距,索引1是斜率
intercept = results.params[0]
slope = results.params[1]

# 打印截距和斜率,使用格式化字符串保留四位小数
print(f"截距: {intercept:.4f}")
print(f"斜率: {slope:.4f}")

# 打印销售量和资金占用量之间的函数关系式
# 使用格式化字符串将斜率和截距插入到关系式中
print(f"资金占用量 = {slope:.4f} * 销售量  {intercept:.4f}")
```

运行结果：

```
截距：-11,515,021,819.6318
斜率；16,684.5744
资金占用量=1,664.5744*销售量-11,515,021,819.6818
```

结果应用：Python程序OLS回归得到了模型的斜率和截距，建立了资金占用量与销售量的函数：资金占用量=16,684.5744×销售量-11,515,021,819.6818。利用这个模型可以预测2023年的资金占用量，如果2023年的销售量980,598.76吨，则预测的2023年的资金占用量为4,845,851,148.09元。

风险控制

1. 价格联动预测销售价格

可能存在以下风险：

（1）动态性不足，价格联动预测可能无法捕捉到价格的短期波动和非线性变化；

（2）数据限制，如果历史数据不全面或存在偏差，预测结果的准确性会受到影响。

对策：

（1）提升模型动态性，采用时间序列分析和非线性模型，捕捉价格的短期波动和非线性变化；

（2）优化数据质量，确保数据来源的多样性和准确性，使用数据挖掘技术纠正偏差，提高预测结果的可靠性。

2. 使用 GDP 平均增长率预测销售量

可能存在以下风险：

（1）数据的时效性和可靠性问题，以及过度依赖历史数据而未能充分考虑当前市场条件的变化，也可能影响预测的准确性；

（2）季节性因素、市场竞争和企业策略等均可能对销售量产生重大影响，而这些因素在GDP增长率中未必能够得到体现。

对策：

（1）定期更新数据源，确保使用的是最新且可靠的数据；引入季节性调整因素，以捕捉销售量的季节性波动；

（2）分析市场竞争和企业策略对销售的影响，将这些因素纳入预测模型。

3. 高低点法预测资金需求量

可能存在以下风险：此方法是一种静态预测，没有考虑时间序列数据的动态变化和趋势。

对策：采用动态预测方法，考虑时间序列数据的动态特性，利用时间序列分析等技术来预测资金需求的长期趋势和季节性变化。

4. 线性回归法预测资金需求量

可能存在以下风险：

（1）模型可能忽略了外部经济和市场因素，如宏观经济波动和政策变化，这些因素对资金需求量有直接影响；

（2）如果数据分布不符合正态性假设，将影响模型的统计推断和预测结果的准确性；

（3）过度依赖历史数据可能导致模型无法适应市场新趋势，降低预测的时效性；

（4）多重共线性问题可能导致模型参数估计不稳定，影响预测的可靠性。

对策：

（1）整合宏观经济和市场因素，以增强模型的外部适应性；

（2）确保数据满足正态分布假设，或采用适当的数据转换方法；

（3）定期更新模型以包含最新数据，确保预测的时效性；

（4）通过变量筛选减少多重共线性问题，并考虑模型的非线性扩展以捕捉更复杂的数据关系。此外，运用交叉验证和敏感性分析来评估和增强模型的稳健性。

任务小结

本任务综合运用Python软件，通过深入分析历史价格数据，建立了纸品与原材料价格之间的价格联动模型，结合GDP增长率数据，预测了销售量的增长趋势，进而成功预测了2023年的纸品销售价格和销售量；采用高低点法和线性回归分析法，进一步预测了资金需求量，为公司的资金策略提供了有力支撑。

任务2 筹资方案选择决策

【教学重点】使用SymPy库进行符号运算并构建方程；定义calculate_eps函数来计算每股收益（EPS）；使用条件语句判断哪个方案的EPS最高；使用matplotlib.pyplot绘制EPS随EBIT变化的图表。

【教学难点】使用Python构建并求解方程；结合使用max函数和条件语句，判断最佳筹资。

任务导入

【场景】

随着业务的不断扩张，珠江纸业需要额外的2,800万元资金来支持其增长计划。面对这一挑战，财务团队提出了三种不同的筹资方案，每一种都有其独特的优势和潜在的风险。为了作出明智的决策，团队决定深入分析每个方案对公司财务状况的影响。通过这一系列的分析和程序开发，珠江公司的管理层现在拥有了一套完整的工具，用以评估和比较不同的筹资方案。从数学建模到实际应用，再到数据可视化，每一步都为最终的决策提供了坚实的依据。随着筹资方案的确定，珠江公司将能够更自信地迈向未来，实现其业务扩展和增长的目标。

认知识别

每股收益无差别点法是一种在筹资决策中评估不同筹资方案的财务分析工具。它通过比较不同筹资方案在特定息税前利润（EBIT）水平下的每股收益（EPS），帮助企业选择最有利于股东的筹资方式。每股收益无差别点法在筹资方式选择中的具体应用步骤：

（1）确定筹资方案，列出所有可行的筹资方案，包括债务融资、股权融资或混合融资等；

（2）计算新增筹资成本，对于每种筹资方案，计算因新增债务或股权而产生的额外财务成本，如新增债务的利息费用或新增股权的股息成本；

（3）确定原有财务数据，收集公司现有的财务数据，包括原有的利息费用、股票总数、留存收益等；

（4）构建每股收益模型，利用每股收益公式，构建不同筹资方案下的每股收益模型；

（5）求解无差别点，通过设置不同筹资方案的每股收益相等，求解EBIT的值，这个值即为每股收益无差别点；

（6）分析预期EBIT，根据公司的财务预测，确定预期的EBIT水平；

（7）评估每股收益，将预期EBIT代入不同筹资方案的每股收益模型，计算并比较各方案下的EPS；

（8）作出决策，选择在预期EBIT水平下提供最高EPS的筹资方案，因为这意味着在相同的盈利能力下，股东可以获得更高的回报。

分析研判

实现上述任务的关键在于符号计算、函数编写、方程求解、数据比较和图表绘制。Python提供了丰富的库来支持这些操作，如sympy用于符号计算，matplotlib或seaborn用于数据可视化。通过这些步骤，可以有效地分析和比较不同筹资方案，并为珠江公司提供科学的决策依据。

三 任务实施

珠江公司目前资本结构为：总资本3,500万元，其中债务资本1,400万元（年利息140万元）；普通股股本1,210万元（210万股，面值1元，市价5元），留存收益890万元。企业由于扩大经营规模，需要追加筹资2,800万元，所得税税率25%，不考虑发行费用因素，有三种筹资方案。

甲方案：增发普通股400万股，每股发行价6元；同时向银行借款400万元，利率保持原来的10%。

乙方案：增发普通股200万股，每股发行价6元；同时溢价发行1,600万元面值为1,000万元的公司债券，票面利率15%。

丙方案：不增发普通股，溢价发行2,500万元面值为2,300万元的公司债券，票面利率15%；由于受债券发行数额的限制，需要补充银行借款300万元，利率为10%。

步骤1：计算每股收益无差别点息税前利润。

计算甲方案与乙方案的每股收益无差别点息税前利润；计算乙方案与丙方案的每股收益无差别点息税前利润；计算甲方案与丙方案的每股收益无差别点息税前利润。

```
import sympy as sp  # 导入SymPy库,用于符号数学计算

# 定义符号
EBIT = sp.symbols('EBIT')   # 定义EBIT(息税前利润)为符号变量,用于后续的方程构建和求解

# 初始数据
old_interest = 140  # 原有年利息
old_shares = 210  # 原有股票数量
tax_rate = 0.25  # 所得税税率

# 新增筹资和利息(这部分直接给出了新增年利息的数值,实际上应基于新增债务及利率计算)
new_interest_a = 40  # 甲方案新增的年利息
new_shares_a = 400  # 甲方案新增的股票数量

new_interest_b = 150  # 乙方案新增的年利息
new_shares_b = 200  # 乙方案新增的股票数量

new_interest_c = 375  # 丙方案新增的年利息
new_shares_c = 0  # 丙方案没有新增股票
# 计算每股收益的函数
def calculate_eps(EBIT, old_interest, new_interest, old_shares, new_shares):
```

```
    """
    根据给定的EBIT、原有利息、新增利息、原有股票数量和新增股票数量，
    计算每股收益(EPS)。
    """
    return (EBIT - old_interest - new_interest) * (1 - tax_rate) / (old_shares + new_shares)

# 解方程找到每股收益无差别点的EBIT
# 甲方案与乙方案的每股收益无差别点
eps_a = calculate_eps(EBIT, old_interest, new_interest_a, old_shares, new_shares_a)
eps_b = calculate_eps(EBIT, old_interest, new_interest_b, old_shares, new_shares_b)
equation_a_b = sp.Eq(eps_a, eps_b)  # 构建甲乙方案每股收益相等的方程
EBIT_indifferent_a_b = sp.solve(equation_a_b, EBIT)[0]  # 求解该方程,得到无差别点的EBIT
# 乙方案与丙方案的每股收益无差别点
eps_c = calculate_eps(EBIT, old_interest, new_interest_c, old_shares, new_shares_c)
equation_b_c = sp.Eq(eps_b, eps_c)  # 构建乙丙方案每股收益相等的方程
EBIT_indifferent_b_c = sp.solve(equation_b_c, EBIT)[0]  # 求解该方程,得到无差别点的EBIT

# 甲方案与丙方案的每股收益无差别点
equation_a_c = sp.Eq(eps_a, eps_c)  # 构建甲丙方案每股收益相等的方程
EBIT_indifferent_a_c = sp.solve(equation_a_c, EBIT)[0]  # 求解该方程,得到无差别点的EBIT

# 输出结果
print(f"甲方案与乙方案的每股收益无差别点息税前利润：{EBIT_indifferent_a_b:.2f}万元")
print(f"乙方案与丙方案的每股收益无差别点息税前利润：{EBIT_indifferent_b_c:.2f}万元")
print(f"甲方案与丙方案的每股收益无差别点息税前利润：{EBIT_indifferent_a_c:.2f}万元")
```

运行结果：

```
甲方案与乙方案的每股收益无差别点息税前利润：515.50万元
乙方案与丙方案的每股收益无差别点息税前利润：751.25万元
甲方案与丙方案的每股收益无差别点息税前利润：690.88万元
```

结果应用：Python运行结果表明，甲乙两种方案的每股收益无差别点的息税前利润为515.50万元，乙丙两种方案的每股收益无差别点的息税前利润为751.25万元，甲丙两种方案的每股收益无差别点的息税前利润为690.88万元。如果给定了预测的息税前利润水平，就可以根据计算的每股收益无差别点直接判断三种方案的优劣。例如：预测的息税前利润为800万元时，高于甲乙丙方案两两之间的每股收益无差别点，意味着公司的盈利能力较高，能够覆盖债务融资的成本，应尽可能采用债务占比较多筹资方案，也就是丙方案。当然，也可以通过下面实施步骤2的结果，更加准确地比较三种方案在既定EBIT水平下的每股收益，作出最佳选择。

步骤2：若不考虑风险，珠江纸业预计的息税前利润为500万元，应用每股收益无差别点法进行筹资决策，珠江纸业应选择哪个筹资方案？请用Python程序帮助珠江纸业作出决策。

为了确定在预期息税前利润为500万元的情况下，企业应如何筹资，我们需要比较三个方案在这一利润水平下的每股收益(EPS)。每股收益高的方案理论上更优，因为它表明同样的盈利条件下，股东能获得更高的回报。我们可以在之前的基础上增加一个比较环节，判断哪个方案在给定的EBIT下提供了最高的每股收益。

```
# 定义一个计算EPS的函数
def calculate_eps(EBIT, old_interest, new_interest, old_shares, new_
shares, tax_rate=0.25):
    """
    计算每股收益(EPS)
    """
    # 计算总股本
    total_shares = old_shares + new_shares
    # 计算每股收益
     return (EBIT  - old_interest - new_interest)* (1 - tax_rate) /
total_shares

# 预期EBIT水平
expected_EBIT = 500  # 万元
```

```
# 初始数据
old_interest = 140  # 原有年利息
old_shares = 210  # 原有股票数量
tax_rate = 0.25  # 所得税税率

# 方案数据
new_shares_a = 400  # 甲方案新增股票数量
new_interest_a = 400 * 0.10  # 甲方案新增年利息
new_shares_b = 200  # 乙方案新增股票数量
new_interest_b = 1000 * 0.15 # 乙方案新增年利息
new_shares_c = 0  # 丙方案不增发股票
new_interest_c = 2300 * 0.15 + 300 * 0.10  # 丙方案新增年利息

# 调用函数,计算每个方案的每股收益
eps_a=calculate_eps(expected_EBIT,old_interest,new_interest_a,old_shares,new_shares_a,tax_rate)
eps_b=calculate_eps(expected_EBIT,old_interest,new_interest_b,old_shares,new_shares_b,tax_rate)
eps_c=calculate_eps(expected_EBIT,old_interest,new_interest_c,old_shares,new_shares_c,tax_rate)

# 打印每股收益
print(f"预期EBIT为{expected_EBIT}万元时,")
print(f"甲方案的每股收益：{eps_a:.4f}元")
print(f"乙方案的每股收益：{eps_b:.4f}元")
print(f"丙方案的每股收益：{eps_c:.4f}元")

# 选择每股收益最高的方案
best_scheme_eps = max(eps_a, eps_b, eps_c)
best_scheme = "甲" if best_scheme_eps == eps_a else "乙" if best_scheme_eps == eps_b else "丙"
print(f"最佳筹资方案是：{best_scheme},每股收益为：{best_scheme_eps:.4f}元")
```

运行结果：

```
预期EBIT为500万元时，
甲方案的每股收益：0.3934元
乙方案的每股收益：0.3841元
丙方案的每股收益：-0.0536元
最佳筹资方案是：甲，每股收益为：0.3934元
```

结果应用：这一步骤运用Python程序，解决了预期EBIT水平下，计算甲、乙、丙三个筹资方案的EPS的问题，通过比较三个方案EPS的大小，可以直接作出筹资方案选择，即EPS最高的方案为最佳方案。例如，步骤2中假定EBIT水平为500万元，通过Python程序，快速计算出了三个方案的每股收益，并通过比较每股收益，选出了最佳筹资方案为甲方案。当然，如果预测的EBIT水平发生了变化，只需改变Python程序中expected_EBIT的数值，即可快速帮助公司实现决策。

步骤3：珠江公司若不考虑风险，请用Python程序绘制出方案甲、方案乙、方案丙的每股收益随着EBIT的变化如何发生变化的图像。

图的横坐标为EBIT，纵坐标为每股收益，以便我们能够清楚的在图上面看到每股收益无差别点，并能够根据图，在确定的预期EBIT水平下，直观地作出决策判断。

```
import matplotlib.pyplot as plt

# 定义计算每股收益的函数
def calculate_eps(EBIT, old_interest, new_interest, old_shares, new_
shares, tax_rate=0.25):
    total_shares = old_shares + new_shares
    return (EBIT - old_interest - new_interest) * (1 - tax_rate) /
total_shares

# 初始数据
old_interest = 140  # 原有年利息
old_shares = 210  # 原有股票数量
tax_rate = 0.25  # 所得税税率

# 方案数据
new_shares_a = 400  # 甲方案新增股票数量
```

```
new_interest_a = 400 * 0.10  # 甲方案新增年利息
new_shares_b = 200  # 乙方案新增股票数量
new_interest_b = 1000 * 0.15  # 乙方案新增年利息
new_shares_c = 0  # 丙方案不增发股票
new_interest_c = 2300 * 0.15 + 300 * 0.10  # 丙方案新增年利息

# EBIT的范围和步长
EBIT_range = range(0, 1001, 100)  # 从0到1000万元,步长为100
EBIT_range = [i for i in EBIT_range]  # 转换为列表

# 计算每个EBIT水平下的EPS
eps_a_values = [calculate_eps(EBIT, old_interest, new_interest_a, old_
shares, new_shares_a) for EBIT in EBIT_range]
eps_b_values = [calculate_eps(EBIT, old_interest, new_interest_b, old_
shares, new_shares_b) for EBIT in EBIT_range]
eps_c_values = [calculate_eps(EBIT, old_interest, new_interest_c, old_
shares, new_shares_c) for EBIT in EBIT_range]

# 绘制折线图
plt.figure(figsize=(10, 6))
plt.plot(EBIT_range, eps_a_values, linestyle='--', marker='o', color='b',
label='A')
plt.plot(EBIT_range, eps_b_values, linestyle='-', marker='o', color='r',
label='B')
plt.plot(EBIT_range, eps_c_values, linestyle=(0, (5, 10)), marker='o',
color='g', label='C')

# 添加标题和标签
plt.title('EBIT—EPS', fontsize=12)
plt.xlabel('EBIT', fontsize=12, fontweight='bold')
plt.ylabel('EPS', fontsize=12, fontweight='bold')

# 添加图例
plt.legend()
```

```
# 显示网格
plt.grid(True)
# 显示图表
plt.show()
```

运行结果如图6-1所示：

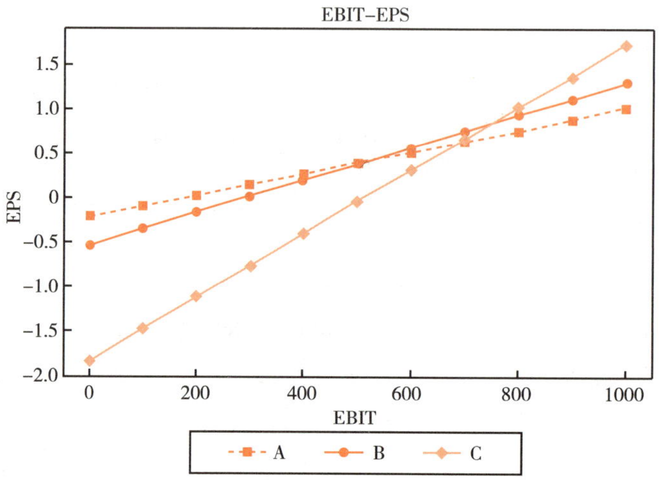

图 6-1 EBIT-EPS 图

结果应用：通过Python生成的折线图，公司可以直观地比较某一预测EBIT水平下甲（A）、乙（B）、丙（C）三个方案的EPS水平高低，而不需要计算每种方案的EPS水平就可以直接快速地得出决策结论。例如：EBIT预测水平为400万元时，从图中直接可以判断甲（A）的EPS水平最高，最优方案为甲方案；EBIT预测水平为600万元时，从图中直接可以判断乙（B）的EPS水平最高，最优方案为乙方案；EBIT预测水平为1,000万元时，从图中直接可以判断丙（C）的EPS水平最高，最优方案为丙方案。

风险控制

每股收益无差别点法在筹资决策中可能面临市场波动、利率变动、业绩不确定性、财务杠杆风险、非财务因素忽略、长期影响忽视、股东风险偏好差异和税务影响等风险。企业应综合考虑这些因素，进行全面的风险评估和管理，以确保决策的稳健性。

对策：首先，通过深入的市场分析增强预测能力，以应对市场波动；其次，利用利率对冲工具管理利率风险；最后，建立业绩监控系统，以实时跟踪并快速响应业绩变化。同时，保持适度的财务杠杆，避免过度借贷风险。

在决策时，应综合考虑财务和非财务因素，确保决策的全面性，并重视长期战略规划，避免短视行为。通过多元化投资和筹资方式分散风险，与股东保持沟通以平衡不同风险偏好，并进行税务规划以减少税务负担。此外，还要制订应急预案，以灵活应对市场和经济的不可预见变化，确保企业稳健发展。

任务小结

本任务通过深入分析珠江纸业的三种筹资方案，利用Python编程实现了每股收益无差别点法的计算和比较。通过符号计算、函数编写、方程求解等步骤，不仅确定了不同方案的每股收益无差别点息税前利润，还预测了在特定EBIT水平下各方案的每股收益表现。此外，通过数据可视化，绘制了每股收益随EBIT变化的折线图，直观展示了不同筹资方案的优劣。这一系列分析为珠江纸业提供了科学的决策依据，使其能够在确保股东利益最大化的前提下，作出最合适的筹资选择。

任务 3　债务筹资决策

【教学重点】使用Python的requests库获取网络数据；结合pandas进行数据清洗和预处理；将Python编程技能应用于解决财务问题。

【教学难点】Python编程技能应用于解决财务问题。

任务导入

珠江纸业，一家在行业内具有重要影响力的企业，正站在新的起点上，准备扩大生产规模并优化资本结构。为了实现这一战略目标，公司需要进行一系列财务分析和决策，以确定最佳的融资途径和成本。

【场景 1】市场利率分析

首先，公司财务团队使用Python的tushare工具，获取了2022年最近一期的一年期贷款市场利率。这一步骤为公司提供了重要的市场基准，为接下来的贷款融资决策提供了数据支持。

【场景 2】银行借款利息计算

接着，团队利用Python对2022年银行借款明细表进行分析，计算每笔借款在该年度的利息支出。通过编写自定义函数，团队精确计算了每笔借款的实际占用天数和相应的利息费用，为公司的财务规划提供了详细依据。

【场景 3】抵押贷款还款计划

面对即将到来的抵押贷款，珠江纸业通过Python程序计算了整个还款周期的每月还款额，包括利息部分、本金部分及贷款余额。这一分析帮助公司了解了长期资金成本和现金流安排。

【场景 4】债券市场数据获取

为了确定即将发行的公司债券的票面利率，团队再次利用Python爬虫技术，从中国债券信息网获取了五年期国债的收益率，并结合市场风险溢价，确定了债券的预期票面利率。

【场景5】市场债券信息分析

进一步地，为了评估债券的发行价格，团队抓取了市场上期限8年以上的债券信息，通过筛选和分析，得到了市场上类似债券的发行条件和利率水平。

【场景6】债券发行价格计算

最后，结合实际市场收益率和票面利率，团队使用Python程序计算了债券的发行价格。这一计算不仅考虑了债券的利息收入，还考虑了本金的现值，确保了债券发行价格的合理性和市场竞争力。

通过这一系列连贯的任务实施，珠江纸业的管理层能够全面了解市场状况，精确计算融资成本，并制订出符合公司长期发展战略的财务计划。这不仅体现了信息技术在现代财务管理中的重要性，也展示了财务专业知识与技术工具结合的巨大潜力。通过这种综合运用，珠江纸业能够更加自信地面对市场的挑战，实现可持续发展。

认知识别

（1）借款利率通常由市场利率、银行的贷款政策、借款人的信用状况以及贷款期限等因素决定。短期借款，如流动资金借款，利率通常参照中央银行的基准利率或市场同业拆借利率。长期借款，利率可能固定或浮动，浮动利率常与某个基准利率挂钩，并加上一定的利差。

（2）抵押借款每期年末等额还本付息计算方法：等额还本付息方式是指贷款期间，每期偿还相同金额的本金和利息。计算方法如下：每期等额还款额=本金/（P/A,i,n）,某期偿还利息金额=上期末贷款本金余额*每期利率，某期偿还本金金额=每期等额还款额–某期偿还利息金额。

（3）债券发行价格计算方法：使用年金现值系数计算债券利息的现值，使用普通现值系数计算本金的现值，债券发行价格=本金现值+利息现值。

分析研判

（1）场景1中需要使用ts.pro_api连接到tushare Pro API获取数据，使用shibor_lpr方法获取指定日期范围的Shibor利率数据。

（2）场景2中需要使用pd.to_datetime转换日期格式，使用定义自定义函数calculate_interest来计算每笔借款的利息，使用apply方法应用自定义函数到数据帧的每一行，使用strftime格式化日期。

（3）场景3需要定义函数calculate_equal_monthly_payment计算等额本息的月还款额，定义函数generate_amortization_schedule生成还款计划表，使用循环和条件语句计算每期的利息、本金和余额。

（4）场景4需要使用urllib.request.urlopen打开网络URL并读取数据，使用decode方法将字节流转换为字符串，使用StringIO将字符串数据转换为文件对象，使用csv.reader读取CSV数据，使用pandas创建DataFrame并处理数据。

（5）场景5类似于业务场景4，使用urllib和csv库读取和解析CSV数据，使用pandas进行数据筛选和处理。

（6）场景6需要定义函数present_value_annuity计算年金现值，定义函数present_value_lump_sum计算单笔金额现值，使用债券的基本参数和上述函数计算债券的发行价格。

数据链接

三　任务实施

步骤1：获取一年期贷款利率。

珠江公司拟采用1年期流动借款方式来满足部分融资需求，利用Python中的tushare工具获取2022年最近一期的一年期贷款利率，作为珠江公司的贷款利率。

```
#导入tushare库
import tushare as ts
#设置token
pro = ts.pro_api( ‘token’ )        #此处的token需替换成公共token

# 使用pro接口获取数据
df  = pro.shibor_lpr(start_date='20221201', end_date='20221231',
fields='date,1y')

#显示利率
print(df)
```

运行结果如表6–4所示。

表 6–4　一年期贷款利率结果

date	ly
20221220	3.65

结果应用：Python利用库抓取到的一年期贷款利率为3.65%，珠江纸业参考这个抓取的结果，与银行进行谈判，确定其流动资金贷款的利率。

步骤2：计算借款利息。

根据珠江公司2022年银行借款明细表的数据，运用Python工具计算每笔借款的2022年度的利息，利息计算规则为：所有贷款的计息天数的计算均采用算头不算尾的方式，且计息方式均使用利息=本金 × 年利率/360 × 实际占用天数进行计息，为简化计算，当年实际利息支出与全年应计利息一致（应计利息的计息期涵盖 2022 年 1 月 1 日至 2022 年 12 月 31 日）。

```
import pandas as pd
from datetime import datetime

# 读取Excel文件
df = pd.read_excel("银行借款明细表.xlsx")

# 将日期列转换为datetime对象
df['借款开始日期'] = pd.to_datetime(df['借款开始日期'], format='%Y.%m.%d')
df['借款截止日期'] = pd.to_datetime(df['借款截止日期'], format='%Y.%m.%d')

# 定义计算利息的起始日和截止日
start_date = datetime(2022, 1, 1)
end_date = datetime(2023, 1, 1)

# 定义计算利息的函数
def calculate_interest(row):
    # 找到计息起始日和截止日
    row_start_date = max(row['借款开始日期'], start_date)
    row_end_date = min(row['借款截止日期'], end_date)

    # 计算计息天数（算头不算尾）
    interest_days = (row_end_date - row_start_date).days

    # 计算利息
    interest =row['借款金额_万元']*10000*row['年利率%']/100/360 * interest_
days

    # 返回结果
    return pd.Series([row_start_date, row_end_date, interest_days,
round(interest, 2)],index=['计息起始日', '计息截止日', '计息天数', '利息金额'])

# 应用计算利息的函数到每一行
df[['计息起始日', '计息截止日', '计息天数', '利息金额']] = df.apply(calculate_
interest, axis=1)
```

```
# 将日期格式转换为字符串
df['计息起始日'] = df['计息起始日'].dt.strftime('%Y-%m-%d')
df['计息截止日'] = df['计息截止日'].dt.strftime('%Y-%m-%d')

# 保存新的表格为Excel文档
df.to_excel("银行借款明细表_处理.xlsx", index=False)

#打印显示数据
print(df.head(5))
print("利息计算完成,并已保存至'银行借款明细表.xlsx")
```

运行结果如图 6–2 所示：

```
   基准利息%  年利率%  借款类型                          结息标准  借款金额_万元       计息起始日  \
0   4.65  4.65  长期贷款              基准利率按年调整、按月结息      6000  2022-02-11
1   4.65  4.65  长期贷款              基准利率按年调整、按月结息     50000  2022-01-01
2   4.65  4.65  长期贷款  基准利率按年调整、按月结息,另收取5%的中间业务费      80000  2022-01-01
3   4.65  4.65  长期贷款  基准利率按年调整、按月结息,另收取5%的中间业务费     155000  2022-01-01
4   4.65  4.65  长期贷款              基准利率按年调整、按月结息     15000  2022-09-25

        计息截止日  计息天数          利息金额
0  2023-01-01   324   2511000.00
1  2023-01-01   365  23572916.67
2  2023-01-01   365  37716666.67
3  2022-08-17   228  45647500.00
4  2023-01-01    98   1898750.00
利息计算完成，并已保存至'借款利息计算表.xlsx
```

图 6–2　借款利息计算结果

结果应用：通过Python程序，实现了自动计算每笔借款的计息起始日、计息截止日、计息天数和利息金额，并把计算结果自动追加到了信贷台账中。这个Python程序，在贷款笔数较多，需要大量重复计算的情况下，能够提高计算的效率，实现快速办公自动化。

步骤3：计算每月还款额。

珠江纸业在2023年1月1日从建设银行借入一项抵押贷款，贷款本金为2,000万元。银行关于抵押贷款的规定如下：固定年利率为6%（按月计息），固定年利率保持10年不变，贷款期限为10年，每月月末还款。请编写一个Python程序，计算每月总还款额，并计算整个还款周期中，每月还款额中的利息部分、本金部分及贷款余额。

```
# 导入所需的库:pandas用于数据分析与Excel文件操作
import pandas as pd

# 定义一个函数来计算等额本息的月还款额
def calculate_equal_monthly_payment(principal, annual_interest_rate,
loan_years, months_per_year=12):
    """
    计算等额本息的月还款额。

    参数:
    - principal: 贷款本金(单位:元)
    - annual_interest_rate: 年利率(单位:%)
    - loan_years: 贷款年限(单位:年)
    - months_per_year: 一年中的月份数,默认为12

    返回:
    每月还款额(单位:元),四舍五入到小数点后两位
    """
    # 将年利率转换为月利率
     monthly_interest_rate = annual_interest_rate / (months_per_year
* 100)
    # 总还款次数
    total_payments = loan_years * months_per_year
    # 计算月还款额
    monthly_payment = principal * (monthly_interest_rate * (1 +
monthly_interest_rate) ** total_payments) / \
                                   (((1 + monthly_interest_rate) ** total_
payments) - 1)
    # 四舍五入并返回结果
    return round(monthly_payment, 2)
```

```
# 定义一个函数来生成还款计划表
def generate_amortization_schedule(principal, annual_interest_rate,
loan_years, months_per_year=12):
    """
    生成贷款的还款计划表。

    参数同上

    返回：
    一个包含每期还款详情的列表,每个元素是一个字典,包含'Month', 'Payment',
'Interest', 'Principal', 'Balance'键
    """
    # 计算每月还款额
    monthly_payment = calculate_equal_monthly_payment(principal,
annual_interest_rate, loan_years, months_per_year)
    # 初始化余额为本金
    balance = principal
    # 创建一个空列表,用于存储每期的还款信息
    schedule = []
    # 遍历还款期数
    for month in range(1, loan_years * months_per_year + 1):
        # 计算当月利息
        interest = balance * (annual_interest_rate / (months_per_year
* 100))
        # 计算当月本金偿还额
        principal_payment = monthly_payment - interest
        # 更新余额
        balance -= principal_payment
        # 将当期还款信息加入列表
        schedule.append({
            '期数': month,            # 期数
            '总还款额': monthly_payment,  # 总还款额
```

```
            '利息': interest,        # 利息
            '本金偿还额': principal_payment,  # 本金偿还额
            '剩余本金': balance           # 剩余本金
        })
    return schedule

# 定义一个函数来保存还款计划到Excel文件
def save_to_excel(schedule, filename='分期抵押贷款还款计划.xlsx'):
    """
    将还款计划数据保存到Excel文件。

    参数：
    - schedule: 还款计划详情列表
    - filename: 输出文件名,默认为'分期抵押贷款还款计划.xlsx'
    """
    # 使用pandas将列表转换为DataFrame
    df = pd.DataFrame(schedule)
    # 将DataFrame保存为Excel文件,不包含索引列
    df.to_excel(filename, index=False)
    # 打印保存成功的消息
    print(f"还款计划已保存至 {filename}")

# 设置贷款参数
principal = 20000000    # 本金为2000万
annual_interest_rate = 6    # 年利率为6%
loan_years = 10             # 贷款期限为10年

# 生成还款计划
schedule = generate_amortization_schedule(principal, annual_interest_
rate, loan_years)

# 保存还款计划到Excel
save_to_excel(schedule)
```

运行结果（部分）如表6–5所示。

表 6–5　还款计划

期数	总还款额	利息	本金偿还额	剩余本金
1	222,041	100,000	122,041	19,877,959
2	222,041	99,389.795	122,651.205	19,755,307.8
3	222,041	98,776.53898	123,264.461	19,632,043.33
4	222,041	98,160.21667	123,880.7833	19,508,162.55
5	222,041	97,540.81275	124,500.1872	19,383,662.36
……	……	……	……	……

结果应用：通过Python程序，解决了自动计算抵押借款的还款额、利息、本金、剩余本金的问题，并把计算结果形成了一张还款计划表。这个Python程序，对还款期数较多，需要逐期计算还款额的情况，能够提高计算的效率，实现快速办公自动化。此外，这个程序也适用于融资租赁中生成还款计划。

步骤4：获取五年期国债收益率。

珠江纸业在2023年1月1日拟发行普通公司债券10,000万份，珠江纸业的信用等级较高，为AAA级，每份债券的面值为1,000元，每年年末付息，到期还本，期限为8年。为了确定公司债券的票面利率，拟利用Python爬虫，获取数据源地址和中国债券信息网中2022年12月31日五年期的国债收益率，并加上债券利率风险溢价1.3%作为本次发行预计票面利率。

```
# 导入所需库
import requests  # 用于发送HTTP请求
import csv  # 用于处理CSV文件数据
import pandas as pd  # 数据分析和处理库,提供DataFrame等数据结构
from io import StringIO  # 将字符串作为文件对象处理
from urllib import request  # 用于打开URLs

# 1.设置要读取的CSV文件的在线地址
url = 'url1'#链接任务实施前的二维码中获取
# 2.使用urllib.request.urlopen()函数打开URL,获取CSV文件的内容,并使用decode()方法将其从字节流转换为字符串
web_data = request.urlopen(url).read().decode(encoding='utf-8')
```

```
#  3.使用StringIO将字符串数据转换为类似文件的对象,这样就可以像操作文件一样操作这个字符串了
data_stream = StringIO(web_data)

#  4.创建一个csv.reader对象,它将从data_stream中读取数据,每一行作为一个列表存储
csv_reader = csv.reader(data_stream)

#  5.通过列表推导式遍历csv_reader,将所有数据行存储到一个列表dlists中
data_lists = [row for row in csv_reader]

#  6.从dlists中提取第一行作为列名
column_names = data_lists[0]

#  7.使用pandas的DataFrame构造函数将剩余的数据行(即去除列名后的所有行)转换成DataFrame
#  这里从第二行开始,因为第一行已经被提取作为列名
all_data = pd.DataFrame(data_lists[1:], columns=column_names)

#  8.此步骤实际上在第7步中已经完成,即为DataFrame指定了列名。这里再次提及可能是为了强调或纠正之前的步骤描述

#  输出信息
print('数据源爬取出来的数据')
print('五年期国债债券到期收益率:')
print(allData)
```

运行结果:

数据源爬取出来的数据，同行业公司五年期债券到期收益率:

标准期限　收益率(%)

0 5y　　2.5733

结果应用：通过Python程序爬取了5年期国债的到期收益率，为确定公司债券的票面利率提供了决策依据。

步骤5：获取债券相关信息。

珠江纸业为确定债券的发行价格，拟用Python程序抓取市场上期限8年以上（含8年）的债券及发行公司的相关信息。

```
# 导入数据源
import csv
import pandas as das
from io import StringIO
from urllib import request

# 1.设置读取数据的地址
url = 'url2'#数据地址链接在任务实施前的二维码中获取

# 2.读取数据串
data = request.urlopen(url).read().decode(encoding='utf-8')

# 3.将字符串转换为 StringIO 对象,使其具有文件属性
dfile = StringIO(data)

# 4.将流转换为可迭代的 reader (csv row)
c = csv.reader(dfile)

# 5.其他转换、操作
dlists = [i for i in c]

# 6.取第一行列名数据
Name = dlists[0]

# 7.取其他行数据
Data = das.DataFrame(dlists[1:])

# 8.重新设置列名
Data.columns = Name
```

```
# 筛选是否可担保
Data = Data[Data['是否可担保'] == '是']

# 筛选是否是 AA+以上
Data = Data[Data['债券评级'].isin (['AA+', 'AAA-', 'AAA', 'AAA+'])]

# 筛选是否为企业债券或公司债券
Data = Data[Data['债券类型'].isin (['企业债券', '公司债券'])]

# 筛选是否为最长的债券
Data['期限(年)'] = Data['期限(年)'].astype (float)
Data = Data[Data['期限(年)'] >= 8]

# 将发行终止日更改为日期形式
Data['发行终止日'] = das.to_datetime (Data['发行终止日'])

# 修改日期格式为 %Y-%m-%d 的字符串
Data['发行终止日'] = Data['发行终止日'].dt.strftime('%Y-%m-%d')

# 打印输出 df 表格
print(Data)

# 保存为 excel 文件
Data.to_excel('公司债券信息.xlsx')

#打印抓取的债券信息
print(data)
```

运行结果：

```
   债券代码  债券简称  债券扩位简称  ...      发行人      面值（元） 市场价格（元）
7  115751  23广越10   23广越10   ... 广州越秀集团     100        102.0
                                    股份有限公司
```

```
17   115718   23山钢04    23山钢04     ... 山东钢铁集团有限公司    100     105.0
28   115742   22先导03   22先导03    ... 长沙先导投资控股
                                           集团有限公司          100     103.5

[3 rows x 19 columns]
```

……

结果应用：通过Python程序爬取8年以上（含8年）的债券及发行公司的相关信息，为确定公司债券的发行价格提供决策依据。

步骤6：计算债券发行价格。

根据珠江纸业抓取的上述公司债券的信息计算出三只公司债券的年实际收益率平均为4.43%，根据抓取的国债利率加上风险溢价计算的债券票面利率为3.87%，每份债券的面值为1,000元，每年年末付息，到期还本，期限为8年。请用Python程序计算该债券的发行价格应为多少元。

```
# 定义计算年金现值的函数
def present_value_annuity(annuity_payment, rate, periods):
    """
    计算年金现值的函数。年金现值是指一系列等额现金流的当前价值。

    参数：
    annuity_payment : float 每期支付的金额
    rate : float 每期的折现率
    periods : int 支付期数

    返回：
    float 年金现值
    """
    # 年金现值公式：PMT * ((1 - (1 + r) ** (-n)) / r)
    return annuity_payment * ((1 - (1 + rate) ** (-periods)) / rate)
# 定义计算单笔金额现值的函数
def present_value_lump_sum(future_value, rate, periods):
    """
    计算单笔金额现值的函数。单笔金额现值是指未来某一金额的当前价值。
```

```
    参数：
    future_value : float 未来的金额
    rate : float 折现率
    periods : int 期数

    返回：
    float 单笔金额的现值
    """
    # 单笔金额现值公式：FV / (1 + r) ** n
    return future_value / ((1 + rate) ** periods)

# 债券的基本参数设置
face_value = 1000  # 债券面值，表示到期时偿还的本金金额
nominal_rate = 3.87 / 100  # 票面利率，表示债券的年利息率
actual_rate = 4.43 / 100  # 实际利率，用于折现的利率
maturity = 8  # 债券的期限，表示年数

# 计算每期的利息金额
annual_coupon = face_value * nominal_rate  # 年利息 = 面值 * 票面利率

# 使用定义的函数计算债券的发行价格
# 利息现值（年金现值）：计算债券期限内每期利息的现值总和
coupon_pv = present_value_annuity(annual_coupon, actual_rate,
maturity)

# 到期还本金额的现值（单笔金额的现值）：计算债券到期时偿还本金的现值
principal_pv = present_value_lump_sum(face_value, actual_rate,
maturity)
# 债券的发行价格是利息现值和本金现值的总和
issue_price = coupon_pv + principal_pv

# 打印债券的发行价格
print(f"债券的发行价格应为：{issue_price:.2f}元")
```

运行结果：

```
债券的发行价格应为：962.96元
```

结果应用：Python程序通过现金流量折现模型，计算出了既定利率水平下债券的理论发行价格，为公司债券发行决策提供了依据。当然，如果债券期限、票面利率水平等发生变化，公司依然可以通过改变债券的基本参数设置轻松快速地计算出债券的理论发行价格。

风险控制

债券定价采用现金流量折现模型的风险：面临现金流预测不准确、折现率选择不当、市场利率波动、信用风险评估不足、宏观经济波动、流动性风险、法律和监管风险以及模型假设局限性等风险。

对策：为应对这些风险，企业应加强现金流预测准确性，合理选择折现率，密切关注市场利率变化，加强信用风险管理，考虑宏观经济因素对定价的影响，提高债券流动性，及时适应法律和监管变化，并定期审查模型假设以确保其与实际情况相符。

任务小结

本任务通过运用Python编程语言和tushare、pandas等库，实现了珠江纸业在财务管理和融资决策中的多项关键分析。通过获取市场利率、计算银行借款利息、制订抵押贷款还款计划、获取债券市场数据以及计算债券发行价格等步骤，为珠江纸业提供了精确的财务数据支持。这些分析不仅帮助公司理解了市场状况和自身的财务状况，还为公司的融资决策提供了科学的依据。实现了从数据获取到财务分析的自动化，大大提高了决策效率和准确性，展现了信息技术在现代企业财务管理中的核心作用。

任务4　权益筹资决策

【教学重点】金融理论与Python编程结合起来，同时理解金融概念和编程逻辑；在处理复杂的金融计算发生错误时，调试和修复Python代码。

【教学难点】在处理复杂的金融计算发生错误时，调试和修复Python代码。

任务导入

珠江纸业，一家在造纸行业内具有良好发展前景的公司，正面临着一个关键的财务决策点。随着市场环境的变化和公司战略的调整，恒丰纸业（股票代码：600356）看中了珠江纸业的潜力，计划通过换股并购的方式，获取珠江纸业50%的股权。为了确保这一并购决策的合理性和公平性，必须对珠江纸业的价值进行准确评估。

【场景1】企业并购前的估值

在并购前，首先需要对珠江纸业的市场价值进行评估，这涉及到对同行业上市公司的财务指标进行分析，特别是市盈率、市净率和市销率。通过Python编程和tushare库，我们可以抓取山鹰纸业、晨鸣纸业等同行业公司的这些关键指标，为珠江纸业的估值提供参考。

【场景2】增发新股的资本成本计算

在并购过程中，珠江纸业计划通过增发新股来筹集资金，这不仅涉及到对当前市场股价的考量，还需要计算增发新股的资本成本。通过编写Python程序，我们可以计算出在考虑筹资费用和股利增长率的情况下，增发新股的资本成本，为公司决策提供数据支持。

【场景3】IPO上市的股票发行定价

随着珠江纸业的进一步发展，公司计划进行IPO上市。为了确定一个合理的股票发行价格，需要运用二阶段股利贴现模型来预测公司未来的股利支付，并计算其现值。通过Python程序，我们可以模拟不同阶段的股利增长率，进而估算出上市股票的发行价格。

在这个金融业务场景中，我们将通过一系列Python编程任务，从企业并购前的估值分析，到增发新股的资本成本计算，再到IPO上市的股票发行定价，全面展示如何将Python编程技能应用于金融分析中。这不仅要求我们掌握Python编程和数据处理的相关技术，还要求我们深入理解金融市场的运作机制和财务分析的基本原理。通过这个场景，我们将学习如何将专业知识与编程技能相结合，以解决实际的金融问题，为公司的财务决策提供科学依据。

认知识别

1. 可比公司法

可比公司法（Comparable Companies Analysis，简称CCA）是一种常用的企业价值评估方法，特别是在并购、投资分析和IPO定价中。这种方法基于一个核心假设：相似的公司在市场中应该具有相似的估值。采用可比公司法对企业价值进行评估首先需要选择可比公司：选择与目标公司在行业、规模、财务状况、成长性、风险水平等方面相似的上市公司作为可比公司，这些公司应该与目标公司在经营模式、市场定位、产品或服务上有可比性。接着需要收集财务数据：收集可比公司的财务数据，包括但不限于收入、利润、净资产、负债等。然后计算估值指标：计算可比公司的一系列估值指标，常见的有市盈率（PE）、市净率（PB）、市销率（PS）、企业价值/息税折旧摊销前利润（EV/EBITDA）等。这三个步骤是采用可比公司法估值的基础。

2. 股利折现模型

股利折现模型确定资本成本的步骤为：

（1）需要知道公司预期支付的每股股利，这可以基于最近支付的股利或公司未来的股利支付预期；

（2）估计股利的预期增长率，这反映了公司盈利增长的潜力；

（3）贴现率代表了投资者期望的回报率，也就是股票的资本成本；

（4）理解模型逻辑，戈登增长模型假设股票的价值等于其未来所有股利的现值总和；如果股利以一个恒定的增长率增长，那么可以通过一个简单的公式来估算股票的价值；

（5）求解资本成本，如果已知股票的市场价格，可以通过调整模型来求解资本成本，这涉及将市场价格与预期股利和增长率联系起来。

3. 二阶段股利折现模型

二阶段股利折现模型是一种评估股票价格的方法，它考虑了公司在不同阶段的增长特性。该模型确定股票价格的步骤和计算逻辑：

（1）识别增长阶段，确定公司将经历两个不同的增长阶段——一个高速增长阶段和一个稳定增长阶段；

（2）预测初期股利，在高速增长阶段，预测公司未来几年的股利支付情况；

（3）计算初期股利现值，对高速增长阶段的每期股利进行贴现，以确定其当前价值；

（4）确定过渡点，识别高速增长阶段结束的时间点，这通常是公司增长开始放缓的时期；

（5）预测稳定增长阶段股利，在过渡点之后，预测公司进入稳定增长阶段的股利支付情况；

（6）计算稳定增长阶段现值，使用稳定增长的假设来计算股票在稳定增长阶段的现值；

（7）贴现稳定增长阶段现值，将稳定增长阶段的现值贴现回现在，以确定其当前价值；

（8）求和现值，将高速增长阶段的所有股利现值与稳定增长阶段的现值相加，得到股票的总现值；

（9）最终确定股票价格，根据上述步骤计算出的总现值，确定股票的内在价格。

分析研判

1. 使用 tushare 抓取财务指标

（1）API 调用：使用 tushare 库的 API 接口 pro_api() 获取数据。

（2）数据查询：通过 query() 方法，指定 ts_code、trade_date 和 fields 参数来查询特定股票在特定日期的财务指标。

（3）数据清洗：使用 drop_duplicates() 方法去除重复数据。

（4）数据整合：使用 pandas 的 concat() 方法将多个数据框合并为一个。

（5）数据重命名：使用 rename() 方法将列名改为更易理解的名称。

2. 计算增发普通股的资本成本并运用二阶段模型计算股票发行价格

（1）变量赋值：为关键参数设定初始值。

（2）循环结构：在任务实施中，使用循环来处理多期股利现值的计算。

（3）函数封装：将重复使用的计算逻辑封装在函数中，提高代码的模块化和可维护性。

（4）条件逻辑：虽然在示例代码中未明确展示，但条件逻辑通常用于处理不同情况下的计算。

（5）数值计算：执行基本的数学运算，如加法、减法、乘法和除法。

任务实施

步骤1：获取同行业上市公司财务指标。

由于珠江纸业发展前景较好，恒丰纸业（股票代码：600356）拟采用换股并购的方式并购珠江纸业50%的股权。珠江纸业现需要采用可比公司法对自身的价值进行评估，为了评估珠江纸业每股的股价，需要抓取同行业上市公司2023年12月29日的市盈率、市净率、市销率指标。请用Python工具中的tushare抓取山鹰纸业（股票代码：600567.SH）、晨鸣纸业（股票代码：000488.SZ）、岳阳林纸（股票代码：600963.SH）、博汇纸业（股票代码：600966.SH）、景兴纸业（股票代码：002067.SZ）、太阳纸业（股票代码：002078.SZ）、华泰纸业（股票代码：600308.SH）、银鸽投资（股票代码：600069.SH）、中顺洁柔（股票代码：002511.SZ）的市盈率、市净率、市销率。

```
import tushare as ts
import pandas as pd

# 设置 token
ts.set_token('token')        #此处的token需替换成公共token



# 初始化 pro 接口
pro= ts.pro_api()

# 股票代码数据列表
code_list=['600567.SH','000488.SZ','600963.SH','600966.SH','002067.SZ','002078.
SZ','600308.SH','600069','002511.SZ']
df_list = []

for code in code_list:
    df=pro.query('daily_basic',ts_code=code,trade_date='20231229',fields='ts_
    code,trade_date,pe,pb,ps')
    # 删除所有列都重复的行
    df = df.drop_duplicates()
```

```
    # 添加到列表
    df_list.append(df)

# 表格合并
d = pd.concat(df_list, ignore_index=True)

# 表格重命名
d = d.rename(columns={'ts_code': '股票代码', 'trade_date': '交易日期','pe':'市盈率','pb':'市净率','ps':'市销率'})

# 保存为 excel 表格
d.to_excel('可比公司业绩指标.xlsx')

# 打印输出
print(d)
```

运行结果如表6–6所示。

表 6–6　可比公司业绩指标

	股票代码	交易日期	市盈率	市净率	市销率
0	600567.SH	20231229		0.671	0.255
1	000488.SZ	20231229	60.6077	0.6708	0.3585
2	600963.SH	20231229	17.2521	1.168	1.0857
3	600966.SH	20231229	36.3999	1.3006	0.4521
4	002067.SZ	20231229	34.4195	0.7484	0.65
5	002078.SZ	20231229	12.1085	1.3473	0.8552
6	600308.SH	20231229	12.319	0.567	0.3459
7	002511.SZ	20231229	38.1332	2.5043	1.5573

结果应用：Python抓取了可比公司的市盈率、市净率和市销率，珠江公司可以利用这些可比公司的市盈率、市净率和市销率，结合本公司的营业收入、市盈率、市净率、市销率等指标，采用可比公司法对公司企业价值进行评估，以便在并购过程中，能够进行有效谈判。

步骤2：计算资本成本。

假设珠江公司已上市，其普通股当前市价为每股25元，拟按当前市价增发新股100万股，预计每股筹资费用率为2%，最近刚刚支付的每股股利为2.5元，预计以后每年股利增长率为6%，则该公司本次增发普通股的资本成本为多少？请用Python程序计算本次增发普通股的资本成本。

```
# 给定参数
current_market_price = 25  # 当前市价(元)
new_shares = 1000000  # 增发新股数量(股)
dividend_per_share = 2.5  # 最近支付的每股股利(元)
dividend_growth_rate = 0.06  # 股利增长率
financing_cost_rate = 0.02  # 筹资费用率

# 计算每股筹资费用
financing_cost_per_share = current_market_price * financing_cost_rate

# 调整后的市价 = 当前市价 - 每股筹资费用
adjusted_market_price = current_market_price - financing_cost_per_share

# 计算资本成本
# 股利增长率部分为:dividend_per_share * dividend_growth_rate
# 股利加上增长率部分为:dividend_per_share * (1 + dividend_growth_rate)
# 资本成本公式为:(dividend_per_share * (1 + dividend_growth_rate)) / (adjusted_market_price)

cost_of_capital = (dividend_per_share * (1 + dividend_growth_rate)) / adjusted_market_price

print(f"本次增发普通股的资本成本为: {cost_of_capital * 100:.2f}%")
```

运行结果:

```
本次增发普通股的资本成本为:10.82%
```

结果应用：结合金融知识，Python程序实现了自动计算普通股的资本成本。如果增发普通股的发行价格、筹资手续费率、当前股利、股利增长率等发生变化，公司依然可以运用这个模型，通过改动参数，自动计算普通股的资本成本，为筹资决策提供决策依据。

步骤3：计算股票发行价格。

假设珠江公司拟进行IPO上市，最近一期刚刚支付的每股股利为2元，未来3年预计每年股利增长率为8%，第四年开始进入稳定增长期，增长率为5%，已知珠江公司普通股的资本成本为12%，请用Python程序计算写一个代码，运用二阶段模型计算珠江公司上市股票的发行价格。

```
def calculate_present_value(dividend, discount_rate, period):
    """
    计算特定期间的股利现值
    """
    return dividend / ((1 + discount_rate) ** period)

def calculate_gordon_growth_model(dividend, growth_rate, discount_
rate):
    """
    使用戈登增长模型计算永续增长的股票价值
    """
    return dividend * (1 + growth_rate) / (discount_rate - growth_
rate)

# 已知参数
initial_dividend = 2  # 最近支付的每股股利
growth_rate_high = 0.08  # 前三年的股利增长率
growth_rate_low = 0.05  # 第四年开始的稳定增长率
discount_rate = 0.12  # 资本成本

# 计算第一阶段（前三年）的股利现值
stage_1_values = []
for year in range(1, 4):
    current_dividend = initial_dividend * ((1 + growth_rate_high) **
year)
    present_value = calculate_present_value(current_dividend, discount_
rate, year)
    stage_1_values.append(present_value)

# 计算第一阶段股利现值的总和
stage_1_sum = sum(stage_1_values)
print(f"第一阶段股利现值的总和为：{stage_1_sum:.2f}元")
```

```
# 计算第二阶段（稳定增长期）的现值
# 假设第四年的股利是第三年股利按稳定增长率增长后的金额
dividend_stage_3 = initial_dividend * ((1 + growth_rate_high) ** 3)
value_stage_3 = calculate_gordon_growth_model(dividend_stage_3,
growth_rate_low, discount_rate)
print(f"第二阶段股利在第三年年末的价值：{value_stage_3:.2f}元")

# 计算第二阶段现值的贴现值
present_value_stage_3 = calculate_present_value(value_stage_3,
discount_rate, 3)
print(f"第二阶段股利现值的总和为：{present_value_stage_3:.2f}元")

# 计算股票的发行价格
issue_price = stage_1_sum + present_value_stage_3

print(f"珠江公司上市股票的发行价格为： {issue_price:.2f}元")
```

运行结果：

```
第一阶段股利现值的总和为：5.58元
第二阶段股利在第三年年末的价值：37.79元
第二阶段股利现值的总和为：26.90元
珠江公司上市股票的发行价格为：32.48元
```

结果应用：结合金融理论中的两阶段模型，Python程序计算出了珠江公司上市股票的理论发行价格。Python程序在处理复杂金融计算时，依然具有强大的数据处理能力，而且后续如果情况发生变化，可以通过参数设定，快速准确地计算出股票的发行价格。

风险控制

风险：戈登增长模型的关键在于对股利增长率的合理预测。如果增长率过高或过低，都会影响模型的准确性。此外，该模型假设股利增长是恒定的，这在现实世界中可能并不总是成立，因为许多公司的股利支付可能会受到经济周期、行业变化和公司特定事件的影响。

对策：在使用戈登增长模型时，应该谨慎并考虑其他因素和模型以获得更全面的分析结果。

任务小结

本任务通过Python编程和金融理论的结合，实现了对珠江纸业并购、增发新股资本成本和

IPO上市股票发行价格的精确计算。利用tushare库抓取同行业上市公司的财务指标，为珠江纸业的估值提供了重要参考。同时，运用股利贴现模型，计算了增发新股的资本成本和上市股票的发行价格，为公司决策提供了科学依据。这不仅提高了金融分析的效率，也确保了计算结果的准确性和可靠性。

任务5　混合筹资决策

【教学重点】将金融理论中的模型转化为Python代码实现；理解root和fsolve函数的工作原理以及如何选择合适的初始猜测值。

【教学难点】理解root和fsolve函数的工作原理以及如何选择合适的初始猜测值。

任务导入

【场景】

珠江纸业，一家领先的造纸企业，正面临着扩大生产规模和升级设备的需求。为了筹集必要的资金，公司决定发行可转换债券，这是一种既能吸引投资者，又能为公司提供灵活性的融资工具。然而，珠江纸业的财务团队需要深入分析和精确计算，以确定最佳的发行条件，确保债券能够成功发行并满足公司的资金需求。

珠江纸业的财务分析师小张首先需要对即将发行的可转换债券进行估值分析。他使用Python编写了一个程序，从Excel文件中读取债券的基本参数，如面值、票面利率等，并计算出债券的纯债券价值、转换价值和底线价值。通过这些计算，小张能够预测债券在不同年份的价值，并为管理层提供决策支持。

为了更直观地展示债券价值随时间的变化，小张利用Python的matplotlib库绘制了一张折线图，清晰地展示了纯债券价值、转换价值和底线价值的长期趋势。这张图不仅帮助内部团队理解债券的潜在价值，也是向潜在投资者展示债券吸引力的重要工具。

在确定了债券的估值后，小张需要计算债券的内含报酬率（IRR），以判断以面值1,000元发行债券是否具有吸引力。通过Python的scipy库，他使用数值优化方法找到了债券的IRR，并与市场上等风险普通债券的利率进行了比较。

根据IRR的计算结果，如果发现以面值发行债券可能存在困难，小张需要提出调整策略。他通过调整债券的发行价格，重新计算了债券的现值，并找到了一个新的发行价格，以确保债券能够成功发行。

最后，如果调整发行价格后仍然无法吸引投资者，小张需要考虑调整债券的票面利率。通过再次使用Python进行数值计算，他找到了一个新的票面利率，使得债券的总现值等于面值，从而确保债券对投资者具有吸引力。

通过这一系列的分析和计算，珠江纸业的财务团队不仅对可转换债券的价值有了深入的理解，还制订了灵活的发行策略，以适应市场的变化和投资者的需求。这一系列的任务实施，展示了如何将专业知识与Python编程技能相结合，解决实际的金融问题。

认知识别

1. 可转换公司债券基础知识

可转换公司债券，也就是我们常说的可转换债券，是一种特殊类型的债券，它允许债券持有人在特定条件下将债券转换为发行公司的普通股票。这种债券结合了债券的固定收益特性和股票的增长潜力，因此对投资者来说具有吸引力。可转换债券具有双重属性：可转换债券既有债券的固定利息收益，又有股票的潜在增值机会。可转换债券持有人的转换权利：债券持有人可以在特定条件下，按照一定的转换比率将债券转换为公司股票。可转换债券的风险与回报：相比于普通债券，可转换债券的风险略高，但相应的潜在回报也更大。可转换债券的市场适应性：在股市表现良好时，可转换债券的转换价值上升，吸引投资者；在市场低迷时，债券持有人可以选择不转换，享受固定利息收益。

2. 纯债券价值的计算逻辑

纯债券价值是指如果不考虑转换权利，仅将债券视为普通债券时的价值。计算时主要考虑以下几个因素：票面利率、面值、市场利率、剩余期限。纯债券价值的计算通常是基于未来现金流（即利息支付和本金偿还）的现值来估算的。

3. 底线价值的计算逻辑

底线价值是指可转换债券在最不利市场条件下的最低价值，通常是纯债券价值和转换价值两者中较高的一个。转换价值：基于当前股票市场价格和转换比率计算得出，反映了如果立即执行转换权利，投资者能够获得的股票价值。比较与选择：在任何给定时间点，底线价值是纯债券价值和转换价值中的较大者，确保投资者在面对市场波动时有一个价值保障。

4. 内含报酬率的计算逻辑

内含报酬率（IRR）是指使得可转换债券的净现值等于零的折现率。计算内含报酬率的逻辑包括：

（1）现金流，包括债券期间的利息收入和到期时的本金或底线价值；

（2）折现，使用不同的折现率对未来现金流进行折现，以反映时间价值和风险；

（3）优化，通过迭代方法找到那个使得所有现金流折现后总和为零的特定折现率。

内含报酬率可以用来评估债券的投资吸引力，与市场上其他投资的回报率进行比较。内含报酬率是投资者评估可转换债券投资价值的重要指标，它反映了投资者从债券投资中期望获得的平均年回报率。

分析研判

1. 可转换债券价值计算

pandas库：用于数据处理和分析。read_excel函数用于读取Excel文件，DataFrame对象用于存储和操作数据。Openpyxl库：与pandas结合使用，用于将DataFrame对象输出到Excel文件。to_excel函数直接将DataFrame保存为Excel文件。

2. 绘制债券价值变化趋势图

Matplotlib库：用于创建图形和表格。plot函数用于绘制折线图，figure和tight_layout用于设置图形的大小和布局。Pandas库：用于读取和处理Excel文件中的数据，为绘图提供数据源。Matplotlib库：用于数据可视化。plot函数用于绘制折线图，legend、title、xlabel、ylabel等函数用于增强图表的可读性。

3. 计算内含报酬率

Scipy库：root函数用于寻找函数的根，即求解内含报酬率。它是一个优化工具，可以找到使得特定方程等于零的变量值。

4. 调整发行价格

基本Python函数：使用Python的内置函数进行数学计算，如求和（sum）和指数运算（** 表示幂运算）。

5. 调整票面利率

Scipy库：fsolve函数用于求解非线性方程组。在这个场景中，它被用来找到使得债券的总现值等于面值的票面利率。Numpy库：虽然在任务实施的代码片段中没有直接使用，但fsolve通常与numpy数组一起使用，以提供更高效的数值计算。

任务实施

步骤1：计算可转换债券的三种价值。

假设珠江公司拟采用可转换债券方式进行筹资，其可转换公司债券的发行条件如表6–7所示。

表 6–7　可转换债券发行条件

面值	期限	票面利率	转换比率	转换价格	年增长率	当前期望	当前股票	等风险普	公司的股	不可赎回	赎回价格
1,000	20	10.00%	20	50	6.00%	2.8	35	12.00%	14.00%	10	1,050

```
# 导入所需的库
import pandas as pd  # 用于数据处理
from openpyxl import Workbook  # 用于操作Excel文件
from openpyxl.utils.dataframe import dataframe_to_rows  # 用于将DataFrame
转换为Excel中的行
```

```
# 读取Excel文件
# 使用pandas的read_excel函数读取名为'可转债发行信息.xlsx'的Excel文件中名为'Sheet1'的工作表
df_info = pd.read_excel('可转债发行信息.xlsx', sheet_name='Sheet1')

# 定义一个函数来计算可转债的纯债券价值、转换价值和底线价值
def calculate_values(df):
    # 初始化一个空列表来存储计算结果
    results = []

    # 从DataFrame中获取基础参数
    # 面值、赎回价格、票面利率、转换比率、转换价格、年增长率、当前股票市场价格、等风险普通债券的市场利率、公司的股权成本、不可赎回期
    face_value = df['面值'][0]
    redemption_price = df['赎回价格'][0]
    coupon_rate = df['票面利率'][0]
    conversion_ratio = df['转换比率'][0]
    conversion_price = df['转换价格'][0]
    growth_rate = df['年增长率'][0]
    current_stock_price = df['当前股票市场价格'][0]
    risk_free_rate = df['等风险普通债券的市场利率'][0]
    equity_cost = df['公司的股权成本'][0]
    non_redemption_period = df['不可赎回期'][0]

    # 遍历从1到20的年份
    for year in range(1, 21):
        remaining_years = 20 - year  # 计算剩余年份

        # 计算纯债券价值
        # 根据票面利率、面值和剩余年份计算债券的现值
        bond_value=(coupon_rate * face_value * (1 - (1 + risk_free_rate)**(-remaining_years))) / risk_free_rate + (face_value / ((1 + risk_free_rate)**remaining_years))
```

```
        # 计算股票市场价值
        # 根据当前股票市场价格和年增长率计算未来的股票市场价值
        stock_market_value = current_stock_price * ((1 + growth_rate)
** year)
        # 计算转换价值
        # 根据股票市场价值和转换比率计算转换价值
        conversion_value = stock_market_value * conversion_ratio

        # 计算底线价值
        # 底线价值是纯债券价值和转换价值中的最大值
        floor_value = max(bond_value, conversion_value)

        # 将计算结果添加到列表中
        results.append([year,round(bond_value,2),round(conversion_
value,2),round(floor_value, 2)])

    # 将结果列表转换为DataFrame
    return pd.DataFrame(results, columns=['年份', '纯债券价值', '转换价值',
'底线价值'])

# 执行计算函数并保存结果到Excel文件
# 将calculate_values函数的返回结果赋值给result_df
result_df = calculate_values(df_info)

# 将DataFrame保存到Excel文件
# 使用to_excel函数将result_df保存到名为'可转换债券价值计算表.xlsx'的文件中
result_df.to_excel('可转换债券价值计算表.xlsx')

# 打印完成信息
# 打印一条消息告知用户计算完成,并且结果已经保存
print("计算完成,结果已保存至'可转换债券价值计算表.xlsx'")
```

运行结果如表6-8所示。

表 6-8 可转换债券价值计算表 单位：元

年份	纯债券价值	转换价值	底线价值
1	852.68	742	852.68
2	855.01	786.52	855.01
3	857.61	833.71	857.61
4	860.52	883.73	883.73
5	863.78	936.76	936.76
6	867.44	992.96	992.96
7	871.53	1,052.54	1,052.54
8	876.11	1,115.69	1,115.69
9	881.25	1,182.64	1,182.64
10	887	1,253.59	1,253.59
11	893.44	1,328.81	1,328.81
12	900.65	1,408.54	1,408.54
13	908.72	1,493.05	1,493.05
14	917.77	1,582.63	1,582.63
15	927.9	1,677.59	1,677.59
16	939.25	1,778.25	1,778.25
17	951.96	1,884.94	1,884.94
18	966.2	1,998.04	1,998.04
19	982.14	2,117.92	2,117.92
20	1,000	2,244.99	2,244.99

结果应用：通过Python程序，实现了自动计算可转换债券每一年的纯债券价值、转换价值、底线价值，并可以通过观察数据变化趋势，直观地看到这三个价值的变化情况，根据数据设置合理的转换期限。

步骤2：绘制折线图。

根据可转换债券价值计算表，用Python工具绘制纯债券价值、转换价值、底线价值随时间变化的折线图。

```
import matplotlib.pyplot as plt
import pandas as pd

# 设置中文和负号正常显示
plt.rcParams['font.sans-serif'] = 'SimHei'
```

```
plt.rcParams['axes.unicode_minus'] = False

# 读取 Excel 文件
df = pd.read_excel('可转换债券价值计算表.xlsx')

# 准备绘制折线图
plt.figure(figsize=(10, 8))  # 设置图形大小

# 绘制纯债券价值,使用点划线
plt.plot(df['年份'], df['纯债券价值'], linestyle='--', marker='o', color='blue',
label='纯债券价值')

# 绘制转换价值,使用虚线
plt.plot(df['年份'], df['转换价值'], linestyle='-.', color='orange', label='转
换价值')

# 绘制底线价值,使用实线
plt.plot(df['年份'], df['底线价值'], color='green', label='底线价值')

# 添加图例
plt.legend()

# 设置标题和轴标签
plt.title('债券价值变化趋势图')
plt.xlabel('年份')
plt.ylabel('债券价值')

# 设置 X 轴的刻度为整数
plt.xticks(range(1, len(df['年份']) + 1), fontsize=10)  # 动态获取年份范围

# 设置 Y 轴的刻度
y_max = df['底线价值'].max()  # 取底线价值的最大值作为 Y 轴最大值
y_step = 100  # 刻度间隔
plt.yticks(range(0, y_max + y_step, y_step))  # 根据最大值和间隔设置 Y 轴刻度
```

```
# 不显示网格线
plt.grid(False)

# 显示图形
plt.tight_layout()  # 调整布局以适应图形
plt.show()
```

运行结果如图6-3所示：

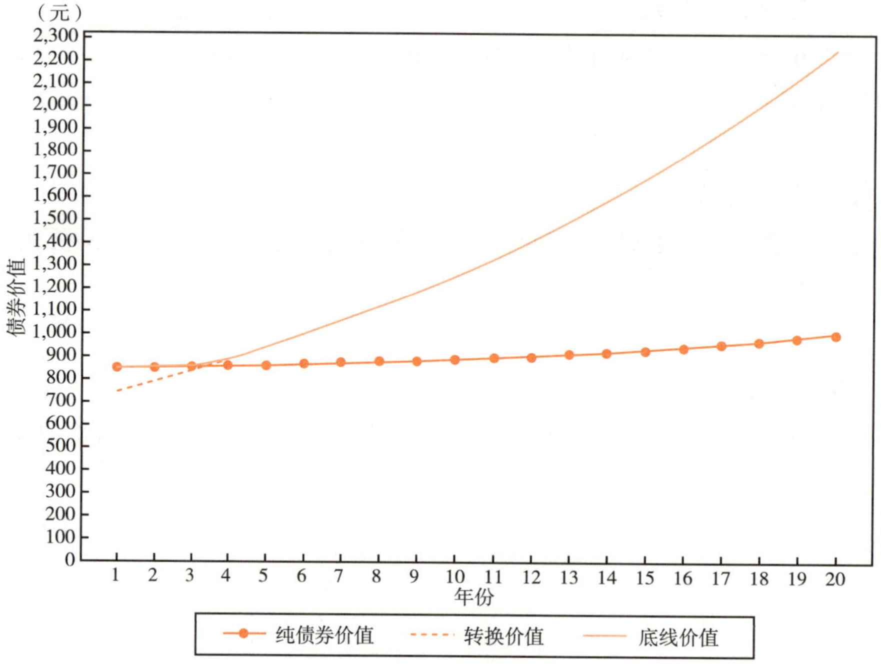

图 6-3 可转换债券价值变动趋势

结果应用：通过Python的绘图功能，可以清晰地展示纯债券价值、转股价值、底线价值的变化趋势。从图6-3中可以看到，第3~4年是一个转折点，在前三年，转股价值都低于纯债券价值，若把转股期限设置在第3年年末，显然投资者不会选择转股；从第4年开始，转股价值开始超过纯债券价值。因此要想让该可转换债券成功发行并让投资者顺利转股，转股期限至少应设置为4年。

步骤3：判断可转换债券能否发行成功。

若珠江纸业以面值1,000元发行该可转换债券，能否发行成功。请用Python程序计算该可转换债券的内含报酬率，并与等风险普通债券的利率相比较，判断该可转换债券以面值1,000元平价发行，能否发行成功。

```
from scipy.optimize import root

# 面值和票面利率
par_value = 1,000  # 面值
coupon_rate = 0.10  # 票面利率

# 第10年的底线价值
final_value_year_10 = 1,253.59

# 发行价格
issue_price = 1,000

# 内含收益率计算函数
def present_value(discount_rate):
    # 计算前10年利息的现值总和
    total_interest_pv = sum(coupon_rate * par_value / ((1 + discount_
rate) ** i) for i in range(1, 11))
    # 计算第10年末底线价值的现值
    final_value_pv = final_value_year_10 / ((1 + discount_rate) ** 10)
    # 总现值
    total_pv = total_interest_pv + final_value_pv
    # 返回总现值与发行价格的差
    return total_pv - issue_price

# 寻找内含收益率
# 我们使用root函数来找到内含收益率
result = root(present_value, 0.12)  # 从12%开始猜测

# 内含收益率
internal_rate_of_return = result.x[0]

# 判断是否能够成功发行
if internal_rate_of_return >= 0.12:
    issuance_success = True
```

```
else:
    issuance_success = False

# 输出结果
print(f"内含收益率：{internal_rate_of_return*100:.2f}%")
print("判断结果:")
if issuance_success:
    print("能够成功发行。")
else:
    print("发行不成功。")
```

运行结果：

```
内含收益率：11.48%
判断结果：发行不成功
```

结果应用：运用Python程序，可以使用root函数找到债券的内含收益率，把债券的内含收益率和等风险普通债券的市场利率进行比较，如果内含收益率小于等风险普通债券的市场利率，则债券发行不成功；反之，则债券发行成功。利用这个Python程序，如果发行条件等发生变化，可以通过改变参数设定的方法，快速准确地计算债券的内含收益率，从而判断可转换债券是否可以发行成功。

步骤4：调整发行价格。

若珠江纸业可转换债券的票面利率保持10%不变，拟通过调整发行价格的方法来成功发行该可转换债券，请用Python程序计算，珠江纸业把发行价格调整到多少，可以成功发行该债券。

```
# 面值和票面利率
par_value = 1,000  # 面值
coupon_rate = 0.10  # 票面利率

# 第10年的底线价值
final_value_year_10 = 1,253.59

# 新的折现率
discount_rate = 0.12

# 计算前10年利息的现值总和
total_interest_pv = sum(coupon_rate * par_value / ((1 + discount_
rate) ** i) for i in range(1, 11))
```

```
# 计算第10年末底线价值的现值
final_value_pv = final_value_year_10 / ((1 + discount_rate) ** 10)

# 计算新的发行价格
new_issue_price = total_interest_pv + final_value_pv

print(f"新的发行价格：{new_issue_price:.2f}元")
```

运行结果：

```
新的发行价格：968.64元
```

结果应用：上面场景得到了债券发行不成功的结论，那么要想可转换债券成功发行，就需要优化债券的发行条件，要么降低发行价格，要么调整票面利率。通过Python程序，公司可以方便地计算出调整后的发行价格，从而优化债券的发行条件，达到成功发行可转债的目的。

步骤5：调整票面利率。

若珠江纸业该债券的发行价格仍为1,000元，拟通过调整票面利率的方法来成功发行该可转换债券，请用Python程序计算，珠江纸业把票面利率调整到多少，可以成功发行该债券。

```
from scipy.optimize import fsolve
import numpy as np

# 定义面值和折现率
par_value = 1,000
discount_rate = 0.12

# 第10年的底线价值
final_value_year_10 = 1,253.59

# 定义方程
def equation(coupon_rate):
    present_value_interest = par_value * coupon_rate * ((1 - (1 + discount_rate)**-10) / discount_rate)
    present_value_final = final_value_year_10 / ((1 + discount_rate)**10)
```

```
    total_present_value = present_value_interest + present_value_final
    return total_present_value - par_value

# 初始猜测值
coupon_rate_guess = 0.05  # 可以从5%开始

# 解方程找到票面利率
coupon_rate_solution, = fsolve(equation, coupon_rate_guess)

print(f"调整后的票面利率：{coupon_rate_solution*100:.2f}%")
```

运行结果：

```
调整后的票面利率：10.55%
```

结果应用：上面场景得到了债券发行不成功的结论，那么要想可转换债券成功发行，就需要优化债券的发行条件，要么降低发行价格，要么调整票面利率。通过这个场景的Python程序，公司可以方便地计算出调整后的票面利率，从而优化债券的发行条件，达到成功发行可转债的目的。

风险控制

风险：

（1）预测准确性：DCF模型依赖于对未来现金流的准确预测，包括债券的利息支付和预期的转股收益。如果预测不准确，模型的输出也会受到影响。

（2）折现率选择：选择合适的折现率是DCF模型中的一个关键因素。折现率应反映无风险利率、市场风险溢价以及债券发行公司的信用风险，选择不当可能导致定价结果偏差。

（3）市场条件变化：DCF模型通常假设市场条件在预测期内保持不变。然而，市场利率、股票市场波动和其他经济条件可能发生变化，影响模型的准确性。

（4）期权特性考虑不足：可转换债券具有期权特性，允许持有者在未来将债券转换为股票。DCF模型可能无法充分捕捉这种转换选择的潜在价值，特别是当市场波动性较高时。

（5）模型假设限制：DCF模型通常基于一系列理想化的假设，如市场有效性、无交易成本和税收影响等。这些假设与现实市场条件可能不符，限制了模型的应用。

（6）流动性和市场深度：DCF模型可能没有考虑到可转换债券的流动性和市场深度，这些因素也会影响债券的市场价格。

对策：

（1）增强现金流预测的准确性，通过多维度数据和历史趋势分析来提高预测的可靠性。

（2）合理选择折现率，综合考虑无风险利率、市场风险溢价和公司信用风险，确保折现率的合理性。

（3）关注市场条件的动态变化，适时调整模型参数，以适应市场利率和经济环境的波动。

（4）充分考虑可转债的期权特性，评估其潜在价值，尤其是在市场波动性较大的时期。

（5）明确模型假设的局限性，避免过度依赖理想化假设，以减少模型偏差。

（6）考虑流动性和市场深度对价格的影响，确保模型结果更贴近实际市场情况。

通过这些措施，可以降低DCF模型的风险，提高其在债券定价和投资决策中的有效性。

任务小结

本任务通过运用Python编程和金融分析工具，成功实现了对可转换债券的全面估值分析。通过计算纯债券价值、转换价值和底线价值，绘制了债券价值变化趋势图，并计算了内含报酬率。在发现以面值发行可能存在困难时，运用Python程序及时调整了发行价格和票面利率，确保了债券的吸引力和成功发行。

项目总结

在本项目中，我们深入探索了Python在筹资业务中的应用，通过使用pandas进行数据分析、statsmodels进行统计建模、tushare获取宏观经济指标、SymPy进行符号计算以及matplotlib实现数据可视化，成功构建了资金需求量预测、筹资方案选择、债务与权益筹资分析，以及混合筹资方案评估等多个关键业务场景的解决方案（见图6-4）。这些技术的应用不仅提高了筹资决策的效率和准确性，也加深了团队对金融市场运作机制的理解，同时强化了风险管理和法规遵守意识，为未来在快速变化的经济环境中解决复杂金融问题奠定了坚实的基础。

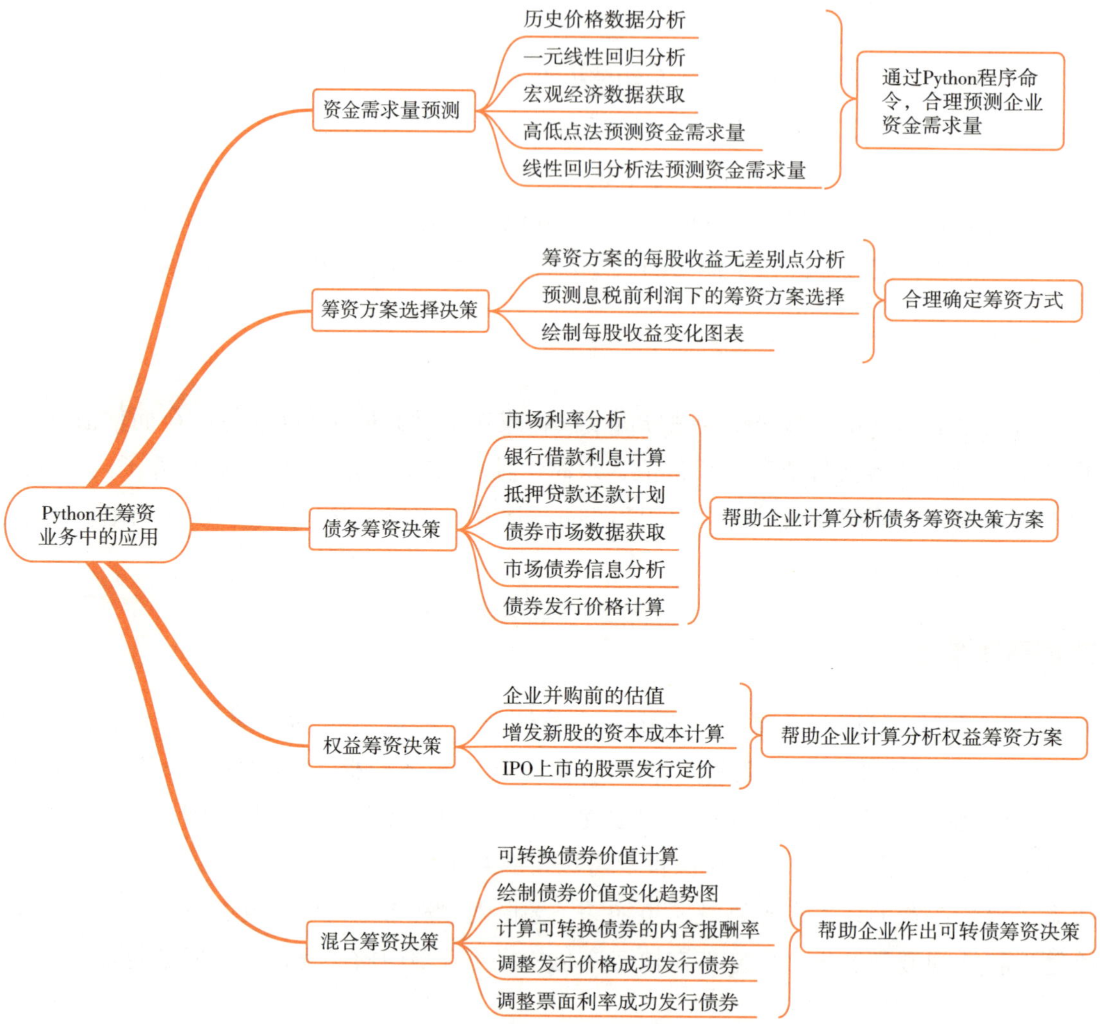

图 6-4 Python 在筹资业务中的应用思维导图

课后练习

练习 1：

未来科技公司专注于研发和生产智能穿戴设备，如智能手表和健康追踪器。公司在过去三年中经历了快速增长，并且市场对其产品的需求持续上升。公司过去三年的营业收入分别为 100,000 元、120,000 元、140,000 元，总资产为 150,000 元、180,000 元、210,000 元，总负债为 50,000 元、60,000 元、70,000 元。

请编写一个 Python 程序，实现以下目标：

（1）销售增长率预测：基于过去三年的平均销售增长率，预测下一年度的销售收入；

（2）资产和负债预测：假设资产和负债与销售收入成正比，根据预测的销售收入来预测下一年度的总资产和总负债；

（3）资金需求计算：计算预测的总资产与总负债之间的差额，以确定公司下一年度的资金需求。

练习 2：

创新科技是一家中型企业，专门从事电子产品的销售。公司的销售模式包括线上和线下两种渠道。公司过去一年4个季度的销售量和销售费用如下：

Q1：1,000件、50,000元，Q2：1,200件、55,000元，Q3：1,500件、60,000元，Q4：1,300件、58,000元。

公司希望预测下一季度的销售费用，以便更好地规划预算和资源分配。请使用Python和一元线性回归模型来预测下一季度的销售费用，基于以下假设的销售量：下一季度预计销售量为1,600件。

习题答案

项目 7　Python 在分配业务中的应用

学习目标

知识目标

1. 掌握 Python 的典型分配业务流程；
2. 学习税务风险预警 Python 模型构建和财务报表处理自动化；
3. 理解分配业务的财务策略。

技能目标

1. 应用 Python 进行财务数据分析和风险预警；
2. 自动化计算关键财务指标，评估企业财务健康；
3. 制订合理的股利分配方案，平衡投资回报与公司发展。

素质目标

1. 培养数据分析和报告生成能力；
2. 提高对法规变化的敏感度和适应市场的能力；
3. 强化合规意识和团队协作精神。

项目情境

珠江纸业股份有限公司，面对日益增长的市场竞争力和不断变化的税务法规，需要在利润分配环节采取更为精细化的管理策略。公司将利用 Python 在分配业务中的应用，深入分析财务数据，构建税务风险预警模型，自动化计算关键财务比率，并通过专家打分法确定财务指标权重，以实现对税务风险的实时监控和预警。

同时，公司将依据市场和行业状况，运用 Python 进行股利分配需求分析，评估公司的盈利能力、现金流状况及未来发展规划，确保股利分配既能反映公司的财务健康状况，又能支持公司的长期发展和满足投资者的合理回报预期。通过科学制订现金股利分配预算草案，珠江纸业将提升投资者信心，增强公司形象，并促进企业的可持续发展。

任务 1　股利分配需求分析

【教学重点】可持续增长率在Python中的应用；股利分配方案的制订。

【教学难点】财务理论与Python技能的综合应用。

任务导入

【场景】

为进一步健全上市公司常态化分红机制，提高投资者回报水平，证监会发布《上市公司监管指引第3号——上市公司现金分红》(以下简称《现金分红指引》)。《现金分红指引》修订内容进一步明确鼓励现金分红导向，推动提高分红水平；对不分红的公司加强披露要求等制度约束督促分红；对财务投资较多但分红水平偏低的公司进行重点监管关注，督促提高分红水平，专注主业。

珠江纸业积极响应证监会《现金分红指引》，认识到健全的分红机制对提升投资者信心和公司形象的重要性。公司管理层深知，持续的现金分红不仅能够直接提高投资者的回报，也是公司财务健康和盈利能力的重要体现。

2023年珠江纸业董事会要求财务部门在拟定现金股利分配预算草案时，要全面考虑珠江纸业的盈利能力、现金流状况及未来发展规划。

在本次任务中，财务部门考虑到公司此前未曾进行股利分配，决定从可持续增长率的角度入手，确定企业的股利分配金额。

其策略如下：选取5家与珠江纸业业务模式相似、市场地位相当的上市公司，以其可持续增长率为参考，计算出这些公司的平均可持续增长率作为珠江纸业的标准；基于此，财务部门将通过可持续增长率来确定股利分配率，确保股利分配既能反映公司的盈利能力和财务健康状况，又能支持公司的长期发展和投资者的合理回报预期，最终形成一个结构科学合理的现金股利分配预算草案，以供董事会审议。

认知识别

在运用Python进行股利分配需求分析的时候，要注意一些财务知识的理解，例如股利分配政策和可持续增长率。

1. 股利分配政策

一般理论上讲4种股利分配政策，包括:剩余股利政策、固定或持续增长的股利政策、固定股利支付率政策、低正常股利加额外股利政策。

（1）剩余股利政策，是指公司在有良好投资机会时，根据目标资本结构，测算出投资所需的权益资本额，先从盈余中留用，然后将剩余的盈余作为股利来分配，即净利润首先满足公司的资金需求，如果有剩余，就派发股利；如果没有，则不派发股利。

（2）固定或持续增长的股利政策，是指公司将每年派发的股利额，固定在某一特定水平，或是在此基础上，维持某一固定比率，逐年稳定增长。

（3）固定股利支付率政策，是指公司将每年净利润的某一固定百分比作为股利分配给股东。

（4）低正常股利加额外股利政策，是指公司事先设定一个较低的正常股利额，每年除了按正常股利额向股东发放股利外，还在公司盈余较多、资金较为充裕的年份，向股东发放更多的股利。

2. 可持续增长率

可持续增长率，是指不发行新股，不改变经营效率（不改变营业净利率和资产周转率）和财务政策（不改变负债/权益比和利润留存率）时，其销售所能达到的最大增长率。

可持续增长率=ROE（权益净利率）× 留存收益率（即未进行分红的净利润占总净利润的比例）÷（1-ROE）=期初权益净利率 × 本期利润留存率

知识拓展

1. map() 函数

map() 函数是 Python 中的一个内置函数，用于对可迭代对象（如列表、元组等）中的每个元素应用指定的函数，然后生成由每个函数应用结果组成的新序列。

基本语法：

```
map(function, iterable, ...)
```

function: 一个函数，可以是内置函数、自定义函数或 lambda 函数。

iterable: 一个或多个可迭代的序列，如列表、元组等。

示例

（1）使用内置函数。

```
# 将列表中的每个元素转化为整数
numbers = ['1', '2', '3', '4', '5']
result = map(int, numbers)
print(list(result))  # 输出：[1, 2, 3, 4, 5]
```

（2）使用自定义函数。

```
# 定义一个函数,计算字符串的长度
def str_length(s):
    return len(s)

# 对列表中的每个字符串应用函数
words = ['apple', 'banana', 'cherry']
result = map(str_length, words)
print(list(result))  # 输出: [5, 6, 6]
```

（3）使用 lambda 函数。

```
# 使用lambda函数计算每个数的平方
numbers = [1, 2, 3, 4, 5]
result = map(lambda x: x**2, numbers)
print(list(result))  # 输出: [1, 4, 9, 16, 25]
```

2. replace()

repalce 函数是 Python 字符串和数据结构的方法，用于替换字符串中的指定部分。

示例

```
s = "你好,芳华!"
new_s = s.replace("芳华", "晓明")
print(new_s)
```

输出：

```
你好,晓明!
```

分析研判

在运用 Python 进行股利分配需求分析时，按照下列步骤逐步实现数据的抓取、分析和计算。

1. 计算平均可持续增长率

选出权益净利率排名靠前的五家纸业上市公司，爬取出五家上市公司可持续增长率的数据。利用 Python 的数据处理能力计算可持续增长率的平均值，得到行业平均可持续增长率，目的是利用行业平均可持续增长率作为珠江纸业的可持续增长率。

2. 计算珠江纸业利润留存率

用 Python 读取出珠江纸业的财务报表中 2022 年 12 月 31 日的净利润和所有者权益数据，计算

2023年期初权益净利率。然后，使用上文得到的行业平均可持续增长率除以期初权益净利率，得到珠江纸业的利润留存率。

3. 计算股利分配率

根据珠江纸业的利润留存率，按照公式：股利分配率 = 1 – 利润留存率，来计算股利分配率。这个步骤可以使用Python的简单算术运算完成。

4. 计算分配股利额

从珠江纸业2023年12月31日的利润表中提取净利润数据，将这个净利润乘以计算得到的股利分配率，得到应付股利的总额。

最终企业根据行业可持续增长率、公司财务状况和利润留存率，确定了2023年的股利分配率和相应的分红金额。在整个流程中，Python的自动化和数据处理能力可以确保计算的准确性和效率，同时降低了手动计算的错误可能性。

任务实施

步骤1：初始化。

```
import pandas as pd
import tushare as ts
pro = ts.pro_api('token')        #此处的token需要替换成真实token
```

步骤2：获取造纸行业上市公司列表。

```
# 获取股票列表
# 调用 pro.stock_basic 方法获取上市状态为"L"的股票基本信息，fields 指定了需要获取的信息。
data = pro.stock_basic(exchange='', list_status='L', fields='ts_code,symbol,name,area,industry,list_date')

# 获取造纸行业的股票
data = data[data['industry'] == '造纸']
```

步骤3：获取净资产收益率前五的股票。

```
# 获取净资产收益率前五的股票
all_profit_df = pd.DataFrame()
# 遍历所有股票代码，获取财务指标数据并合并
for code in data['ts_code']:
```

```
    profit_df = pro.fina_indicator(ts_code=code, period='20221231',
fields='ts_code,end_date,roe')
    all_profit_df = pd.concat([all_profit_df, profit_df], ignore_
index=True)
'''
for 是一个循环语句,用于遍历data中的每个股票代码。
pro.fina_indicator是调用 tushare 的 fina_indicator方法,用于获取指定股票代码的财务指标数据。
ts_code=code 设置指定要获取财务指标数据的股票代码。
fields=' ts_code,end_date,roe ' 指定要获取的字段。
'''
# 去除重复值
all_profit_df.drop_duplicates(inplace=True)
# 转化为数值
all_profit_df['roe'] = pd.to_numeric(all_profit_df['roe'])

# 更改列名
all_profit_df.rename(columns={'roe':'净资产净利率'}, inplace=True)
# 获取净资产净利率前五的数据
# 按照'净资产净利率'列进行降序排序
all_profit_df.sort_values(by='净资产净利率', ascending=False, inplace=True)
all_profit_df = all_profit_df.head(5)
# 重置索引
all_profit_df.reset_index(drop=True, inplace=True)
```

结果预览如表 7-1 所示。

表 7-1　　净资产净利率表

ts_code	end_date	净资产净利率
833394.BJ	20221231	21.4645
301469.SZ	20221231	17.7216
605377.SH	20221231	15.1841
003006.SZ	20221231	15.0243
605009.SH	20221231	14.0784

步骤4：获取股票列表。

```
# 转化为列表
code_list = all_profit_df['ts_code'].to_list()
```

结果预览：

['833394.BJ', '301469.SZ', '605377.SH', '003006.SZ', '605009.SH']

步骤5：爬取5家上市公司2023年分配的股利，分配股利＝每股分红 × 基准股本。

```
"""获取每股分红和基准股本（万）"""
# 创建一个新DataFrame储存所有分红数据
all_dividend_df = pd.DataFrame()
# 获取分红数据
for code in code_list:
    # 获取指定股票代码的分红数据，选择的字段包括 'ts_code', 'end_date', 'cash_div_
tax', 'base_share'
df = pro.dividend(ts_code=code, fields='ts_code,end_date,cash_div_tax,base_share')
# 将当前股票的分红数据追加到 all_dividend_df中
    all_dividend_df = pd.concat([all_dividend_df, df], ignore_index=True)
```

步骤6：筛选2023年的分红数据，并去除重复值。

```
"""筛选2023年的分红数据，并去除重复值"""
# 筛选2023年的分红数据
# d.to_datetime 是 Pandas 的一个方法，用于将一个 Series 或 DataFrame 中的列
转换为日期时间类型。
all_dividend_df['end_date'] = pd.to_datetime(all_dividend_df['end_
date'])
all_dividend_df = all_dividend_df[all_dividend_df['end_date'].dt.year
== 2023]
#去除重复值
all_dividend_df.drop_duplicates(inplace=True)
# 更改列名
all_dividend_df.rename(columns={'cash_div_tax':'每股分红（元）','base_share':
'基准股本（万）'}, inplace=True)
```

```
# 计算分红金额
all_dividend_df['分红金额'] = all_dividend_df['基准股本(万)'] * all_dividend_df['每股分红(元)']*10000
# 按照"分红金额"字段进行升序排序,并删除股票代码重复的记录。
all_dividend_df = all_dividend_df.sort_values('分红金额', ascending=True).drop_duplicates(subset=['ts_code'])

# 重置索引
all_dividend_df.reset_index(drop=True, inplace=True)
'''
reset_index 是 Pandas 的一个方法,用于重置 DataFrame 的索引。
drop=True 表示在重置索引时丢弃原有的索引,而不是将其作为新列保留。
inplace=True 表示在原 DataFrame 上进行操作。
'''
```

结果预览如表7-2所示。

表 7-2　分红数据表

ts_code	end_date	每股分红(元)	基准股本(万)	分红金额
833394.BJ	2023-12-31	0.2	14,625	29,250,000
301469.SZ	2023-12-31	0.559	8,910.23	49,808,185.7
605009.SH	2023-12-31	0.85	15,472.4577	131,515,890.5
003006.SZ	2023-12-31	0.55	42,940.13	236,170,715
605377.SH	2023-12-31	0.85	33,220.834	282,377,089

步骤7：获取5家上市公司2023年度净利润数据。

```
"""获取净利润数据"""
# 创建一个新DataFrame,储存所有净利润数据
all_income_df = pd.DataFrame()
# 获取净利润数据
for code in code_list:
    income_df = pro.income(ts_code=code, period='20231231', fields='ts_code,end_date,n_income')
'''
pro.income 是 tushare 库中的一个方法,用于获取某股票代码的利润表数据。
```

```
s_code=code 指定了要获取数据的股票代码,code 是循环中当前的股票代码。
period='20221231' 指定了要获取的数据的报告期。
fields='ts_code,end_date,n_income' 指定了要获取的数据字段。
'''
    #合并数据,将当前 all_income_df 数据与 income_df 合并, ignore_index=True 表示重置合并后的索引
    all_income_df = pd.concat([all_income_df, income_df], ignore_index=True)
```

步骤8：去重，更改列名，重置索引。

```
"""去重,更改列名,重置索引"""
# 去除重复值
all_income_df.drop_duplicates(inplace=True)
# 转化为数值
all_income_df['n_income'] = pd.to_numeric(all_income_df['n_income'])
# 重置索引
all_income_df.reset_index(drop=True, inplace=True)
# 更改列名
all_income_df.rename(columns={'n_income':'净利润(元)'}, inplace=True)
```

结果预览如表7-3所示。

表7-3 净利润表

ts_code	end_date	净利润(元)
833394.BJ	20231231	80,614,272.94
301469.SZ	20231231	87,634,496.44
605377.SH	20231231	565,042,392.3
003006.SZ	20231231	238,534,434
605009.SH	20231231	438,598,919.7

步骤9：公司留存收益、利润留存率计算，本期利润留存率=公司留存收益/公司2023年净利润。

```
"""公司留存收益、利润留存率计算"""
#创建一个新DataFrame
```

```
caculate_df = pd.DataFrame()
# 计算公司留存收益
caculate_df['公司留存收益'] = all_income_df['净利润(元)'] - all_dividend_df['分红金额']
# #计算平均利润留存率
caculate_df['利润留存率'] = caculate_df['公司留存收益'] / all_income_df['净利润(元)']
# 转化为数值类型
caculate_df['利润留存率'] = pd.to_numeric(caculate_df['利润留存率'])
print(caculate_df['利润留存率'])
```

结果预览：

```
      利润留存率
0     0.637161
1     0.431637
2     0.767246
3     0.009909
4     0.356184
```

步骤10：计算可持续增长率，可持续增长率=期初权益净利率×本期利润留存率。

```
# 计算可持续增长率,此处的roe原数值为百分数,所以这里需要除以100
caculate_df['可持续增长率'] = caculate_df['利润留存率'] * all_profit_df['净资产净利率']/100
print(caculate_df['可持续增长率'])
```

结果预览：

```
      可持续增长率
0     0.136763
1     0.076493
2     0.116499
3     0.001489
4     0.050145
```

步骤11：计算行业平均可持续增长率，可持续增长率行业平均值=5家上市公司公司可持续增长率之和/5。

```
# 计算行业平均可持续增长率
sustainable_growth_rate = caculate_df['可持续增长率'].mean()
sustainable_growth_rate = round(sustainable_growth_rate,4)
print("行业平均可持续增长率:",sustainable_growth_rate)
'''
round 是一个内置函数,用于对数值进行四舍五入。
sustainable_growth_rate 是之前计算出的行业平均可持续增长率。
4 表示将数值四舍五入到小数点后四位。
'''
```

结果预览：

```
行业平均可持续增长率：0.0763
```

步骤12：读取文件，并进行数据清洗。

```
"""读取文件,并进行数据清洗"""
# 读取珠江纸业的利润表数据
zhujiang_paper_income_df = pd.read_excel("珠江纸业利润表数据.xlsx")
# 读取珠江纸业的资产负债表数据
zhujiang_paper_balance_df = pd.read_excel("珠江纸业资产负债表数据.xlsx")

# 设置函数,去除字符串中的空格,将中文括号替换为英文括号
def clean_str(x):
    x = x.strip()
    x = x.replace('(','(')
    x = x.replace(')',')')
    return x
# 清理列名
zhujiang_paper_income_df.columns = zhujiang_paper_income_df.columns.
map(clean_str)
zhujiang_paper_balance_df.columns = zhujiang_paper_balance_
df.columns.map(clean_str)
```

结果预览如表7-4所示（部分）。

表7-4 数据清洗结果 单位：元

日期	期末总股本	资本公积金	未分配利润	盈余公积金
20230331	1,804,213,109	5,606,192,613	1,704,813,628	354,304,567.9
20230630	1,804,213,109	5,612,469,218	1,471,256,349	354,304,567.9
20230930	1,803,010,109	5,581,801,439	1,484,425,590	354,304,567.9
20231231	1,803,010,109.00	5,684,160,419.55	1,997,161,576.80	446,624,972.88

步骤13：获取2023年12月31日的数据。

```
"""获取2023年12月31日的数据"""
# 日期列转化字符串类型
zhujiang_paper_income_df['日期'] = zhujiang_paper_income_df['日期'].
astype(str)
zhujiang_paper_balance_df['日期'] = zhujiang_paper_balance_df['日期'].
astype(str)
# 获取2023年12月31日的数据
zhujiang_paper_income_20231231_df = zhujiang_paper_income_
df[zhujiang_paper_income_df['日期'] == '20231231']
zhujiang_paper_balance_20231231_df = zhujiang_paper_balance_
df[zhujiang_paper_balance_df['日期'] == '20231231']
```

步骤14：获取珠江纸业2023年净利润和股东权益数据，2023年期初权益净利率=珠江纸业2022年净利润/2022年所有者权益。

```
# 获取净利润和股东权益数据
zhujiang_n_income_df = zhujiang_paper_income_20231231_df['净利润(含少
数股东损益)']
total_equity_including_df = zhujiang_paper_balance_20231231_df['股东权
益合计(含少数股东权益)']

# 重置索引
zhujiang_n_income_df.reset_index(drop=True, inplace=True)
total_equity_including_df.reset_index(drop=True, inplace=True)

zhujiang_n_income = zhujiang_n_income_df[0]  # 净利润
total_equity_including = total_equity_including_df[0]  # 股东权益合计
```

步骤15：计算利润留存率，利润留存率=可持续增长率行业均值/期初权益净利率。

```
# 计算利润留存率
net_assets_return_rate = zhujiang_n_income / total_equity_including
# 净资产收益率

profit_retention_ratio = sustainable_growth_rate /(net_assets_return_
rate*(1+sustainable_growth_rate))
profit_retention_ratio = round(profit_retention_ratio,4)
print("利润留存率:",profit_retention_ratio)
```

结果预览：

```
利润留存率: 0.9059
```

步骤16：计算股利分配率，股利分配率=1−利润留存率。

```
# 计算股利分配率
dividend_distribution_rate = 1 - profit_retention_ratio
dividend_distribution_rate = round(dividend_distribution_rate,4)
print("股利分配率:",dividend_distribution_rate)
```

结果预览：

```
股利分配率: 0.0941
```

步骤17：计算股利金额。

```
# 计算股利金额
dividends_payable = zhujiang_n_income * dividend_distribution_rate
print("股利金额:",round(dividends_payable,2))
```

结果预览：

```
股利金额: 72,394,584.28
```

经过综合分析和计算，珠江纸业股份有限公司作出了以下分红决策：根据行业可持续增长率、公司财务状况和利润留存率，确定了2023年的股利分配率为9.41%，相应的分红金额为72,394,584.28。这一决策旨在平衡公司的资本结构和股东的回报期望，同时确保公司的持续发展和市场竞争力。决策结果将提交董事会和股东大会审议，符合公司治理和法律法规的要求。

在决策通过后，珠江纸业将及时向市场和股东发布公告，公布分红决策和相关财务数据，展现公司对信息透明度和股东权益的重视。财务部门将根据最终确定的分红金额调整资产负债表和利润表，确保财务报表的准确性和合规性。此外，公司将密切关注市场反应和股东反馈，评估分红政策的影响，并为未来的分红决策和财务规划积累宝贵经验。通过股利分配，体现了珠江纸业的企业治理责任和企业价值创造能力。

风险控制

在计算珠江纸业的股利分配时，公司采用了可持续增长率这个指标，但是应用这个指标，需要满足五个假设条件（见表7–5）。

表 7–5　可持续增长率假设条件

假设条件		推导结果
不增发新股或回购股票		股东权益的增长只来源于留存收益增加额
经营效率不变	营业净利率不变	净利润增长率＝收入增长率
	总资产周转率不变	总资产增长率＝收入增长率
财务政策不变	资本结构不变	负债增长率＝权益增长率＝总资产增长率
	利润留存率（股利支付率）不变	利润留存增长率＝股利增长率＝净利润增长率

在实际的企业经营中，很难满足五个假设条件，下面是可能面临的风险和对策。

（1）不增发新股。企业在面临资金需求时，可能会选择增发新股来筹集资金，这不仅会稀释现有股东的权益，还可能改变企业的资本结构和股东结构。

对策：在考虑增发新股之前，先探索其他融资途径，如银行贷款、债券发行或内部融资等。

（2）营业净利率维持不变。市场竞争激烈、成本上升或产品价格下降都可能导致营业净利率下降。此外，新技术或新产品的开发可能需要额外的投资，从而影响净利率。

对策：企业应持续监控金融市场状况，灵活调整资本结构以适应市场变化，同时维持财务稳定性。

（3）资产周转率维持不变。随着企业规模的扩大，管理效率可能下降，或者市场饱和可能导致销售增长放缓，这些都可能降低资产周转率。

对策：通过提高运营效率、控制成本和产品差异化来维持和提升净利率，同时对市场变化保持敏感，及时调整定价策略。

（4）资本结构维持不变。金融市场的变化、利率的波动或企业战略的调整都可能导致企业资本结构的变化，影响债务与股本的比例。

对策：企业要优化资产配置，提高资产使用效率，采用精益管理和技术投资来提升运营效率。

（5）利润留存率维持不变。企业可能因为投资机会的出现、现金流状况的变化或股东对股利回报的期望而调整利润留存率。

对策：企业需要制订清晰的股利政策，平衡再投资需求与股东回报，确保股利支付与企业的长期增长战略相符。

需要注意的是，虽然可持续增长率提供了一个理论框架来评估和规划企业的增长和股利支付，但企业在实际操作中需要考虑多种因素，以确保股利分配政策的可持续性。

任务小结

本任务遵循证监会《现金分红指引》，评估了珠江纸业的盈利状况、现金流和未来发展，确保了分红决策的科学性和合理性。通过Python技术，精确采集并分析市场数据，确定了行业平均的可持续增长率，并结合公司具体情况，计算出利润留存率和股利分配率，进而得出分红金额。珠江纸业据此制订了现金股利分配预算草案，平衡了盈利能力、现金流和长期规划，满足投资者的合理回报，增强了投资者信心，提升了公司形象，并推动了企业的可持续发展。

任务2　税务风险预警分析

【教学重点】税务风险预警模型构建与应用。

【教学难点】模型深入理解与权重确定。

任务导入

【场景】

珠江纸业股份有限公司，坐落于广东省东莞市，自2000年成立以来，已在造纸行业迅速成长为领军企业。公司产品线丰富，包括胶版纸、颜B纸等九种主导产品，以高品质在印刷市场获得认可。随着业务的持续扩展，珠江纸业面临企业分配环节的新挑战与机遇。为保障公司发展和股东利益，需要制定分配策略，实现公司目标与股东利益的协调发展。

2023年12月31日，珠江纸业需要进行税务风险预警分析，得出风险系数、级别和区域。

税务风险预警，首先，需要构建造纸印刷行业的税务风险预警模型，对应的造纸印刷行业税务风险预警模型如下表7-6所示，基准线及范围内的数据均需向下保留至0.01。其中基准线是总风险的离散系数，需要计算出行业的税务风险。

表 7-6 造纸印刷行业税务风险预警模型

税务风险系数计算公式	范围	级别	预警区域
（企业税务风险值 - 造纸印刷行业平均值）/ 标准差	<- 基准线 × 1.5	极高风险	深红色
	[- 基准线 × 1.5,- 基准线 × 1)	高风险	红色
	[- 基准线 × 1,- 基准线 × 0.5)	中高风险	橙色
	[- 基准线 × 0.5,0)	中等风险	黄色
	[0, 基准线 × 0.5)	中低风险	绿色
	[基准线 × 0.5, 基准线)	低风险	蓝色
	>= 基准线 × 1.5	极低风险	浅蓝色

其次，行业的税务风险可以以特定的、有代表性的企业的风险为基础，计算风险的加权平均值。

选取行业龙头企业晨鸣纸业（000488）、太阳纸业（002078）、安妮股份（002235）、齐峰新材（002521）、恒达新材（301469）、青山纸业（600103）、山鹰国际（600567）、博汇纸业（600966）、仙鹤股份（603733）、五洲特纸（605007）、华旺科技（605377），核算其资产管理部分、生产销售部分、短期偿债部分、盈利能力部分、税收负担部分指标作为行业平均总风险的数据基础。

最后，通过资产管理部分、生产销售部分、短期偿债部分、盈利能力部分、税收负担部分指标计算出各个企业的税费风险，相关指标的权重如下表 7-7 所示。

表 7-7 企业税务风险指标权重

一级指标	二级指标	二级权重	三级指标	三级权重	计算要求
企业税务风险	资产管理部分	5.00%	资产负债率	20.00%	保留至0.0001%
			应收账款周转率	20.00%	包含应收票据，不考虑坏账，保留至0.0001
			存货周转率	25.00%	用营业成本计算，保留至0.0001
			总资产周转率	35.00%	保留至0.0001
	生产销售部分	25.00%	销售成本率	15.00%	保留至0.0001%
			销售期间费用率	85.00%	包含研发支出，保留至0.0001%
	短期偿债部分	25.00%	流动比率	40.00%	保留至0.0001
			现金比率	40.00%	保留至0.0001
			速动比率	20.00%	保留至0.0001
	盈利能力部分	30.00%	总资产净利率	8.50%	保留至0.0001%
			营业利润率	46.50%	保留至0.0001%
			净资产收益率	10.00%	保留至0.0001%
			销售净利率	35.00%	保留至0.0001%
	税收负担部分	15.00%	所得税税收负担率 = 所得税费用 / 利润总额	70.00%	保留至0.0001%
			主营业务收入税负率 =(所得税费用 + 税金及附加) / 营业收入	30.00%	保留至0.0001%

其中权重的确定采用专家打分法，珠江纸业选取了5位具有财务、管理专业知识和经验的专家，专家就指标在1–10分内进行打分，并计算每个指标的平均打分，将平均打分转换为权重百分比，并对权重进行调整以符合战略目标。

认知识别

1. 关键财务比率

利用Python进行关键财务比率的计算，可以高效地评估珠江纸业的财务健康状况，包括企业资产管理部分、生产销售部分、短期偿债部分、盈利能力部分、税收负担部分的相关指标，如表7–8所示。

表 7–8 关键财务比率

项目	含义
资产管理部分	关注的是企业如何管理其资产，包括资产的流动性和使用效率。 三级指标包括资产负债率、应收账款周转率、存货周转率和总资产周转率。这些指标共同评估了企业资产的质量和运营效率，例如，资产负债率反映了企业资产中有多少是通过债务融资的，而应收账款和存货周转率则衡量了企业收款和存货管理的效率。
生产销售部分	关注的是企业的生产能力和销售表现。 对应的三级指标评估了销售成本率和销售期间费用率，这些指标可以反映出企业在生产和销售过程中的成本控制和费用管理能力。
短期偿债部分	衡量企业短期内偿还债务的能力。 三级指标包括流动比率、现金比率和速动比率，这些指标通过不同的方式评估了企业在短期内满足债务需求的能力。
盈利能力部分	关注企业的盈利状况和利润质量。 三级指标涵盖了总资产净利率、营业利润率、净资产收益率和销售净利率，这些指标衡量了企业利用其资产和销售收入产生利润的能力。
税收负担部分	评估企业所承担的税务负担。 三级指标包括所得税税收负担率和主营业务收入税负率，这些指标通过分析所得税费用与利润总额或营业收入的比例，来评估企业的税务成本。

分析研判

对珠江纸业税务风险预警分析时，需要构建税务风险的预警模型，计算行业税务风险的加权平均值，确定权重并计算企业税务风险，进行综合分析与风险预警。

（1）构建税务风险预警模型。根据表7–6所提供的公式计算税务风险系数，进而确定风险级别和预警区域。Python在这一过程中可以用于自动化计算，确保数据的精确性和一致性。通过编写函数，可以快速处理大量企业的税务数据，得出代表性企业的风险系数，并根据系数与预设的基准线和范围进行比较，从而划分风险等级。

（2）计算行业税务风险的加权平均值。基于行业内具有代表性的企业，如晨鸣纸业、太阳纸业等，计算税务风险的加权平均值。这一步骤中，Python将用于整理和分析这些企业的税务风险指标，按照表7–7所示的权重分配，计算出行业平均总风险。这要求对每个企业的多个财务指标进行标准化处理，并应用加权平均的计算方法，确保结果的准确性。

（3）确定权重并计算企业税务风险。通过专家打分法确定各项指标的权重，Python辅助收集和整理专家的打分数据，计算每个指标的平均打分，并将其转换为权重百分比，同时对权重进行调整以确保与珠江纸业的战略目标一致，利用这些权重和相应的财务指标，计算珠江纸业的税务风险。

（4）综合分析与风险预警。依据计算结果使用Python进行综合分析，生成税务风险预警结果。这包括将计算出的税务风险系数与预警模型进行对比，识别珠江纸业在不同风险级别下的状况，并提出相应的风险管理建议。Python在这一过程中还可以辅助生成图表和可视化结果，使得报告更加直观易懂。

三、任务实施

步骤1：对税务风险分析Python界面初始化，接入造纸行业具有代表性的企业。

```
import tushare as ts
import pandas as pd

# 初始化 pro 接口
pro = ts.pro_api('token')   #需替换成真实的token
# 股票代码数据列表
code_list= ["000488.SZ","301469.SZ","002078.SZ","002235.SZ","002521.SZ","600103.SH","600567.SH","600966.SH","603733.SH","605007.SH","605377.SH"]
```

步骤2：获取造纸行业利润表数据。

```
# 创建DataFrame用于存放获取的df数据
all_income_df = pd.DataFrame()

for code in code_list:
    df=pro.income(ts_code=code,period='20231231' ,fields='ts_code,end_date,oper_cost,income_tax,total_profit,biz_tax_surchg,revenue,operate_profit')
    # 使用concat函数合并数据
    all_income_df=pd.concat([all_income_df,df],ignore_index=True)
```

步骤3：获取造纸行业资产负债表数据。

```
# 创建DataFrame用于存放获取的df数据
all_balancesheet_df = pd.DataFrame()

for code in code_list:
    df=pro.balancesheet(ts_code=code,period='20231231',fields="ts_code,end_date,total_share,cap_rese,surplus_rese,money_cap,trad_asset,""prepayment,inventories,nca_within_1y,total_cur_assets,lt_eqt_invest,""intan_assets,lt_amor_exp,defer_tax_assets,""total_nca,total_assets,lt_borr,st_borr,total_cur_liab")

    # 使用concat函数合并数据
    all_balancesheet_df = pd.concat([all_balancesheet_df,df],ignore_index=True)
```

步骤4：获取造纸行业相关的财务指标数据。

```
# 创建DataFrame用于存放获取的df数
all_fina_indicator_df = pd.DataFrame()
for code in code_list:
    df=pro.fina_indicator(ts_code=code,period='20231231',fields='ts_code,end_date,debt_to_assets,ar_turn,assets_turn,cogs_of_sales,expense_of_sales,current_ratio,quick_ratio,inv_turn,roa_yearly,roe,netprofit_margin')
    # 使用concat函数合并数据
    all_fina_indicator_df = pd.concat([all_fina_indicator_df,df],ignore_index=True)
```

步骤5：去除爬取数据中的重复值。

```
# 删除所有列的重复的行
all_income_df = all_income_df.drop_duplicates()
all_balancesheet_df = all_balancesheet_df.drop_duplicates()
all_fina_indicator_df = all_fina_indicator_df.drop_duplicates()
```

步骤6：更改列名为计算指标名称和数据名称。

```
# 更改列名
all_income_df = all_income_df.rename(columns ={'ts_code':'股票代码','end_date':'报告期','oper_cost':'减：营业成本','income_tax':'所得税费用','total_profit':'利润总额','biz_tax_surchg':'减：营业税金及附加','revenue':'营业收入','operate_profit':'营业利润'})

all_balancesheet_df = all_balancesheet_df.rename(columns={'ts_code':'股 票代码','end_date':'报告期','total_share':'期末总股本','cap_rese':'资本公积金','surplus_rese':'盈余公积金','money_cap':'货币资金','trad_asset':'交易性金融资产','prepayment':'预付款项','inventories':'存货','nca_within_1y':'一年内到期的非流动资产','total_cur_assets':'流动资产合计','lt_eqt_invest':'长期股权投资','fix_assets':'固定资产','intan_assets':'无形资产','lt_amor_exp':'长期待摊费用','defer_tax_assets':'递延所得税资产','total_nca':'非流动资产合计','total_assets':'资产总计','lt_borr':' 长期借款','st_borr':'短期借款','total_cur_liab':'流动负债合计'})

all_fina_indicator_df = all_fina_indicator_df.rename(columns={'ts_code':'股票代码', 'end_date': '报告期','debt_to_assets':'资产负债率','ar_turn':'应收账款周转率', 'assets_turn':'总资产周转率','cogs_of_sales':'销售成本率','inv_turn':'存货周转率','expense_of_sales':'销售期间费用率', 'current_ratio':'流动比率','quick_ratio':'速动比率','roa_yearly':'总资产净利率','roe':'净资产收益率','netprofit_margin':'销售净利率'})
```

结果预览（部分）：

```
   股票代码     报告期      营业收入       减：营业成本     减：营业税金及附加
/.......
  0   000488.SZ  20231231  2.660857e+10  2.444549e+10  2.278024e+08
  1   301469.SZ  20231231  8.687370e+08  7.093666e+08  4.551098e+06
  2   002078.SZ  20231231  3.954434e+10  3.326052e+10  2.195752e+08
  3   002235.SZ  20231231  3.679307e+08  3.022976e+08  2.446879e+06
  4   002521.SZ  20231231  3.660824e+09  3.149136e+09  1.950936e+07
  5   600103.SH  20231231  2.672852e+09  2.218515e+09  1.942592e+07
  6   600567.SH  20231231  2.933334e+10  2.643842e+10  2.563742e+08
```

```
7    600966.SH  20231231  1.869306e+10  1.666829e+10  6.823502e+07
8    603733.SH  20231231  8.553478e+09  7.559881e+09  6.709678e+07
10   605007.SH  20231231  6.519309e+09  5.893823e+09  3.190619e+07
11   605377.SH  20231231  3.975787e+09  3.218422e+09  1.423375e+07
.......
```

步骤7：根据造纸行业的股票代码和报告期合并数据。

```
"""根据股票代码和报告期合并数据"""
# 合并同行业利润表数据和资产负债表数据
income_balancesheet_df = pd.merge(all_income_df,all_balancesheet_
df,on=['股票代码','报告期'],how='inner')
# 合并同行业利润表数据和资产负债表数据和财务指标数据
all_data_df = pd.merge(income_balancesheet_df,all_fina_indicator_
df,on=['股票代码','报告期'],how='inner')
```

结果预览如表7-9所示（部分）。

表7-9 关键财务比率

股票代码	报告期	营业收入	减:营业成本	减:税金及附加	营业利润
000488.SZ	20231231	26,608,570,228	24,445,486,300	227,802,365.1	−1,693,644,320
301469.SZ	20231231	868,737,044.6	709,366,556.9	4,551,098.26	96,648,535.16
002078.SZ	20231231	39,544,343,151	33,260,521,240	219,575,241.5	3,296,442,883
002235.SZ	20231231	367,930,681	302,297,583.8	2,446,878.9	−101,635,662.7
002521.SZ	20231231	3,660,823,686	3,149,136,483	19,509,357.49	296,187,635.5
600103.SH	20231231	2,672,851,594	2,218,515,351	19,425,917.49	141,425,091.1
600567.SH	20231231	29,333,336,988	26,438,415,514	256,374,185.8	190,884,824.1
600966.SH	20231231	18,693,063,058	16,668,286,566	68,235,020.8	255,411,083.5
603733.SH	20231231	8,553,477,697	7,559,880,808	67,096,779.58	733,449,549.7
605007.SH	20231231	6,519,308,510	5,893,822,849	31,906,194.88	299,132,585
605377.SH	20231231	3,975,786,810	3,218,421,524	14,233,753.76	648,698,598.8
……					

步骤8：基于造纸行业的指标数据计算资产管理、生产销售、短期偿债部分的情况。

```
"""计算资产管理,生产销售,短期偿债部分"""
# 计算资产管理部分
```

```
all_data_df['资产管理部分'] = all_data_df['资产负债率'] * 0.2 + all_data_df['应收账款周转率'] * 0.2 + all_data_df['存货周转率'] * 0.25 + all_data_df['总资产周转率'] * 0.35

# 计算生产销售部分
all_data_df['生产销售部分'] = all_data_df['销售成本率'] * 0.15 + all_data_df['销售期间费用率'] * 0.85

# 计算短期偿债部分
all_data_df['现金比率'] = all_data_df['货币资金'] / all_data_df['流动负债合计']*100
all_data_df['短期偿债部分'] = all_data_df['流动比率'] * 0.4 + all_data_df['现金比率'] * 0.4 + all_data_df['速动比率'] * 0.2
```

步骤9：计算行业的盈利能力、税收负担部分的情况。

```
"""计算盈利能力,税收负担部分"""
# 计算盈利能力部分
all_data_df['营业利润率'] = all_data_df['营业利润'] / all_data_df['营业收入']*100
all_data_df['盈利能力部分'] = all_data_df['总资产净利率'] * 0.085 + all_data_df['营业利润率'] * 0.465 + all_data_df['净资产收益率'] * 0.1 + all_data_df['销售净利率'] * 0.35

# 计算税收负担部分
all_data_df['所得税税收负担率'] = all_data_df['所得税费用'] / all_data_df['利润总额']*100
all_data_df['主营业务收入税负率'] = (all_data_df['所得税费用']+all_data_df['减：营业税金及附加']) / all_data_df['营业收入']*100
all_data_df['税收负担部分'] = all_data_df['所得税税收负担率'] * 0.5 + all_data_df['主营业务收入税负率'] * 0.5
```

步骤10：计算具备代表性的企业综合得分，并保存结果。

```
"""计算综合得分,并保存结果"""
# 计算综合得分
all_data_df['综合得分'] = all_data_df['资产管理部分'] * 0.05 + all_data_df['生产销售部分'] * 0.25 + all_data_df['短期偿债部分'] * 0.25 + all_data_df['盈利能力部分'] * 0.3 + all_data_df['税收负担部分'] * 0.15

# 在all_data_df中挑选出需要的数据。
score_df = all_data_df[['股票代码','报告期','资产管理部分','生产销售部分','短期偿债部分','盈利能力部分','税收负担部分','综合得分']]
```

结果预览如表7-10所示。

表 7-10 关键财务指标

股票代码	报告期	资产管理部分	生产销售部分	短期偿债部分	盈利能力部分	税收负担部分	综合得分
000488.SZ	20231231	0.1769679	0.2686321	0.100675954	-0.055587319	0.109108319	0.100865461
301469.SZ	20231231	0.05857055	0.19733845	1.178285132	0.101839659	0.0558695	0.385766746
002078.SZ	20231231	0.1538825	0.1863577	0.063161836	0.084117901	0.038461485	0.101078602
002235.SZ	20231231	0.10707035	0.32494485	0.386955439	-0.445161268	0.002959046	0.050224066
002521.SZ	20231231	0.0781205	0.1850421	0.159814951	0.071017019	0.097152944	0.125998335
600103.SH	20231231	0.12014505	0.231992	0.225373758	0.04676799	0.056663296	0.142878583
600567.SH	20231231	0.1791508	0.24214265	0.061675488	0.005541748	0.244975036	0.123320854
600966.SH	20231231	0.1955919	0.2202714	0.111326101	0.013203388	0.088111401	0.109856697
603733.SH	20231231	0.14422855	0.1796936	0.094754781	0.080052963	0.05218746	0.107667531
605007.SH	20231231	0.17600585	0.1737836	0.067682051	0.051159175	0.066078805	0.094426279
605377.SH	20231231	0.1066535	0.15279515	0.444113402	0.148658834	0.076609866	0.210648943

步骤11：依据公式计算代表性企业的得分的均值和标准差。

```
# 计算各得分的均值和标准差
mean = score_df[['资产管理部分','生产销售部分','短期偿债部分','盈利能力部分','税收负担部分','综合得分']].mean()
std = score_df[['资产管理部分','生产销售部分','短期偿债部分','盈利能力部分','税收负担部分','综合得分']].std()
mean_list = mean.tolist()
```

```
std_list = std.tolist()

# 创建一个新的数据表用于存放均值和标准差
columns = ['资产管理部分','生产销售部分','短期偿债部分','盈利能力部分','税收负担部分',
'综合得分']

mean = pd.DataFrame([mean_list],columns=columns)
std = pd.DataFrame([std_list],columns=columns)
```

结果预览如表7-11和表7-12所示。

表 7-11 行业均值

资产管理部分	生产销售部分	短期偿债部分	盈利能力部分	税收负担部分	综合得分
0.136035223	0.2148176	0.263074445	0.009237281	0.080743378	0.141157463

表 7-12 行业标准差

资产管理部分	生产销售部分	短期偿债部分	盈利能力部分	税收负担部分	综合得分
0.045137988	0.049861518	0.33079498	0.160102446	0.061793581	0.089998574

步骤12：读取珠江纸业的指标文件，并进行数据清洗。

```
"""读取文件,并进行数据清洗"""
# 读取珠江纸业的财务指标数据
zhujiang_paper_data_df = pd.read_excel("E:/中转站/教材资料/项目七/珠江纸
业财务指标数据.xlsx")
# 设置函数,去除字符串中的空格,将中文括号替换为英文括号
def clean_str(x):
    x = x.strip()
    x = x.replace('(','(')
    x = x.replace(')',')')
    return x
# 清理列名
zhujiang_paper_data_df.columns = zhujiang_paper_data_df.columns.
map(clean_str)
```

结果预览如表7-13所示（部分）。

表 7-13 财务比率

日期	资产负债率	应收账款周转率	存货周转率	总资产周转率	销售成本率
20231231	0.516640412	10.44513546	1.150894077	0.446323927	0.816150168

步骤13：计算珠江纸业的资产管理、生产销售、短期偿债部分的打分情况。

```
"""计算资产管理,生产销售,短期偿债部分"""
# 资产管理部分
zhujiang_paper_data_df['资产管理部分'] = zhujiang_paper_data_df['资产负债率'] * 0.2 + zhujiang_paper_data_df['应收账款周转率'] * 0.2 + zhujiang_paper_data_df['存货周转率'] * 0.25 + zhujiang_paper_data_df['总资产周转率'] * 0.35
# 计算生产销售部分
zhujiang_paper_data_df['生产销售部分'] = zhujiang_paper_data_df['销售成本率'] * 0.15 + zhujiang_paper_data_df['销售期间费用率'] * 0.85
# 计算短期偿债部分
zhujiang_paper_data_df['短期偿债部分'] = zhujiang_paper_data_df['流动比率'] * 0.4 + zhujiang_paper_data_df['现金比率'] * 0.4 + zhujiang_paper_data_df['速动比率'] * 0.2
```

步骤14：计算珠江纸业盈利能力、税收负担部分的得分。

```
"""计算盈利能力,税收负担部分"""
# 计算盈利能力部分
zhujiang_paper_data_df['盈利能力部分'] = zhujiang_paper_data_df['总资产净利率'] * 0.085 + zhujiang_paper_data_df['营业利润率'] * 0.465 + zhujiang_paper_data_df['净资产收益率'] * 0.1 + zhujiang_paper_data_df['销售净利率'] * 0.35

# 计算税收负担部分
zhujiang_paper_data_df['税收负担部分'] = zhujiang_paper_data_df['所得税税收负担率'] * 0.7 + zhujiang_paper_data_df['主营业务收入税负率'] * 0.3
```

步骤 15：基于二级权重计算综合得分，并保存结果。

```
"""计算综合得分,并保存结果"""
# 计算综合得分
zhujiang_paper_data_df['综合得分'] = zhujiang_paper_data_df['资产管理部分'] * 0.05 + zhujiang_paper_data_df['生产销售部分'] * 0.25 + zhujiang_paper_data_df['短期偿债部分'] * 0.25 + zhujiang_paper_data_df['盈利能力部分'] * 0.3 + zhujiang_paper_data_df['税收负担部分'] * 0.15

zhujiang_score_df = zhujiang_paper_data_df[['资产管理部分','生产销售部分','短期偿债部分','盈利能力部分','税收负担部分','综合得分']]
```

结果预览如表 7–14 所示。

表 7–14　财务指标

资产管理部分	生产销售部分	短期偿债部分	盈利能力部分	税收负担部分	综合得分
2.636292068	0.174144796	0.525062535	0.118002797	0.185948178	0.369909502

步骤 16：以变异系数作为造纸行业基准值。

```
# 计算基准值
# .values[0] 是 pandas 中用于获取 DataFrame 或 Series 中第一个元素的值的方法。
mean_value = mean['综合得分'].values[0]
std_value = std['综合得分'].values[0]
base_value = std_value/mean_value
```

结果预览：

```
0.6375757392181227
```

步骤 17：依据相关公式计算珠江纸业风险系数。

```
# 计算企业风险系数
zhujiang_value = zhujiang_score_df['综合得分'].values[0]

risk_factor = (zhujiang_value-mean_value)/std_value
```

结果预览：

```
2.5417295921742946
```

步骤18：判断计算结果的风险等级。

```
# 判断风险等级
# 通过一系列 if-elif-else 语句,函数对 actual_value 与 baseline 的比值进行分类,并根据分类结果设置风险级别(level)和预警区域颜色 (alert_zone)。
def risk_assessment(baseline, actual_value):
    if actual_value < -baseline * 1.5:
        level = "极高风险"
        alert_zone = "深红色"
    elif -baseline * 1.5 <= actual_value < -baseline:
        level = "高风险"
        alert_zone = "红色"
    elif -baseline <= actual_value < -baseline * 0.5:
        level = "中高风险"
        alert_zone = "橙色"
    elif -baseline * 0.5 <= actual_value < 0:
        level = "中等风险"
        alert_zone = "黄色"
    elif 0 <= actual_value < baseline * 0.5:
        level = "中低风险"
        alert_zone = "绿色"
    elif baseline * 0.5 <= actual_value < baseline:
        level = "低风险"
        alert_zone = "蓝色"
    elif actual_value >= baseline * 1.5:
        level = "极低风险"
        alert_zone = "浅蓝色"
    else:
        level = "未知风险"
        alert_zone = "未知区域"
    return level, alert_zone
```

```
# 将base_value和risk_factor值传入risk_assessment(),风险级别和预警区域
level, alert_zone = risk_assessment(base_value, risk_factor)
print(f"级别: {level}, 预警区域: {alert_zone}")
```

结果预览:

级别:极低风险,预警区域:浅蓝色

珠江纸业的税务风险系数被评为极低风险，这不仅是对企业税务管理水平的一种肯定，也为企业带来了一系列潜在优势。然而，税务风险管理是一个持续的过程，企业需要采取一系列措施来保持这一状态并进一步优化税务策略。

首先，企业应持续监控税务法规的更新和变化，确保能够及时响应政策变动，避免因法规变更而产生的税务风险。其次，加强内部审计，主要涉及财务数据的准确性、税务筹划和合规性的定期审查。

此外，企业应继续进行税务筹划，寻找合法的税务优化机会，以降低税负并提高资金使用效率。同时，提升税务团队的专业能力，确保他们能够应对日益复杂的税务环境，是维护企业税务健康的重要环节。

建立税务风险预警机制，可以提前识别潜在的税务问题，从而采取预防措施，避免风险的发生。与税务机关保持开放的沟通，不仅有助于企业更好地理解税务政策，也有助于建立企业的良好税务形象。制定应对税务争议或审计的策略，包括法律咨询和财务准备，也是企业税务风险管理的重要组成部分。

通过这些综合措施，珠江纸业不仅能够维持其极低的税务风险状态，还能够在不断变化的税务环境中保持竞争力和可持续发展。这将有助于企业在市场中建立更加稳健和可靠的形象，吸引更多的投资者和合作伙伴，为企业的长远发展打下坚实的基础。

风险控制

1. 税务风险预警模型构建的风险控制

税务风险预警模型的构建应基于对企业税务状况的全面理解，包括税种、税率、税负、税务合规性等。模型应综合考虑宏观经济指标、行业特性、企业经营状况等因素，通过历史数据建立风险指标与税务风险之间的关系。解决策略包括采用定量分析方法，如回归分析，确定各指标的权重；同时，引入定性分析，如专家咨询，以增强模型的适应性和灵活性。模型应定期进行验证和调整，以适应税法和市场环境的变化。

2. 行业税务风险加权平均值计算的风险控制

计算行业税务风险的加权平均值时，需确保数据的准确性和代表性。解决策略包括建立一个标准化的数据收集流程，确保数据来源的可靠性；采用先进的数据处理技术，如数据清洗和异常值处理，以提高数据质量。权重分配应基于对行业特点的深入理解，考虑不同企业的规模、盈利能力、税收贡献等因素，以确保加权平均值能够真实反映行业税务风险水平。

3. 企业税务风险计算的风险控制

在计算企业税务风险时，需确保权重分配的合理性和科学性。解决策略包括建立一个动态的权重调整机制，根据企业经营状况和市场环境的变化，定期对权重进行评估和调整。同时，引入多维度的评估方法，如综合评分法，考虑财务指标、非财务指标和定性指标，以提高风险评估的全面性和准确性。

4. 综合分析与风险预警的风险控制

综合分析阶段应深入挖掘税务风险的内在联系和潜在影响。解决策略包括运用高级数据分析技术，如聚类分析、主成分分析等，识别税务风险的模式和趋势；建立风险评估模型，如决策树、神经网络等，预测不同情况下的税务风险水平。此外，应建立风险预警机制，通过设定预警阈值和触发条件，实现对税务风险的实时监控和预警。

5. 风险监测与报告的风险控制

风险监测系统应能够全面捕捉企业税务风险的各个方面，包括税务申报、税收筹划、税务合规性等。解决策略包括建立一个集成的风险监测平台，整合内部和外部的税务数据，实现数据的实时更新和分析。风险报告应详细记录风险监测结果、风险评估结论和风险管理措施，为管理层提供决策支持。

6. 风险应对策略的风险控制

制定风险应对策略时，需考虑不同风险类型和风险等级的应对措施。解决策略包括建立一个分层的风险应对框架，针对不同风险制定相应的预防措施、缓解措施和应急措施。预防措施应包括加强税务合规性培训、优化税收筹划等；缓解措施应包括调整财务结构、改善现金流管理等；应急措施应明确风险发生时的快速响应流程和责任分配。此外，应建立风险沟通机制，确保风险信息的及时传递和共享。

任务小结

本任务通过对企业的税务风险进行分析，掌握使用Python自动化处理资产负债表、利润表和现金流量表，快速获取关键财务指标，评估企业的资产和负债状况，计算流动比率、速动比率、资产负债率等，衡量企业的偿债能力和运营效率，指标的计算结果对于税务风险预警分析至关重要，基于专家打分，对企业税务风险进行评分，从而采取有效的风险管理和税务筹划措施，保障企业的稳健运营和持续发展。

项目总结

本项目通过应用Python技术在珠江纸业股份有限公司的分配业务中，成功实现了税务风险的实时监控与预警，以及股利分配的科学决策。项目首先构建了税务风险预警模型，通过自动化财务报表处理和关键财务比率的计算，对行业内具有代表性的企业进行深入分析，计算出税务风险的加权平均值，并确定风险级别。此外，项目还响应了证监会的现金分红指引，通过分析与珠江纸业业务模式相似的上市公司的可持续增长率，制订了合理的股利分配策略，确保了公司盈利能力、现金流状况与未来发展规划的平衡。通过这一系列措施，珠江纸业不仅提升了投资者信心，增强了公司形象，还促进了企业的可持续发展（见图 7–1）。

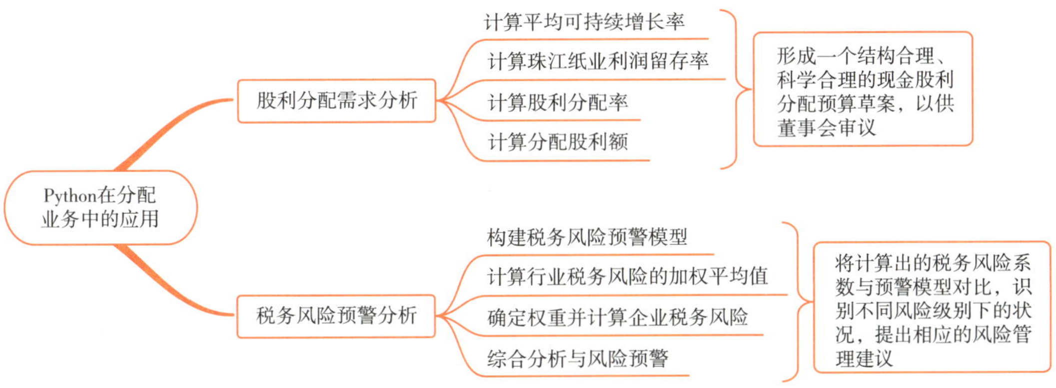

图 7–1　Python 在分配业务中的应用思维导图

课后练习

练习 1：

请编写代码，代入测试函数得出返回值，需要完成以下要求：

（1）numbers 是一个包含整数的列表，为 [1, 2, 3, 4, 5]。

（2）func_list 是一个包含函数的列表，每个函数接受一个整数参数并返回一个整数结果。

（3）函数 apply_functions 应该对 numbers 中的每个元素应用 func_list 中的每个函数，并返回一个列表，其中包含每个函数应用后的结果列表。

（4）调用 apply_functions([1, 2, 3, 4, 5], [lambda x: x + 1, lambda x: x * 2])，得出返回值。

练习 2：

请使用 tushare 获取股票数据，并处理数据中的特定信息。要求如下：

（1）使用 tushare 获取 600519 贵州茅台的历史数据。

（2）将获取到的股票数据中的日期格式从 YYYY-MM-DD 替换为 YYYY 年 MM 月 DD 日。

（3）打印处理后的股票数据的前 5 行。

习题答案